"神游"系列 004
主编 刘洁

鉴古雅集
特展中的文物故事

谢田 著

江苏凤凰美术出版社

图书在版编目（CIP）数据

鉴古雅集：特展中的文物故事 / 谢田著. -- 南京：江苏凤凰美术出版社，2024.7
ISBN 978-7-5741-1696-2

Ⅰ.①鉴… Ⅱ.①谢… Ⅲ.①文物–介绍–中国 Ⅳ.①K87

中国国家版本馆CIP数据核字（2024）第084954号

"神游"系列 004
主　编　刘　洁

责任编辑　郭　渊
　　　　　刘秋文
封面设计　杜文婧
责任校对　龚　婷
责任监印　生　嫄
责任设计编辑　郭　渊

书　　名	鉴古雅集：特展中的文物故事
著　　者	谢　田
出版发行	江苏凤凰美术出版社（南京市湖南路1号　邮编：210009）
制　　版	南京新华丰制版有限公司
印　　刷	南京爱德印刷有限公司
开　　本	890 mm×1240 mm　1/32
印　　张	13.125
字　　数	265千
版次印次	2024年7月第1版　2024年7月第1次印刷
标准书号	ISBN 978-7-5741-1696-2
定　　价	128.00元

营销部电话　025-68155675　营销部地址　南京市湖南路1号
江苏凤凰美术出版社图书凡印装错误可向承印厂调换

自 序

近年来，随着人们生活水平和教育水平的提高，大家越来越关注博物馆和文物展览，每年都会出现几场人满为患的现象级特展。历经几千年沉淀下来的文物，是中华文明最佳的审美载体，然而，审美除了直观的个人感受之外，也需要一定的文化素养和知识。本书的写作目的，就是希望在展示中华文明艺术成就的同时，也能增强读者朋友们对文物的审美鉴赏能力，方便大家走进博物馆的文化雅集。

本书将从我的个人经历出发，讲述在博物馆看文物特展的信息和经验。我是一个旅行家，在2020年之前的十几年里，我的人生基本上是在环球旅行中度过的。我的旅行有三个主题：第一个主题是去看世界遗产，我前前后后去看过600多个世界遗产，在中国算是看过最多的人之一。第二个主题是吃美食，我一年要在各国吃 100 家不同的米其林星级餐厅[①]，对世界上顶尖的美食算是广泛涉猎了。第三个主题就是看文物特展，世界上很多大型博物馆我都去过不下几十次，就是因为要一次次地刷特展，每次去看不同的文物。特展的全称是"特别展览"[②]，大型博物馆每年会找几个主题，把相关的文物集中起来做特展，一些平时看不到的珍贵文物也会亮相。对于观者而言，无论欣赏还是学习，都是很好的机会，但是这种特展的展期都不长，一般是两个月左右，长不过半年，短的可能只有两三天甚至一天，错过了就没有了。

之所以会把看文物特展作为旅行的主要内容之一，是因为我学过相关专业。我本科毕业于上海复旦大学文博系，早在 20 年前就是上海博物馆的常客了。我看的特展虽多，最集中的还是在东亚，因为对其文物的内涵比较亲切。除了中国大陆之外，我还从 2015 年秋季开始几乎一次不落地参观了中国台湾的台北故宫博物院（后文简称台北故宫）和日本四大国立博物馆的特展。直到 2020 年 2 月，我还在日本看了东京国立博物馆、奈良国立博物馆和大阪阿倍野美术馆的一系列特展。

我刚开始环球旅行的时候，本来也没有去追特展的想法，去

[①] 法国轮胎制造商米其林公司从 1926 年开始设立餐饮评级系统，以评定全球顶尖餐厅的质量。米其林星级餐厅的评级分为一星、二星和三星，分别代表着对卓越餐饮不同程度的认可。
[②] 根据策展人贾布的定义，特展是指在文化创意相关的领域中，以普通公众为目标观众，在事先策划的特定主题下，由主办方组织展览内容与各类产业资源，以门票、衍生品和赞助为主要运营模式，以巡展和异业合作作为辅助运营模式，在一定场所内举办的有时间期限的展览。

博物馆就是看常设展，特展是遇上了就顺便看看，不会去专门追。从2004年开始，我看了很多海外的重磅展览，主要是在英国看的，因为当时住在那里。虽然看的数量不少，但都是赶上什么看什么，不会把特展做进旅行计划，觉得看博物馆就可以了，其他的随缘就好，更何况很多小国家根本没有能力举办高水平的特展，有个博物馆就算不错了。

第一次专门去追一个特展，是在2008年北京奥运会的时候。当时首都博物馆举办了"中国记忆——5000年文明瑰宝展"，由奥组委和国家文物局牵头，全国的文博机构热烈响应，用无数国宝呈现了一个至今无法超越的文物特展，光是国家文物局规定的禁止出境展览文物[①]就来了近20件（有些是后来列入的）。这是我第一个认认真真去追的特展，因为我很清楚这样的机会可能一生只有一次，很多宝物以后可能再也见不到了，所以我前后去了不下十几次，也正是通过这次的追展经历，让我意识到旅行的

[①] 2002年1月18日，国家文物局根据《中华人民共和国文物保护法实施条例》第六章第四十九条"一级文物中的孤品和易损品，禁止出境展览"，印发了《首批禁止出国（境）展览文物目录》，规定64件（组）珍贵文物为首批禁止出国（境）展览的文物。2012年6月26日，国家文物局发布《第二批禁止出国（境）展览文物目录（书画类）》，规定37件（组）书画类一级文物自即日起禁止出境展出。2013年8月19号国家文物局发布《第三批禁止出境展览文物目录》，公布94件（组）一级文物列入第三批禁止出境展览文物目录，含青铜器、陶瓷、玉器、杂项等四类。第三批目录公布之后，之前的两批"禁止出国（境）展览文物"也被统称为"禁止出境展览文物"，网络上经常简称为"禁出文物"。三批禁止出境展览文物一共195件（组），民间俗称为"195"。

时候应该把有时间限定的重要特展规划在内。于是，在2009年去日本的时候，我第一次把特展放进了旅行计划，专门用三天时间去看了四个大型特展，分别是东京国立博物馆的"伊势神宫与神明的美术""亚洲的青花瓷"、京都国立博物馆的"丝绸之路——俄国探险队收集的文物"、奈良国立博物馆的"圣地宁波——日本佛教1300年的源流"。这四个特展让我大开眼界，因为它们不但文物水平高，而且策划、布展及叙事逻辑都是世界级的，完全不次于大英博物馆和卢浮宫，此后我对日本的特展就多了一份关注。

2008年，中国文博界还有一个重要的事件，故宫博物院于4月21日在武英殿开办了第一期"故宫藏历代书画展"。这个系列展览一共是九期，大概两三年能展一轮，到2016年10月26日为止，一共展了20次，计两轮多，这个系列展览极大地充实了我对中国古代书画的了解。那时候展厅里几乎没人，都是误入的游客和安静观展的爱好者，氛围好得很。我看了两次北宋王希孟的《千里江山图》，每次都能在画前站一个小时细细欣赏，旁边一个人也没有。但是，到2017年9月故宫举办"千里江山——历代青绿山水画特展"的时候，《千里江山图》前面人满为患，挤都挤不动了。

中国有大批观众追文物特展，始于2015年，这或许是人民生活水平提高后对精神食粮有更多要求的体现。2015年秋季，故宫博物院以成立90周年为契机，举办了一个现象级的大展"石渠宝笈——故宫博物院九十周年特展"，把北宋张择端《清明上河图》、唐摹王羲之《兰亭序》(神龙本)等重宝拿出来展出，结果成了火爆的文化现象，武英殿展厅居然能排队到凌晨4点，此后故宫博物院的书画展就都人满为患了，而去博物馆看特展也成了很多人的旅游选择。

2015年，我转变了旅行风格。在此之前我追求的是去更多的世界遗产，当时已经去了400多处，还写了一本书《一步一世界》。走遍四大洋和七大洲之后，我开始关注美食和特展，追求更加多元化的旅行模式。2015年3月15日，我第一次去了中国台湾的台北故宫，看到了很多耳熟能详的国宝文物，但是台北故宫镇馆的70件限展书画作品一件也没有。失望之余，就向台北故宫的朋友打听接下来的展览计划，发现当年是台北故宫90周年大庆，7月份有"典范与流传"特展，会展出北宋范宽的《溪山行旅图》，10月份有"天保九如"和"神笔丹青"特展，会展出苏东坡的《寒食帖》。这两件文物都是我列入人生必看计划的重宝，于是果断安排了旅行。

我第一次为了看特展而出国旅行也是在2015年，同样是被一件绝世宝物给吸引去的，那就是海外唐代文物的翘楚——日本奈良正仓院收藏的螺钿紫檀五弦琵琶。亲眼看到这件文物是我的人生梦想之一，之前关注了好几年，有一天在网上看到展出信息，果断决定前往日本福冈，去参观九州国立博物馆开馆10周年的特展"美之国日本"。这个特展是一次巨大的惊喜，比我期望的上限还要好得多，无论是顶级文物的出品、展陈的布置，还是展线的讲述水平，都堪称出类拔萃。这个特展把日本本土的美学发展，以及从中国受到的文化影响，用大量珍贵文物给系统地展现了出来，让人在欣赏之余大开眼界。从此以后，我每年会把日本四大国立博物馆的重要特展几乎一个不落的看完。日本的特展经常分上下两期，导致我一年可能要去七八次日本，但纵使这样我还是乐此不疲。几年下来，我应该已经是中国见过日本国宝[①]文物最多的人之一了。

从2016年开始，我的特展之旅扩展到了全球范围，开始关注美国及欧洲国家的大博物馆的展讯，如果发现有感兴趣的特展，就会专门过去看。所以，那几年国际上一些知名度高的文物特展，包括美国盖蒂中心的敦煌大展、大英博物馆的亚述巴尼拔特展、皇家艺术学院的大洋洲特展、卢浮宫的达·芬奇去世500年特展、韩国国立中央博物馆的大高丽展等，我都没有落下。2020年以前，我在亚洲之外看的最后一个特展是2019年秋季巴黎吉美国立亚洲艺术博物馆的"金色传奇"佛像艺术展，那是整个佛教造像艺术史的一个大串烧，非常精彩。第二年新冠肺炎来袭，环球看展的旅行就只能戛然而止了。

幸运的是，我国境内博物馆的特展水平越来越高，让我们不

[①] 日本政府于1897年12月28日开始，基于《古社寺保存法》指定重要的有形文物为国宝，包括不可移动的古建筑和可移动的美术工艺品。从1951年6月9日开始，日本政府基于《文化财保护法》，将之前指定的六千余件国宝改称为"重要文化财"，并从中优选精品，重新评定为"国宝"。截止到2023年1月，日本共有1132件国宝，包括230件古建筑和902件美术工艺品。

用出国就能享受高质量的文化体验。自2020年以来，我在国内参观了多场重磅特展，除了北京各大博物馆的特展外，还有上海博物馆的"春风千里——江南文化艺术展"、辽宁省博物馆的"山高水长——唐宋八大家主题文物展"等；2022年初，我还去看了苏州博物馆的特展"元代的江南"。

能看到这么多的特展，是我的幸运，也是时代给予的福利。在中国古代，文物鉴赏是仅有权贵豪门和文坛名士才能触及的风雅之事。元英宗至治三年（1323）三月二十三日，鲁国大长公主祥哥剌吉在元大都天庆寺召开雅集，邀请朝中水平最高的文人雅士鉴赏她的收藏，这是中国古代极为罕见的大规模"文物展览"，但展品只有41件书画，观众只有几十人，展期只有一天。时至今日，中国不但有大量的公立、私立博物馆，每年还会举办上百场文物特展，以前千年一遇的文坛盛事，现在已经成了寻常百姓喜闻乐见的生活常态。

然而，准确理解博物馆的文物特展其实是有一定门槛的，当参观者带着学习与提高文化素养的诉求进入特展展厅时，会发现参观的过程与以前的学习经验大相径庭。作为知识传播者的策展人[①]并不像老师那样站在观众面前滔滔不绝，而是隐身幕后，用大量的文物和展板来讲故事。教科书也变成了展厅本身，观众必须置身于这本书内，自行寻找学习的对象和内容。

[①] 通常指艺术展览活动的规划者和组织者，也指选择展览的艺术作品并提供解说的专业人员。

特展不仅理解起来有门槛，时效性还特别短。策展人整理出故事的脉络，陈列出难得一见的展品，让我们不但能了解历史，还能直接感受古代最经典的杰作，这是何等的幸运。但是，那么多精心准备的优秀特展，都是展期结束了就被遗忘，甚至连几十年难得一遇的大展也是如此，这多少是件令人遗憾的事。

所以，我想从自己的经历出发，给读者分享一些与中国文化相关的特展，让大家能看到这些已经结束的优质特展的价值。这些特展的展出地点除了中国大陆和中国台湾之外，还有海外的日本。希望本书能在展示中华文明艺术成就的同时，增进读者们对文物的审美鉴赏能力，同时也能分享我追展旅行的乐趣。

目 录

自 序 / 1

中国记忆——5000年文明瑰宝展

  2008年 首都博物馆 / 1

石渠宝笈——故宫博物院九十周年特展

  2015年 故宫博物院 / 14

丝路之魂·敦煌艺术大展暨天府之国与丝绸之路文物特展

  2016年 成都博物馆 / 35

祥云托起珠穆朗玛——藏传佛教艺术精品展

  2017年 深圳博物馆 / 48

书于竹帛——中国简帛文化展

  2017—2018年 山东博物馆 / 58

丹青宝筏——董其昌书画艺术大展

  2018—2019 年 上海博物馆 / 77

丝绸之路上的文化交流——吐蕃时期艺术珍品展

  2019 年 敦煌研究院 / 93

春风千里——江南文化艺术展

  2020 年 上海博物馆 / 106

山高水长——唐宋八大家主题文物展

  2020—2021 年 辽宁省博物馆 / 121

台北故宫 90 周年大庆特展

  2015 年 台北故宫博物院 / 136

公主的雅集：蒙元皇室收藏书画作品展

  2016 年 台北故宫博物院 / 165

国宝的形成 国宝再现

  2017—2018 年 台北故宫博物院 / 187

道教影响下的中国绘画：何处是蓬莱 / 杏林春暖 / 伪好物

  2018 年 台北故宫博物院 / 232

正仓院展

    2015—2019 年 奈良国立博物馆 九州国立博物馆 / 258

国宝——京都国立博物馆开馆 120 周年纪念特别展览会

    2017 年 京都国立博物馆 / 289

阿部房次郎与中国书画

    2018 年 大阪市立美术馆 / 331

大德寺龙光院——国宝曜变天目与破草鞋

    2019 年 美秀美术馆 / 346

国宝东寺——空海与佛像曼荼罗

    2019 年 东京国立博物馆 / 375

尾　声 / 399

中国记忆——5000年文明瑰宝展

2008年 首都博物馆

2008年8月8日到2008年8月24日,北京举办了第29届夏季奥林匹克运动会,这是中华人民共和国历史上最重要的国际盛会之一,全世界的目光聚焦于中国,无数游客来到北京。这样难得的契机,中国当然要做好自身的宣传,而我们漫长的历史和文明,就是最好的展示品。于是,由国家文物局和第29届奥林匹克运动会组织委员会牵头,北京市等二十六个省、自治区、直辖市人民政府共同主办了一场前无古人,而且很可能后无来者的特展:"中国记忆——5000年文明瑰宝展"(展期:2008年7月29日至2008年10月7日)。中国大陆最重要的文博收藏机构几乎全部出动,让最顶尖的文物在北京首都博物馆齐聚一堂,以时间为脉络做了一场中华文明的全景展示。

"中国记忆"是笔者有意识去追的第一个特展,印象很深,它的场地在首都博物馆方厅一层,展陈面积不是很大,由于是文化热点,展厅里每天人满为患。入口处第一个文物是中国旅游标志，出土于四川金沙遗址的金箔太阳神鸟，后面基本上是按照时间顺序来展陈文物。

对笔者而言，看特展主要是看两点：第一点是看展线，也就是了解一个故事、一段历史，知道这个展是要讲什么。"中国记忆"的展线宏大而清晰，就是整个中国从史前到清朝的历史，分了四个部分，第一部分是史前，第二部分是夏朝到秦朝，第三部分是汉代到五代十国，第四部分是宋元明清。用一个特展来进行如此宏大的叙事，是非常罕见的，中国历史上各个时代最经典的考古文物及传世珍宝齐聚一堂，场面极为难得。

第二点是看文物，这里的文物主要是指珍贵罕见、有代表性的文物，而这也是展览的重要价值所在。展览的主线内容，有时候通过看书学习就可以了解，但是珍贵文物带来的直观感受，是看书无法获得的，有些学者甚至可以通过观察这些实际的文物，得出和展览思路不一样的结论。特展文物的关键在于罕见，过了这个村没这个店了，这才是吸引人们去看特展的核心元素。

其实罕见也有两层含义：第一层是空间性的罕见，例如它是一个偏远博物馆的文物，几乎没什么人会去那里，这次把镇馆之宝运过来展出了，那就非常难得。例如"中国记忆"展上有内蒙古自治区巴林右旗博物馆的镇馆之宝：红山文化玉猪龙，大部分人没有机会去巴林右旗博物馆，这就属于空间性上罕见的文物。第二层是时间性的罕见，一个文物好几十年才拿出来一次，甚至是因为状态欠佳最后一次对公众展出，错过的话这辈子可能都见不到了，这就比空间性的罕见还要难得。

"中国记忆"展上有一件当时看来非常罕见的宝物，也是展厅里唯一一件不许拍照的展品，那就是藏于湖南省博物馆的禁止出境展览文物：西汉马王堆"T"形帛画（图1.1）。这幅画距今将近2200年，是中国艺术史上绝对的经典之作。笔者以前从来没有见过这幅画的真品，这次是头一次见。当时以为这件文物古老脆弱，可能再也不会展出了，其实它保存的还不错，后来湖南省博物馆又展出过两次，分别是2017年冬季新馆开馆之际和2019年纪念"5·18"国际博物馆日的根魂特展，都允许拍照了。

　　这幅画足有两米多高，呈"T"字形，因为是在长沙西汉马王堆1号墓出土的，所以叫马王堆"T"形帛画。目前保留下来的典型中国高古绘画一般都是宋元时代的，唐代留下来的绘画屈指可数。笔者当年学中国绘画这门课的时候，开篇讲的是魏晋时期，教材里没有更早的资料。因为中国古画的材质主要是纺织物和纸张，非常不易保存，几乎不可能保留2000多年。所以，关于汉代艺术，我们能看到的不是青铜器就是石刻，还有个别古墓壁画。但是，马王堆"T"形帛画居然是西汉早期的古画，它不仅保存完好，还色彩鲜艳，这就非常难得了。

　　通过马王堆汉墓出土的陪葬物品清单，可知这幅画的名字叫"非衣"。它的色调是红黑相间，也就是古人说的"丹青"，丹指的就是红色，青指的是黑色。古人认为红和黑都是天的颜色，很神秘，而且这幅画要表现的内容也不一般，是汉代人想象的宇宙。现代人所知的宇宙，是银河、黑洞这些东西，但是汉代前期继承了楚文化，迷信鬼神仙术，"T"形帛画上画的，其实是当

马王堆一号墓出土印章"妾避（辛追）"

印章上的"避（辛追）"字

睡虎地秦简上的"避"字。

图1.1　西汉　马王堆"T"形帛画　湖南省博物馆藏

时人们心目中的宇宙。

这幅画的最下面，是海底的两条鲸鲵鱼，旁边还画着两个长着羊角的怪兽，它们是地府里的工作人员。为什么地府里会有这种鱼呢？因为当时的人认为地下面是水，水神禺疆托起了大地。画面底部踩在鱼身上的人就是禺疆，他双手撑着一块大板子，身前还有一条红色的赤蛇，正在监督他的工作。

水神上面的人间被分成了上下两层，下层是一些人在给墓主人做祭祀，这代表着现实的世界。现实世界的上面有一块巨大的玉璧，这是古人用来祭天的礼器。两条神龙从玉璧的孔中穿过，象征着把墓主人的灵魂引入天界，所以玉璧的上面就是人间的上层，画的就是墓主人的真身了。她是一位50岁上下的侯爵夫人，根据出土的印章来看，人们一般称她为辛追夫人，但更可能叫"避"（图1.1-1、图1.1-2、图1.1-3）。她去世的时间大概是公元前165年，这也是帛画绘制的时间。辛追夫人拄着拐杖站在中间，前面跪着两个人，那是天界来迎接她的使者，而再上面，就是天界了。

画顶端的左右两边，分别画着月亮和太阳。古人再怎么幻想天上的世界，太阳和月亮毕竟太明显了，是一定要画出来的。画面右上角有一棵扶桑树，上面长着9颗大小不一的红色太阳，最大的一颗应该就是指我们在现实中看到的太阳，其中站着一只叫"踆乌"的两足乌鸦，即传说中三足太阳鸟的前身，有学者认为其原型可能是太阳黑子。月亮则是一弯新月，上面有一只蛤蟆和一只兔子，底下还有个女神托着，大概就是嫦娥。在天界顶部的正中间，是人头蛇尾的天帝烛龙，他正在等着接见升天的辛追夫人。

中国的古画，无论材料是丝织品还是纸制品，都是有机物，比无机物要脆弱得多，往往对光照和湿度都有很高的要求。一般而言，时间性上罕见的文物大部分都是有机物，因为保存条件苛刻，十几年才拿出来一次都是常事。

"中国记忆"展上有两件文物，笔者后来再也没有见过，都是有机物。第一件是国家博物馆的元代彩绣广目天王像（图1.2）。这是元代刺绣的精品，幅面宽大，纵横都有2.5米，只能平摊展示。工匠在棕红色缎地上，用彩色丝线绣出佛教四大天王之一的广目天王，他能以清净天眼观察护持世界，是由印度神话中猎手之神演变而来。天王立于云端，头戴凤翅盔，身体肥硕，手持弓箭，形象及服饰与元代居庸关云台石刻天王像和杭州灵隐飞来峰石刻天王像均有相同之处，可以看出是元代作品。2008年国家博物馆的装修还没有完成，当时也没意识到这件文物有多难得一见，现在国家博物馆开放已经10年了，一直也没有见过，才知道当时是何等难得，这种高古脆弱的文物，以后再见到的机会怕也不是很大。

另一件再也没见过的文物，是西藏布达拉宫的镇宫之宝，13世纪的"缂丝不动明王像"唐卡（图1.3），这件作品就算去布达拉宫珍宝馆也是看不到的。缂丝又称"刻丝"，其特色是纬线并不横贯全幅，而是仅在需要时与经线交织，称为"通经断纬法"，其作品正反面如一，是古代最复杂的纺织工艺。这件缂丝唐卡高89.5厘米，平摊展出，主尊不动明王为宝蓝色，背景大块红色，

图 1.2 元代 "广目天王像" 彩绣 中国国家博物馆藏

图1.3 13世纪"缂丝不动明王像"唐卡 布达拉宫藏

并用金线缂出云纹而呈橙红色，周围蓝色地上遍布穿枝莲花，全幅均用单线勾边、平涂施彩及间晕配色处理，具有强烈的装饰性。

不动明王在唐代汉传密宗瑜伽部里就很重要，这幅是萨迦派无上瑜伽部中的青不动明王，风格与唐代有极大的不同。他呈蹲跪姿，赤红怒发，以齿啮唇，右手高举表示斩除障碍的智慧宝剑，左手于胸前作期克印，并持羂索以威吓和钩缚恶魔。头冠中央有东方金刚部的阿閦佛，背后为半圆形火焰背光，四周则为色彩缤纷的涡形缠枝莲纹。

藏传密宗唐卡的神祇有非常明确的高低位序，不动明王是唐卡的本尊，他上方有五方佛和祖师，左上方是萨迦五祖中的第一祖贡嘎宁波，右上方为萨迦二祖索南孜莫，这些是更高位阶的存在。不动明王的下方有宝帐怙主、四臂观音、吉祥天母等，他们的位阶更低一些。

更下方还有一黑底方框题记，说此作品为江尊追札送给其上师——萨迦三祖扎巴坚赞（1147—1216）的，这也说明这件作品的年代不会晚于南宋。从技法来看，这幅唐卡的缂丝工艺极高，线条流畅优美，现代工匠想复制只怕也无从下手，应该是公元13世纪初期订制的，可能是西夏或南宋的作品。根据萨迦三祖所处的时代背景，这件作品本来的收藏地是萨迦北寺，在13世纪曾经是西藏首屈一指的大寺，也是第一批全国重点文物保护单位，只可惜毁于20世纪60年代，现在只剩下这件精彩的唐卡让我们缅怀当年的辉煌。

"缂丝不动明王像"唐卡尺寸巨大，工艺精湛，但是不动明王凶猛的护法姿态可能会令很多人感到畏惧，觉得它不够美。这是个正常的想法，因为对于大多数人而言，艺术的功能就是装饰，人们会把好看的油画挂在墙上，把优雅的雕像放在桌上，把华丽的工艺品陈列在橱窗里，没事还会在耳边播放悦耳的音乐旋律。这些都是艺术消费，人们希望艺术品能让自己心情舒畅，所以会期待艺术品符合自己的审美需求。在参观博物馆的时候，人们也会有类似的期待，就是希望文物是美丽的艺术品，能带给自己审美的享受。但笔者必须指出，文物、艺术和美，是三个不同的东西，它们之间可以统一，也可以毫无关系。

首先，我们看文物是什么。文物是古代的人类在社会活动中遗留下来的具有历史、艺术、科学价值的遗物和遗迹。它一定是古代人类的产品，是信息载体，能帮助我们了解古代社会。例如"中国记忆"特展上有西周恭王时期的文物"史墙盘"（图1.4），

图1.4　西周恭王时期　史墙盘　周原博物馆藏

上面大量铭文记录了商代遗民微氏家族在西周时期的情况，这就是历史价值。还有浙江省博物馆的镇馆之宝，5000年前良渚文明的玉琮王，玉雕工艺出神入化，1毫米之间能刻画6条平行线而不会跳线，现在都无人能仿制，证明了古人杰出的技术能力。

"史墙盘"和玉琮王都是禁止出境展出文物，都有明显的装饰美感，也都有艺术设计，在它们身上，文物、艺术和美是统一的。古往今来绝大多数的艺术创作就是要美，因为这是消费者的需求，艺术创作者必须投其所好。但是，也有的文物只具备艺术性，不追求装饰性的美。"中国记忆"特展上展出了辽宁省博物馆藏的草书作品《古诗四帖》（图1.5），这件作品是中国书法史上的重要文物，无款（没有作者署名），不过，因为明代董其昌鉴定为唐代草圣张旭所书，所以文物标识会写作者是"（传）唐张旭"。当代学者吴斌通过比对，认为是五代时期僧人彦修所写。《古诗四帖》的内容是东晋谢灵运和南梁庾信的四首古诗，一笔狂草龙飞凤舞，大开大合，每个字都跌宕起伏。草书不是没有规矩的瞎写，标准的草书范本可以参考本书后面章节介绍的智永《真草千字文》（图15.3）。以此为基础，在一定的法度之内的创作都是草书，越接近法度的边缘就越是"狂草"，但超越了法度的边缘，就是谁也不认识的"鬼画符"了。《古诗四帖》的作者在法度的边缘疯狂试探，一般观众根本不可能看出写的是什么，更别提欣赏审美了。

《古诗四帖》就是一件充满艺术性但并不够"美"的文物。艺术品可以不美，这听起来违反常识，但实际上越优秀的艺术品

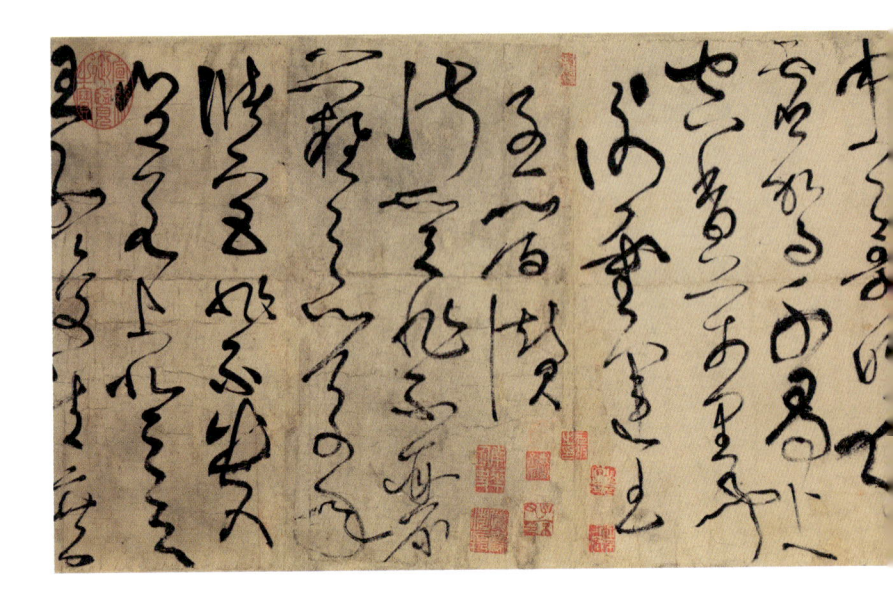

越是不需要美的。因为高水平的艺术家经常不屑于谄媚消费者，他们更倾向于展现自己的理念，哪怕狂放出格也没有关系。这一现象在艺术水平很高的领域，如中国古代书画和西方现代艺术中非常多见。所以，很多经常参观博物馆美术馆的观众都有一个经验，就是受到各方盛赞的艺术名作看起来一点都不美，有的丑，有的还会吓人。这不是我们的审美能力出了问题，而是艺术家本来就没打算做一件美的东西。

这里牵扯一个问题，就是"艺术是什么"？艺术科普作家刘大可指出，在许许多多艺术的定义中，你可以只记住这样一个：艺术，就是使用非约定符号的语言。艺术是一种语言，其目的在于表达某些东西。通常的语言文字都是"约定符号"，一段话里的每个字都可以在字典里查到，只要符合语法，就没有歧义。但艺术是非约定符号，所以它在一定程度上是自由的、突破规则的，

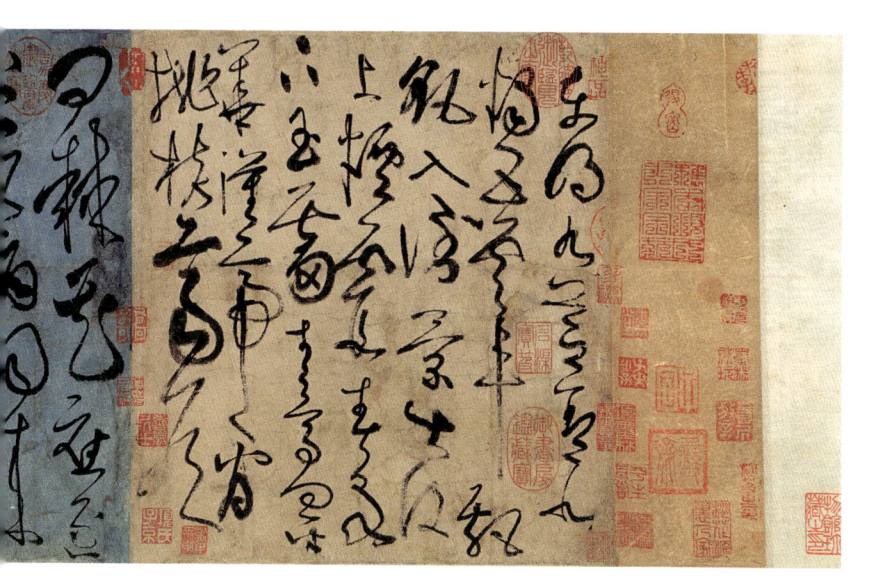

图1.5 （传）唐代 张旭 《古诗四贴》 辽宁省博物馆藏

同一个事物，不同的画家画出来千奇百怪，颜色笔触风格可以完全不同，雕塑、诗歌、书法、音乐等也都是如此。语言的评价标准在于它能不能准确地表达言说者的意图，无论是理性还是情绪，所以评价艺术品水平的高低，就看它创造和使用的非约定符号是否恰当地表达了艺术家想表达的东西，也就是艺术的主旨。《古诗四帖》的诗文逍遥飘逸，书法狂放舒张，观看者或许看不懂书写的文字，也很难领会书法的技术难点，但是很轻松就能看出作者的自信与纵情，所以这件作品在艺术表达上是成功的。

"中国记忆"展的内容极多，一篇文章无法一一详述，这里只是以它为例，阐述笔者看特展的思路和关注点，以及讲述文物和艺术的一些基本概念。接下来，我们要看一个同样极为难得，而且非常值得详述的特展，那就是2015年北京故宫博物院的"石渠宝笈"特展。

石渠宝笈——故宫博物院九十周年特展
2015年 故宫博物院

2015年是故宫博物院成立90周年。两地故宫博物院都举办了多场展览，其中最引人注目的就是北京故宫博物院于2015年9月8日到2015年11月8日的"石渠宝笈"书画特展了。这个展览可能是近10年以来最火的文物特展，天天排长队，不少观众宁可排6个小时的队也要一睹《清明上河图》《伯远帖》等国宝的真容，最晚可以排队到凌晨4点，在中国的特展历史上也是空前了。这些等待都是值得的，因为如此众多顶级文物的集中展示，近10年都未能有一次。

先解释一下特展的名称。《石渠宝笈》是一套书的名字，全称叫《秘殿珠林石渠宝笈》，是清宫书画的大型著录文献，"石渠"二字来自西汉皇家藏书的石渠阁。收藏名人字画历来是中国皇室最喜欢的风雅韵事，如宋徽宗、宋高宗、元文宗等都是著名的大收藏家。清朝乾隆和嘉庆两代皇帝也喜好字画，以盛世财力广泛搜罗，再将其内容编纂成书，就是《石渠宝笈》。这套书共有三编，初编成书于乾隆十年（1745），二编成书于乾隆五十八年（1793），三编成书于嘉庆二十一年（1816），前后历时70余年。内容分为手卷（书卷、画卷、书画合卷）、立轴（书轴、画轴、书画合轴）、册（书册、画册、书画合册）九类，每类又分为上、下两等；上等详细记录，品相不佳或存有问题的为次等，记述甚简。《石渠宝笈》一共记载了10000多件历代书画，是中国古代书画著录史上的集大成者，也奠定了中国书画艺术史的基调。国家文物局发布的禁止出境展览文物总共三批195件，书画文物一共是37件，其中有33件来自清宫旧藏，由此可见宫廷收藏的重要性。近代社会动乱不止，文物损毁严重，如果没有《石渠宝笈》这样的伟大文化工程，很多珍贵的国宝文物根本无法留到今天。

从清末开始，《石渠宝笈》中的书画大量流散。有些是皇帝给臣下的赏赐，还有英法联军和八国联军等兵灾导致的散佚，再后来是溥仪图谋复辟，将大批书画以赏赐之名盗运出宫，最后是抗战前夕故宫国宝的南迁，前前后后就把大部分书画给运出宫去了。所幸的是这些文物来自皇宫，人们都知道是好东西，拿到手里顶多是卖钱，很少会去故意毁坏，所以这些珍宝虽然历经劫难，漂泊四海，但大多还在，算是不幸中的大幸了。

那故宫博物院现在还收藏有多少《石渠宝笈》中的作品呢？笔者有幸受邀参加了"石渠宝笈"特展的开幕式，请教了故宫博物院时任院长单霁翔和书画部的老先生们，这才知道了详细数字。经过故宫博物院书画部数十位专家耗费数年的整理研究，发现有书法作品228件（旧藏156件，新收回72件），绘画作品1001

件（旧藏 743 件，新收回 258 件），共计 1229 件，其中宫内旧藏 899 件，中华人民共和国成立以后回归藏品 330 件。这 1000 多件《石渠宝笈》中书画，和清朝的 10000 多件自然是差得很远，不过一个好的消息是：《石渠宝笈》收录的作品有八成尚在人间，只是分藏于全世界不同的地方罢了。

故宫博物院每年都会有两次书画展览会，分别在春季和秋季。这次 90 周年的书画展与众不同，"石渠宝笈"特展的文化背景是整个中国书画艺术史，所以展陈的精品特别多。在故宫博物院春秋季的书画展上，禁止出境展览文物最多只会展出两三件，但是这回一口气拿出了 14 件，包括东晋王珣《伯远帖》、（传）隋代展子虔《游春图》、唐代冯承素《摹兰亭序帖》、唐代韩滉《五牛图》、（传）五代周文矩《重屏会棋图》、北宋林逋《自书诗卷》、北宋蔡襄《自书诗卷》、北宋黄庭坚《诸上座帖》、北宋王诜《渔村小雪图》、北宋李公麟《摹韦偃放牧图》、北宋米芾《苕溪诗帖》、北宋祁序《江山放牧图》、北宋张择端《清明上河图》、南宋马和之《后赤壁赋图》等，还有其他众多难得一见的珍品，分成上、下两期展示。可以说故宫博物院为这次展览是尽了全力，把压箱底的好东西拿出来一半之多，其中包括《清明上河图》这种传说级别的藏品（图 2.1），堪称是中华人民共和国成立以来屈指可数的重量级展览了。

古人有句老话，叫文无第一，武无第二。意思是在武功上很容易分个高下，但是在文采方面，大家各有所长，很难说谁就一定胜过谁了。在艺术上也是这样的情况，故宫博物院国宝有很多，精彩作品大家都觉得好，韩滉的牛，李公麟的马，王诜的山水，马和之的泛舟，皆是出类拔萃之作，大家风格不同，不好说是谁强过了谁，最多只是观者的喜好不同而已。但偏偏就有那么一幅画，从大众到专家，人人赞不绝口，以至于说起故宫博物院的藏品，它就是无可争议的第一了，这幅画就是北宋张择端的《清明上河图》。"石渠宝笈"特展上半期人满为患，最长的队伍就是要看它。观众排队到凌晨4点的那次，就是因为《清明上河图》第二天要撤展。

《清明上河图》是一幅风俗界画，长528厘米，宽24.8厘米。所谓界画，指的是用界尺引线画的画，一般用于画建筑、舟船、车舆这些东西。界画与其他画种相比，有一个明显的特点，就是要求准确细致地再现所画对象，分毫不得逾越，有点像古时候的照片。这种绘画早在两晋就已出现，到了隋唐已经成熟。但是，界画一直得不到文人士大夫们的重视，因为中国文人都讲究个"文以载道"，界画虽工，却难以表达内心情感，匠气有余而艺术性不足，所以只能看个好看，并没有被推崇到很高的地位。

然而事情都是变化的，今天在街上拍一张照片，可能过些年就不一样了，在古代更是如此。《清明上河图》画的是北宋末年的开封，当时叫东京汴梁，是全世界最繁华的城市，百万人口，市井繁荣。那样的城市，在历史上曾经有过一些，比如北魏的洛阳、隋唐的长安，我们在书上能读到它们曾经的辉煌：永宁寺塔有多么高大，大明宫有多么宽广。然而文字哪怕再多，也不可能给我们留下真实的印象，复原的图像也只能是看个意思，就像史

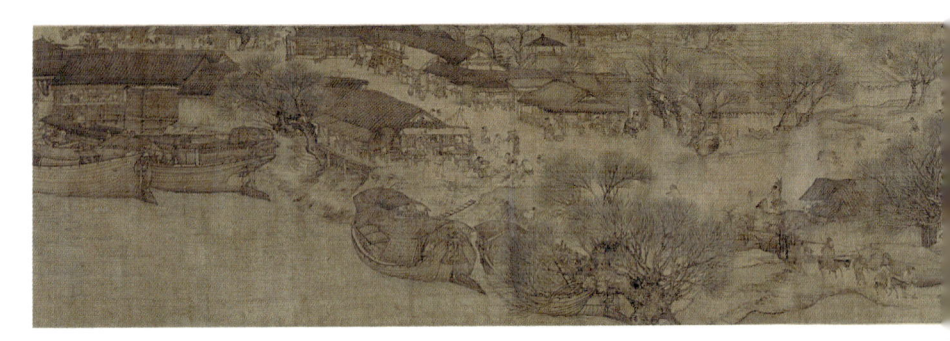

图 2.1 北宋 张择端 《清明上河图》 故宫博物院藏

石渠宝笈——故宫博物院九十周年特展　2015年　故宫博物院

书上说汉高祖刘邦的长相是"隆准而龙颜，美须髯"，你能知道他长什么样吗？我们哪怕和刘邦擦肩而过，也决计认不出来。《清明上河图》最美妙的地方，就在于它给了我们一个可能，让我们能看到过去，虽然只有一小段，但无比真实。作者用极为精准老到的笔触，把他看到的盛世繁华落在了纸上，让北宋百年造就的东京梦华，留了一段下来。

有人做过统计，说《清明上河图》上一共有各色人物800多人，算是洋洋大观了。这些人物每一个都是丰富而立体的，他们的职业有农民、商人、医生、船夫、官吏、书生、道士、僧人、摆摊的、卖艺的、看相算命的……各行各业，五花八门。每个人物都有作用，他们在画面里构成了一个个活灵活现甚至紧张刺激的场景。

在画卷的右端，先是一段平静的风景和路人，似乎是春郊踏青之景。突然之间，平静被打破了，出现了一匹惊马，后面几个人大呼小叫在追。整个画面一下子动了起来，旁边店里的人听到动静回头去看，路旁的老奶奶赶紧招呼孙子让开，一头驴吓得也想要跑，还有两头老黄牛在淡定地围观。

惊马过去，接下来看到的是一段美丽的河道景色。古代的大城市为了漕运便利，纷纷依水而建。只见河道两边店铺林立，河上大船穿行而过，好不繁华。然而再往前，又是一个惊险的画面，那就是《清明上河图》核心的虹桥。只见一座大桥跨河而立，桥上人满为患，桥下船只穿梭。这个场景看似寻常，但细看就会发现不对，因为桥上桥下的人都慌作一团。桥下一艘大船逆流而上，由纤夫拉着正要过桥，结果桅杆忘记放下来，眼看要撞桥，纤夫害怕了，赶紧松了绳子，没想到船是逆流，一没人拉纤，船马上要打横，而这时上面又有一艘大船顺流而下，船橹已经过了桥洞，眼看着两艘船就要撞上。这时候人们都着急了，一堆人大呼小叫，让上面的船赶紧停下，打横的船上船员猛撑竹篙，桥上还有人扔绳子要拉船。

桥下要出事，桥上一堆人趴着看热闹，却没想阻碍了桥上的交通。桥上一南一北来了两队人，一路乘轿，一路骑马，都是富贵人家，由于桥上两边看热闹的人太多，只能过去一队，那该谁先过呢？只见两边的仆人已经吵起来了，撸胳膊挽袖子就要开打。

画家画了一个纷繁激烈的场景，却不会给我们答案，谁先过的桥？船撞没撞上？只有观者自己去想象了，或许这样的事情每天都会发生吧。过了虹桥，接下来就是更繁华的市井了，巨大的城门立于道中，一支驼队正要出城。城里是各种各样的繁华，车水马龙楼宇林立，大概这就是1000年前的西单王府井，人们安居乐业，一派升平景象。

张择端是北宋宣和年间的画院待诏，他奉命绘制盛世的繁华，结果孤篇横绝，竟为大家。《清明上河图》是绝响，而他画的东京汴梁，不久后也成了绝响。有人认为，画上可能出现的交通事故，就是隐喻北宋处于危急存亡之秋，这真的是想多了，宣和年间是宋徽宗的盛世顶峰，国土最大，经济最强，人是一种看不到未来的动物，谁能想到亡国就在眼前呢？

画面里有一个很少有人注意的细节：城墙。有人说画上没画城墙，其实不然，城墙是有的，但只是夯土墙，墙上杂树丛生。

北宋百年无战事，"垂髫之童，但习鼓舞；斑白之老，不识干戈"，根本没人想过打仗的事情，以至于城墙残破也无人修理。富而不能战，于是就有了靖康之耻。1127年1月9日，宋朝派道士郭京用法术神通出战金兵，惨败后汴京沦陷，接着就是百年不遇的劫难，92座内库所藏170年积攒的金银宝货全部被掠，然后是全城大搜索，24天共得黄金27万8千两，白银714万两，全城的百工、妇女、内侍、僧道、医生乃至后妃、皇帝全部被掳走为奴，北宋就此灭亡。画上的那些人，乃至于张择端本人，他们那时在不在汴梁？他们遭遇了什么？我们无从得知，只希望有人能逃出那场灾难，逃到南方，平静地度过晚年。

《清明上河图》记录了一个不可能重现的时代，于是在金朝大定年间就被定为神品，然后代代相传。作者是张择端这个信息，就是我们由金人的题跋所推断的。不过题跋也带来了一个难题，金人张世积的题诗云："繁华梦断两桥空，唯有悠悠汴水东。谁识当年图画日，万家帘幕翠烟中。"说是画上的河流是汴水。但是专家发现记录和图像对不上，因为汴河是一条悬河，沈括《梦溪笔谈》记载汴河"河底高出堤外平地一丈二尺余，自汴堤下瞰民居，如在深谷"。台北故宫博物院的国宝文物北宋《景德四图》中，有宋真宗"舆驾观汴涨"的场景，可见汴河堤岸高耸，高于地面，而《清明上河图》中的河显然不是悬河，就是正常的漕运河。吴斌等学者指出：《清明上河图》上的这条河其实是城北的广济河，因河宽五丈，又名五丈河，是汴京第二大漕河，担负着从山东一带运粮的重任。图中城门是汴京东北的善利门，门外的拱桥叫"小横桥"。而画这个图的目的，可能也和山东的战事有关。徽宗宣和四年（1122），朝廷彻底平定了宋江之乱，山东的漕运重新通畅，这才有了清明上河的繁华景象。

《清明上河图》作为界画的天字第一块招牌，影响极大，明四家之一的仇英用明代苏州街景摹画了《清明上河图》，也是精彩纷呈。晚明时期苏州的绘画高度商业化，出现了"苏州片"（见本书"道教影响下的中国绘画"章节），绘画作坊大量制作《清明上河图》，可能是卖给各地不能出门的妇女，当作日常消遣的图像，当时在北京城里一两银子就能买一卷。现在全世界共存有《清明上河图》的摹本 100 多件，绝大多数都是晚明的作品，其中最精致的一卷藏于辽宁省博物馆，最接近仇英的原作。台北故宫博物院有一卷国宝级的《清院本清明上河图》，是清乾隆元年（1736 年）由五位最顶尖的宫廷画家绘制的 12 米长卷，把康乾盛世的繁华也留了下来。

画而象物，以垂后世，这是绘画最根本的目的，也是人类创造绘画艺术的初衷。张择端的绘画技巧虽然高明，也未必就一定比王诜、李公麟等名家强。不过，他有一点是别人不能比的：他真实而细致地画出了自己的时代。这是他和《清明上河图》名垂青史的原因，也是一个古代画家能尽的最大本分。当然，《清明上河图》的艺术性一点也不逊色，因为艺术是一种语言，看着这幅画，我们仿佛就能听到张择端在说：我看到了这繁华，我希望你们也看到。

《伯远帖》

　　《石渠宝笈》著录了上万件宝贝，那么在乾隆皇帝眼中，最珍贵的是什么呢？这个答案可以从他的书房"三希堂"的名字看出来。"三希"有两层含义：第一层是"士希贤，贤希圣，圣希天"。即士人希望成为贤人，贤人希望成为圣人，圣人希望成为知天之人。第二层意思是古文"希"同"稀"，"三希"即三件乾隆最珍爱的稀世珍宝：东晋王羲之《快雪时晴帖》、东晋王献之《中秋帖》、东晋王珣《伯远帖》。

　　乾隆皇帝以为自己得了三件晋人真迹，但是现在研究表明，藏于台北故宫博物院的《快雪时晴帖》其实是唐代摹本（见本书"国宝的形成　国宝再现"章节），藏于北京故宫博物院的《中秋帖》是北宋米芾的临本，用的是宋代的竹纸，只有王珣的《伯远帖》是货真价实的东晋真迹，也是"石渠宝笈"特展的招牌文物之一（图2.2）。

　　由于《伯远帖》价值特别突出，所以被装裱得很长，卷头有乾隆题字：江左风华。后面印章绘画题跋不计其数，显然是历代珍视的异宝。字帖本身不大，在长卷正中，长25.1厘米，横17.2厘米，为纸本行书。帖上共5行47字，是一个信札，原文是："珣顿首顿首，伯远胜业情期，群从之宝，自以赢患，志在优游。始获此出，意不克申。分别如昨，永为畴古。远隔岭峤，不相瞻临。"由于信中主要讲一个名叫伯远的人，所以被称为《伯远帖》，信写了一半就断了，说明本来至少应该是两张纸，但如今文字不

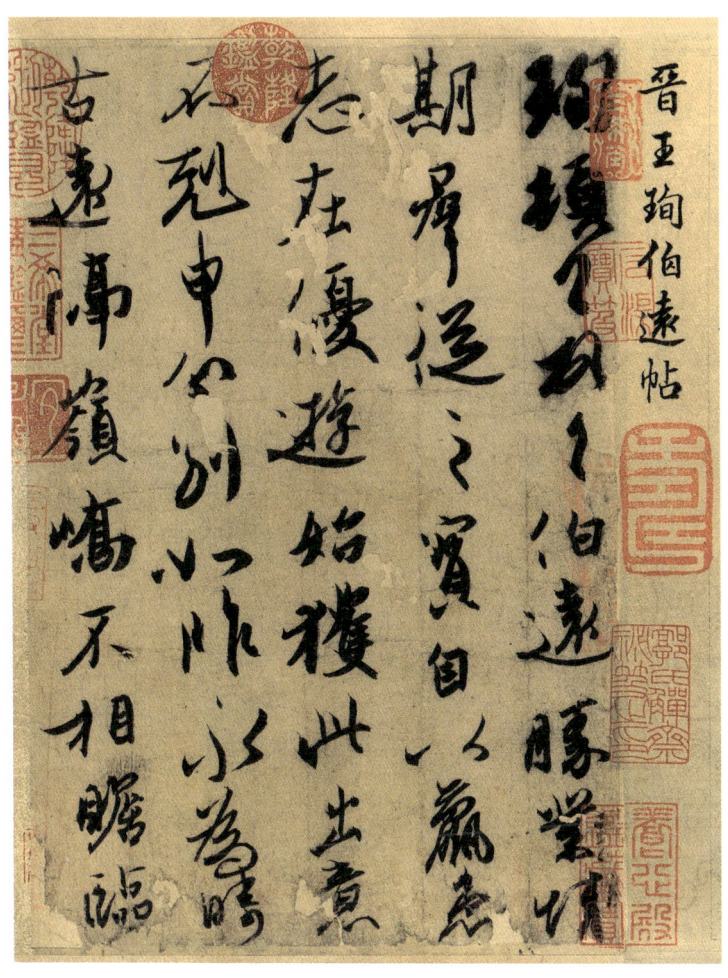

图 2.2　东晋　王珣　《伯远帖》　故宫博物院藏

全，要解读文章的背景就有很大难度了。

这篇书法是王羲之的侄子王珣（349—400）所作，也是东晋书道名家唯一的传世真迹。此帖的用笔之法异于后世，加之文辞古雅，晦涩难懂，所以历代藏家都只是珍藏膜拜，不敢妄加指点，纵有评论也是各种赞美之词，如"东晋风流宛在眼前"之类，没有太多实际内容。此帖在近代曲折甚多，都在"夺宝"二字上，如：当年清朝灭亡，瑾太妃是如何命小太监把它偷出来贱卖；大收藏家张伯驹是如何想买却买不起；周总理是如何特批外汇回购；等等。不过在笔者看来，一代名迹如何流传虽然重要，但更关键的始终应该是作品本身，历史价值和书法水平才是佳作之所以能称为佳作的根本。然而分析作品可比讲述夺宝故事要难多了，连"石渠宝笈"特展上给出的《伯远帖》介绍都出现了问题，说这个帖的意思是"问候友人病况，表现了对友人病情关怀及天各一方的惆怅"，明显是一种误读。

《伯远帖》开头是5个字"珣顿首顿首"，古人顿首为礼，两个顿首，说明信是给长辈或者上司的，写给友人的话，不用这么毕恭毕敬。伯远是王珣的堂弟王穆，官居临海太守，他们都是东晋丞相王导之孙。但王穆并不是收信人，而且他也不是病人，因为已经去世了，一个生病的人至少还活着，怎么可能"永为畴古"？"情期"是去世周年的意思，也可以写成"情事期"，魏晋时期管亲属去世叫情事，和今天的意思完全不同。总之，这封信是王珣给一个长辈写的，意思是说王穆是兄弟中的佼佼者，由于体弱多病，想要自在的生活，但还是要被派去工作，在事业正隆的时候不幸去世了。分别仿佛一如昨日，对方却作古了，如同隔着遥远的群山，再也看不到了……文章没有写完，后面本来还有字，但是已经失落了。最麻烦的是：由于后面的信纸没了，我们也没办法判断解读是否正确。还有人提出了一种可能,说这封信是写给丞相谢安的,当时王珣刚和谢安之女离婚,要被分配到江西当太守,于是写了一封阴阳怪气的拒绝信。笔者认为这个可能性比较小,但千载已过,原文再也不可能找回,成了永远的遗憾,恰似文中所言:"分别如昨,永为畴古。远隔岭峤,不相瞻临。"

《伯远帖》最大的价值,还是在文中每个字的书法之上。所谓"晋人尚韵,唐人尚法,宋人尚意",宋代之后书法风格是不一样的。在魏晋时期,纸张的普及和楷书的定型,为书法的出现奠定了基础。从记录用的文字出发,走向人文艺术的"韵",最重要的载体是行书,有了这种艺术化和风格化的字体,文人士大夫才能用书法来彰显自己的个人魅力。

书法在最早的时代,哪怕在士大夫阶层都是一种秘技,西晋陆机的《平复帖》年代虽早,但是半点"晋韵"也无,因为他没有受过书法艺术的传承。魏晋隋唐的书法和宋元明清的不同在于:书法家的笔法都是有传承的,从汉末蔡邕、曹魏锺繇、东晋王羲之、王献之、王瑜……隋代智永、唐朝虞世南、张旭、颜真卿,最后到唐末的柳公权,都是师徒子侄私下传授,规矩是秘技"勿播于外,缄之秘之,不可示知诸友"。当年锺繇为了求蔡邕笔法,自己捶胸三日,打到胸口尽青、口吐鲜血,可见成为书法家是很难的。谁都不能说秘技,最后的结果就是到了唐末笔法不幸失传,到了宋代书法风格大变。

通过历代书法家的努力研究,我们对晋唐书道有了一些初步的了解,这样也可以更加看清《伯远帖》的本来面貌。晋唐时代的写字方法和今天不一样，首先执笔方法是斜执笔，和今天拿硬笔的方法一样，当时的毛笔也是硬芯的。现在日本奈良正仓院还收藏有硬芯的唐笔，和宋代以后的无心散卓笔差异极大。当时的人是一手拿纸，一手写字，这个习惯来自书写竹简，到宋代以后人们才会在桌子上写字。《伯远帖》上很多字的笔画有锐利的棱角，甚至一些横折是分两次写的，可能都和书写材质及方法有关。

在唐人的评价系统里，王珣的书法不及其祖辈和父辈，更不用说他的堂伯父王羲之了，但好在家学渊源深厚，他也是有成就的书法家。乾隆在《伯远帖》上题写的"家学世范，草圣有传"8个字，基本上代表了后世对王珣书法的评价。通过《伯远帖》，我们可以看到东晋书法家技法的很多特点。中国人讲究虎头豹尾，开篇的"珣顿"二字粗大浓重，精神而有气势，恰似孙过庭的《书谱》所说的"一字乃终篇之准"。

可能和作者的书写习惯有关，《伯远帖》的书势会稍微向左倾斜一些，形成险峻端庄的效果。字体在横向上游刃有余，而纵向拉力不足，如"远""以""游""如"等字，在横向扩张上做得很好，尤其是走之的出笔舒缓高雅，晋人韵味就出来了。很多竖画写的很短，和一个点相似，这是作者在纵向上有意的藏拙。有一个败笔是"申"字，因为字体完全是纵向拉长的，写到下面用笔就软弱了。名家写字也不一定每个字都成功，何况这是书道出现早期的常见问题，对于"悬针"式的笔画处理经验不足。到后面的"别"字上，作者扬长避短，把竖笔横向化，效果就好多了。总之，《伯远帖》传达了一点非常明确的信息，那就是写字是要经过设计的，横竖撇捺都不是随意为之。但艺术设计并不是中国书法的独特性所在，因为无论是阿拉伯文还是欧洲的拉丁字母，都有设计精美的艺术字，尤其在伊斯兰文化里，书写艺术的地位之崇高丝毫不亚于书法在中国文化里的地位。中国书法（包括汉字文化圈内的书法）和其他文明书写艺术的核心差异在于它不光有设计，更重要的是有作者的运动，包括运笔的速度、入纸的角度、手腕的力量等等，都是要被仔细鉴赏的。我们看中国书法，看的是作者一次独特的运动，这才有"见字如面"一说。阿拉伯文的艺术字虽然漂亮，但只有设计而没有运动，可以一笔笔慢慢描，慢工出细活，一百个人能描得一模一样，这自然也就没有"见字如面"的可能了。

中国的书法艺术是包含速度的，所以有败笔、错字、涂抹等等瑕疵都没关系，只要运动本身有足够的美感就可以了，就像舞蹈一样。这种运动美感最重要的载体就是行书，行书自东晋二王（王羲之、王献之）之后完全成熟，从此中国的方块字可以被书法家随意挥洒，一抒胸臆，成为世界艺术史上独一无二的风景。林语堂有句话说得很有道理："在书法上，也许只有在书法上，我们才能够看到中国人艺术心灵的极致。"

可惜的是，由于"二王"真迹无一存世，只剩唐代摹本，而考古出土的东晋碑刻文字隶意十足，完全不见"二王"风范，所以王珣的《伯远帖》作为东晋书法家硕果仅存的真迹，就成了中国书法登上人类艺术史舞台时留下的独一无二的铁证，其价值何止"三希"？完全就是天下无双了！

《后赤壁赋图》

"石渠宝笈"特展的展品里有众多赫赫巨迹,其中好几件禁止出境展览文物极为难得一见,可能几年甚至几十年才能展出一次。这里介绍的是其中的一件,南宋初年马和之的《后赤壁赋图》(图2.3)。

《后赤壁赋图》的内容来自苏轼(1037—1101)于北宋神宗元丰五年(1082)十月所写的一篇游记,这是他被贬湖北黄州(今黄冈)时所作,由于他在那年五月写过一篇《赤壁赋》,所以这篇叫《后赤壁赋》。苏轼是北宋的一代文豪,可惜命运坎坷,他因反对王安石变法,被小人阴害,以诗文构陷入狱,史称乌台诗案,要不是宋朝有不杀士大夫的祖训,恐怕当时就"一刀两断"了。他被贬黄州之后,躬耕于东坡,自号东坡居士,于是世人都称他为苏东坡。苏东坡郁郁不得志,但是作品越写越好,《念奴娇·赤

壁怀古》《赤壁赋》《后赤壁赋》《寒食帖》等名作都是这个时候创作出来的。文豪的作品再好，无奈北宋后期的神宗、哲宗、徽宗三朝皇帝都很讨厌苏轼，神宗把他先关后贬，哲宗直接把他贬到海南岛，这在宋朝是极严重的惩罚了，徽宗即位后苏轼去世，作品直接被禁，手迹被查抄焚毁，连碑刻都被推倒打碎，一时间举国无人敢提苏东坡三字。谁也没有想到，对苏东坡评价的转折竟然来自靖康之耻。苏东坡文名满天下，在宋朝虽然被禁了，北国辽金还有无数粉丝。汴梁被攻陷时，金军总帅完颜宗翰和金太宗派来的钦差都着力收集民间的苏黄（苏东坡和黄庭坚）书帖。之后是南宋和金朝的长期对峙，北方金熙宗于1137年开科取士，苏东坡的文章诗赋都成了教材，这也让苏黄一派在金朝有了正统地位。古人说宋金对峙时期的学术状况是"程学盛于南，苏学盛于北"，可见一斑。

逃到南方的宋高宗赵构（1127—1162年在位）为了守住文

图2.3 南宋 马和之 《后赤壁赋图》 故宫博物院藏

化上的正统，也开始推崇苏轼，说苏东坡是"王佐之才可大用，恨不同时"，追封为太师，还特意下令做了这幅《后赤壁赋图》作为纪念。为什么要画《后赤壁赋图》呢？或许是因为宋高宗个人心境，苏轼在《后赤壁赋》文中写道："曾日月之几何，而江山不可复识矣。"这恐怕就是江山沦陷后宋高宗的亲身感受，读起来特别有去国怀乡之意。画面上画的是苏东坡和友人泛舟江上、夜游赤壁的悠游之态，这估计也是宋高宗本人倦于战事，希望隐退闲居的意愿表现。公元1162年，宋高宗以"倦勤"为名退位为太上皇，真的做了一个悠游的闲人。

《后赤壁赋图》的创作背景有很强的政治性，所以创作团队也是最强的。此图的作者马和之是钱塘人，绍兴年间中进士，官至工部侍郎，得到宋高宗重视，当时御前画院仅有10人，马和之排名第一。马和之善画山水人物，尤其精于白描，风格极其独特，与当时南宋画院其他带有北宋遗风的画家完全不同。马和之的笔法远承唐代画圣吴道子，高古飘逸，人称"小吴生"，但吴道子擅长垂顺的柳叶描，而马和之笔法短促，把笔法中最波折的地方表现得特别突出，形似蚂蝗，所以叫蚂蝗描。

我们来看一下《后赤壁赋图》的画面，只见右侧的开端是一片水口，马和之笔下的水口不是宁静致远的样式，而是风波起浪的流云之势，山水平坡之间波纹阵阵，远山缥缈，一望无垠，再加上大气的留白，奠定了整幅画高雅的气韵。画卷的中段是一艘小船，船上是出游的苏轼和二位友人，他们正抬首远望一轮明月，神情宁静闲适，说明这是一次夜游。苏轼和二位友人以高士卧游的形态出现，寄于水中，把酒言欢，这样的仙逸游戏之景，可以上溯到六朝时期的高士图，是江南古典风貌的再现。与游人们相对应的，是小船周围的层层波浪，在蚂蝗描的笔触下，水波柔滑，仿佛有了丝缎般的质感。

画卷尾部是断岸千尺的赤鼻矶，这不是三国时周瑜战曹操的赤壁，赤壁古战场不在黄州，而是在湖北蒲圻。苏东坡自己也知道可能不对，但他是被看管的，哪里也去不了，只能对着赤鼻矶借景生情，写赤壁文章。后来人们就把蒲圻赤壁叫作武赤壁，而把苏东坡写文章的黄州赤鼻矶叫作文赤壁，从此湖北就有了两个赤壁。

与小船周围的柔滑水质不同，午夜的文赤壁下水浪滔滔，左下角还有一块水落石出，画面不但符合《后赤壁赋》的描绘，还给人以一种安稳之感。赤壁之下攀附了很多植物，最突出的是一株虬龙枯树，这就是苏东坡即将要攀爬的大树。树下水中有一个明显的漩涡，或许是暗指文章中水神冯夷的幽宫。

赤壁的旁边，一只仙鹤在月夜中展翼划破长空，它在《后赤壁赋》中是个羽衣道士的化身，之后会托梦给苏东坡。苏东坡是道教徒，而且会炼丹，所以《后赤壁赋》有明确的道教背景。古人绘制的山水画往往有很强的道教含义（见本书"道教影响下的中国绘画"及"阿部房次郎与中国书画特展"章节），但不会直白地表达出来，需要解读才能让人明了其中的玄妙。而这种不明说的玄妙，恰恰是作品艺术性的来源。

马和之是南宋画院名家，他还有个信奉道教的创作搭档，那就是皇帝宋高宗本人。《后赤壁赋图》画幅后另接绢，以绫隔水隔开，绢上是由宋高宗御笔草书的《后赤壁赋》。宋高宗治国水平如何，各方评论不一，但是他书法造诣有目共睹。陆游就说他"妙悟八法"，明代《书史会要》更说他"天纵其能，无不造妙"。宋高宗登基以后，为了防止有人伪造旨意，曾经三换笔体，竟然让天下书风换了三次。可见他和父亲宋徽宗很像，艺术修养一流。《后赤壁赋图》上面的御笔行草苍劲飘逸，笔风直追孙过庭，应是他晚期之作。

"石渠宝笈"特展笔者前后去了好几次，非常感慨于中国古代书画之道的博大精深。各派名家各窥其道，各得一隅，于是各有擅长。在笔者看来，这些书画并不是哪幅有名就一定最好，哪幅默默无闻就没有价值。《清明上河图》曾经名气不显，被定为赝品扔在库房里无人问津，是杨仁恺先生慧眼识珠，才让它名满天下。《后赤壁赋图》现在名气不显，但其书法绘画全是顶级，曾经是南宋画院扛鼎之作。所谓价值，其实都是人定的，归根结底，能触动自己的就是好作品，再被世人称颂的作品，如果触动不了内心，那也只能说是无缘了。

纵观近10余年，故宫博物院书画大展虽多，但像"石渠宝笈"这样等级的展览可以说绝无仅有。直到2022年，香港故宫文化博物馆的开幕大展，故宫博物院才又拿出了众多精品，但质量还是远不及"石渠宝笈"大展。只有期待2025年的故宫博物院百年大展，看能不能和"石渠宝笈"特展一较短长了。笔者曾经问单霁翔院长，"石渠宝笈"这样的特展什么时候才能再看到，他的回答很幽默："祝你身体健康！"

丝路之魂·敦煌艺术大展
暨天府之国与丝绸之路文物特展
2016年 成都博物馆

丝路之魂

在笔者看来，2016年最值得一看的特展是成都博物馆的新馆开馆特展："丝路之魂·敦煌艺术大展暨天府之国与丝绸之路文物特展"（展期：2016年12月27日至2017年4月10日[①]）。这个特展由国家文物局、四川省委宣传部和甘肃省委宣传部牵头，全国范围重要的文博单位参展，规模之大、文物之多，都是历年罕见的，和国家博物馆在2014年年底举办的丝绸之路大展可以并称为最近10年最重要的两次丝路文化特展。

"丝路之魂"特展有两个主题：第一个主题是石窟艺术，从新疆的克孜尔石窟，到甘肃的敦煌和麦积山石窟，丝路的佛教艺术琳琅满目，几天也看不完，但展出的都是壁画的复制品，不是

[①] 有一些特展展期跨年，笔者会根据自己看展的时间将其归类。

文物原件，所以按下不表。第二个主题是四川和丝绸之路的关系，分为三个部分，分别是四川和北方丝绸之路、四川和海上丝绸之路、四川和南方丝绸之路。有人可能会奇怪，四川是一个相对封闭的地区，为什么会和丝绸之路有这么复杂的关系。实际上，丝绸之路不是一条单一的路，而是遍布整个亚欧大陆、北非东非及周围岛屿的古代贸易网，四川作为物产丰富的天府之国，是这个贸易网上的重要节点。

我们不能用割裂的方式来看古代文明，从新石器时代晚期开始，整个亚欧大陆就没有停止过交流和互动，中国从来没有和外部世界隔绝过，一直在参与文明交流，有输出也有输入，这一点是学术界广泛承认的。2018年5月，国家文物局副局长关强在国务院的新闻发布会上说："中华文明在自身发展过程中，广泛吸收了外来文明的影响。源自西亚、中亚等地区的小麦栽培技术、黄牛和绵羊等家畜的饲养以及青铜冶炼技术逐步融入中华文明之中，并改造生发出崭新的面貌。"中华文明不是外来的，但更不是封闭的，中国古代思想也因此具有极大的包容性。丝绸之路贸易网，萌发于先秦而盛于汉唐，它不光连通了中国各个地区，也连通了整个的世界，从这个广义的角度来看，大量古代文物都是文明交融及贸易的产物，这就是丝路之魂的真实体现。

接下来，我们看一下展览上的部分精品文物。

西域风情

　　丝绸之路的特色是文化交流，特展上最具丝路风情的文物之一，是宁夏固原博物馆收藏的鎏金银胡瓶（图3.1）。"胡"是古代中国人对西方诸国的称呼，印度、波斯、拜占庭等国家都是"胡"。起源于古希腊古罗马时期的一种侈口、细颈、溜肩、鼓腹造型的盛酒器，就叫胡瓶。《西域记》记载"疏勒王致魏文帝金胡瓶二枚、银胡瓶二枚"，说明胡瓶早在魏晋时期就传入了中国，从南北朝到唐朝特别流行。鎏金银胡瓶通高37.5厘米，最大腹颈12.8厘米，重1.5千克，于1983年在固原南郊乡深沟村李贤夫妇合葬墓出土。这个胡瓶的把手上面有个欧洲人头像装饰，看着有点突兀，这种装饰在伊朗的萨珊胡瓶上是栓瓶盖用的，但这个胡瓶来自中亚白匈奴的嚈哒王国，没有盖子，于是头像就成了纯装饰。底座上有一圈凸起的大粒联珠纹，这也是嚈哒文化的特色，后来被粟特文化所继承。胡瓶的所有者李贤（502—569）是鲜卑贵族，在北周任大将军，墓葬等级很高。可惜其墓曾经被盗过，不过当时墓顶塌了，银壶和其他几件文物被压在土石之下，侥幸保留下来，成了丝绸之路的代表性文物。

　　鎏金银胡瓶之所以如此重要，在于上面的装饰图案描绘的是古希腊的特洛伊战争故事，凸显了文化传播的属性。传说古希腊有一位名叫海伦的美女，嫁给了斯巴达的墨涅拉俄斯，但后来她被特洛伊的帕里斯劫走，于是引发了希腊联军对特洛伊长达10年的围攻，双方互有胜败，最后希腊人用木马计才攻破特洛伊。

图 3.1　6 世纪　嚈哒王国　鎏金银胡瓶　宁夏固原博物馆藏

这个故事被记录在公元前 8 世纪诗人荷马写的两篇史诗《伊利亚特》和《奥德赛》里，19 世纪德国考古学家在土耳其发现了特洛伊古城的遗址，说明史诗可能有真实的历史原型。

描绘特洛伊战争的组图至少在公元前 7 世纪就已经出现，常见于公元前 6 世纪之后的希腊瓶子和壁画上，经常被描绘的片段是帕里斯裁决、劫掠海伦，以及海伦和墨涅拉俄斯的重聚，李贤墓的鎏金银胡瓶上就是这三个场景。

首先是帕里斯的裁决。帕里斯是特洛伊的王子，他被天神指定了一个任务：从三位女神中选出最美丽的一位，并赠其刻有"送给最美的女神"字样的金苹果。这三位女神分别是天后赫拉、战争及智慧女神雅典娜、爱神阿佛洛狄忒。前两位很明显是不能得罪的主，但爱神阿佛洛狄忒向帕里斯承诺，会帮他迎娶最美丽的凡人海伦，尽管海伦此时已经嫁给了墨涅拉俄斯。帕里斯色令智昏，于是将苹果给了阿佛洛狄忒，从而引发了战争灾难。鎏金银胡瓶上的阿佛洛狄忒戴着一种叫作斯泰发耐的头饰，束着神奇腰带，她的左手手指触摸下巴，对面的帕里斯拿的两件物品应该是苹果。帕里斯得了女神的承诺，就去了斯巴达，而墨涅拉俄斯那时正好被叫去参加一个葬礼，不在家，于是帕里斯在阿佛洛狄忒的帮助下成功引诱了海伦，并把她带回特洛伊。这引发了长达10年的特洛伊战争，最终特洛伊沦陷于木马计，海伦与墨涅拉俄斯重聚。

鎏金银胡瓶的第二个场景是劫持海伦。海伦的衣着和阿佛洛狄忒类似，但没有腰带和耳环。帕里斯除披风、帽子和靴子外一丝不挂，帽子是匈奴人的嚈哒圆帽，看上去有一种演戏穿帮了的感觉。他用手指触摸海伦的下巴，这在希腊艺术中被认为是示爱的手势。尽管没有描绘船只，但海伦正抬起脚，似乎是要登船。

在胡瓶的第三个场景中，海伦戴着不同的头饰，姿势为印度艺术中典型的"三屈式"，显示了印度艺术的影响。她用右手触摸下巴，左臂弯曲，手持从她丈夫那里偷来的珍宝盒。旁边的男性是她的丈夫墨涅拉俄斯。他拿着的矛和盾表明了他的勇士身份，这也说明了特洛伊战争的结果——希腊战胜了特洛伊。

李贤是否知道特洛伊故事，我们无从得知，但他应该知道这是巴克特里亚的嚈哒王国的产品。嚈哒王国是白匈奴人于公元5、

6世纪在阿富汗建立的国家，文化多元，也接受了古代阿富汗希腊化时代的遗风，所以才会制作这种希腊神话主题的胡瓶。嚈哒王国曾经盛极一时，但因为和中原王朝不接壤，不打仗，所以两国和睦通好，北魏献文帝太安二年（456）后经常互派使节团。公元528年的嚈哒使团非常倒霉，他们带着狮子去洛阳朝贡，走到高平（今宁夏固原）时遇到万俟丑奴叛乱，全团被扣押。万俟丑奴看到狮子非常开心，以为是天降祥瑞，于是改元为"神兽"。530年，北魏派大军讨伐叛乱，李贤参与了战争，并当上了高平令。平叛之后使团被救出，终于能离开高平前往洛阳。由于有这段历史，在李贤墓里出土嚈哒宝物就非常合乎情理了，它很可能是使团赠送的谢礼。

特展上另一件代表丝绸之路文化交流的名宝，是甘肃省博物

图 3.2　4-5世纪　东罗马帝国　鎏金银盘　甘肃省博物馆藏

馆的东罗马鎏金银盘（图3.2）。银盘口径31厘米，重3190克，1988年秋出土于甘肃靖远县，是农民建房挖地基时发现的。靖远县地处甘肃中部的黄河东岸，是丝绸之路进入河西走廊的北道要隘，从西汉到隋唐，中外商旅使者络绎不绝。这件艺术风格明显属于古代欧洲的银盘出土后，立即引起了文博界的关注，最后专家确定这只银盘来自公元4、5世纪的东罗马帝国，是魏晋南北朝时期中西文化交流的实物见证。东罗马帝国也叫拜占庭帝国，曾三次派使团访问过北魏，这只银盘或许是当时东罗马使者遗留在黄河古渡的贡品。当然，这也可能是西域商旅带来的，因为银盘上还刻着文字，是一种叫大夏文的希腊字母草写本，有学者解读为"价值490金币"。

东罗马鎏金银盘非常华贵，盘内满饰浮雕花纹，纹饰分为三个区域：外圈饰16组相互勾连的葡萄卷草纹，其间点缀鸟及其他小动物；中间呈环带状，内列12个人头像，应该是希腊神话中的奥林匹斯山众神。中心部分有一直径约9.5厘米微微凸起的圆域，图案为一倚坐于豹子背部的青年男性。他是古希腊的酒神迪奥尼索斯，卷发无须，身躯健美，上身裸露，腹下裹巾，巾角反绕双肘后垂于身旁，右手权杖扛于肩，杖端以松果状物为饰，姿态优雅。这种风格的酒神图像至少在公元前4世纪就在希腊很流行了，古希腊人热衷于饮酒狂欢，于是创造葡萄酒的酒神迪奥尼索斯受到了普遍的敬奉，今天欧美民间流行的"狂欢节"，就是起源于对迪奥尼索斯的崇拜仪式。

禁止出境展览文物

　　文物特展的核心是重点文物,"丝路之魂"特展上有两件禁止出境展览文物,值得特别介绍一下。第一件是朱然墓贵族生活图漆盘(图3.3),它是三国时期最具代表性的文物之一,是近年首次公开展出。选这件文物出展,是因为四川和丝绸之路的关系主要表现为贸易,而这件漆盘是和古代四川地区贸易相关的重要文物。

　　1984年6月,安徽省马鞍山市纺织厂在扩建工程中发现的一座砖室墓,墓主人是去世于公元249年的吴国名将朱然。这座墓虽然早年被盗,但是仍然出土了100多件文物,是20世纪80

图3.3　三国　朱然墓贵族生活图漆盘　马鞍山市三国朱然家族墓地博物馆藏

年代中国最重要的考古发现之一。尤其难得的是出土了 80 多件漆器，很多有精美的绘画，堪称是三国时期工艺品的一座宝库。

漆树能分泌一种叫生漆的液体，它有高度的黏合性，不怕酸也不怕碱。工匠割开树皮，一滴一滴地将生漆收集起来，经过太阳晒和人工搅拌，生漆就成为熟漆。往里面加入朱砂，就成为红色漆；加入氢氧化铁就成为黑色漆，这两种颜色也叫丹青，是中国上古艺术的主要颜色。中国是世界上最早使用漆器的国家之一，从浙江跨湖桥遗址开始，至少有 8000 年的历史，到了战国两汉时期，漆器生产成了一个重要的手工业部门，甚至在一定程度上取代了青铜器。由于漆的抗腐蚀性非常强，所以古代的漆器在地下也能保存下来。中国绘画史里的三国绘画资料相当缺乏，连文字记载也相当简略。朱然墓出土的几件三国漆画作品，是现存仅有的有明确断代依据的三国绘画史料，填补了中国绘画史上的一段空白。

"丝路之魂"特展上还展出了一个朱然墓出土的童子对棍漆盘，其底部有"蜀郡作牢"的字样，说明是在蜀地制作的。四川在汉代就是漆器的主要产出地，三国时蜀汉和东吴结盟对抗曹魏，两国之间贸易通畅，所以朱然墓出土蜀汉工艺品也是很正常的。

从工艺上看，贵族生活图漆盘应该也是蜀汉的作品，它直径 24.8 厘米，高 3.5 厘米，内为木胎，外用丹青作画。画面分为三层：上层为宴宾图，四人跪坐，一童子侍立在侧，中间放有一件酒樽。中间一层也有五人，左手边的一人正在对镜梳妆，中间两人正在下棋对弈，右边两人在吃东西，手上都有鸟，或许是在使用鸟形装饰酒杯。第三层是出游图，一位贵族骑在马上，一位随从紧跟其后，前面还有一座小山，人大而山小，正是汉代到魏晋的画法。这个漆盘不光是稀有的三国时期绘画作品，而且表现了当时的贵族生活状态，是珍贵的图像资料，所以被列为禁止出境展览文物。

另一件禁止出境展览文物是天津博物馆的隋代白釉双龙柄联腹传瓶（图 3.4）。白釉瓷最早出现在东汉末期的曹操墓里，到了隋唐时期渐趋成熟，成为瓷器的主要品种之一。白瓷是制瓷手工业的一个飞跃，不但打破了青瓷一统天下的局面，而且为各种彩绘瓷器的创烧奠定了基础，是陶瓷发展史上新的里程碑。

这件隋白釉双龙柄联腹传瓶是隋代白瓷中的精品，高 18.5 厘米，肩部塑制两个龙形柄，瓶身双腹并联，柄上的龙首探进瓶

图 3.4　隋代　白釉双龙柄联腹传瓶　天津博物馆藏

口,衔于口沿,如同想要吸吮瓶中的美酒。此瓶造型别致,是隋代独有的形制,釉面白净细润,表明隋代白瓷技术已达到很高水平。瓶底阴刻"此传瓶,有并"5字。"传瓶"二字让我们得知了这类器物在当时的名字,所以有重要的学术价值。有学者根据形制和铭文,认为此瓶是一个吉祥器,双瓶很可能代表着夫妻结合,所以这或许是隋代贵族举行婚礼时所使用的盛酒之器,由新婚夫妇共同使用,相互传递着为来宾斟酒,以示庆贺及酬谢。

少数民族地区文物

丝绸之路是一个巨大的贸易网,不光连接了中国和海外,也连接了中原和边疆的少数民族地区。所以,特展上有很多边疆地区的古代文物,包括云贵地区、西藏、新疆,还有北方游牧民族的艺术精品。其中最珍贵的展品是内蒙古博物院的镇院之宝:匈奴鹰顶金冠饰(图3.5),这件文物也是北方草原丝绸之路的见证。

图 3.5　战国　匈奴鹰顶金冠饰
内蒙古博物院藏

匈奴鹰顶金冠饰原本应该是个帽子，但是丝织品的部分没有保存下来，只剩下顶子和周围一圈金冠带。冠饰高 7.3 厘米，长 30 多厘米，有将近 1.5 千克重。顶子上面是一只展翅欲飞的鹰，用黄金和绿松石做成，老鹰身上有菱形的花纹表现它的羽毛。老鹰下面的金片雕刻着四只狼和四只盘角羊，它们正展现出一幅在咬斗的状态。而这只鹰就好像是高高在上的神灵一样，在上方俯视着狼和羊之间的搏斗。再下面的金冠带由上下两个黄金圈组合而成。上圈只有半圈，两头画着两只卧着的老虎，用销子卡在下圈上。下圈是完整的圆形，接口画着盘角羊和卧着的马，这个接口正好处在耳朵的上方，方便佩戴。

这件文物是迄今为止发现的唯一一件相对完整的匈奴贵族金冠，非常珍贵。匈奴人是中国最古老的北方强敌，司马迁在《史记》中记载：匈奴人的祖先是夏朝王族的后人，名叫淳维。这个说法说明古代匈奴人对中华文化有很强的认同，所以他们说自己也是古代华夏帝王的后代。后来匈奴人在中原建立国家的时候，经常自称"夏"甚至"汉"。宁夏的夏，其实就来自古时候当地匈奴人的自称。然而从考古来看，匈奴的祖先一直在北方，他们的祖源是蒙古草原东部的石板墓文化，这些牧民不断南下，就成了匈奴人。与其说匈奴是一个单一的少数民族，不如说它是一个大量游牧族群的混合体。人类学的"新进化论"主张早期人类社会有游群（数十人）、部落（数百人）、酋邦（数千人）和国家（5 万人以上）这四个发展阶段和类型，游群和部落是平等社会，而国家是分化明显的阶级社会，酋邦是它们之间的桥梁。金冠饰制作于战国时代，当时还没有出现全体匈奴人的首领，"匈奴"这个大混合体里最多只有部落和酋邦，没有出现国家。拥有金冠饰的可能是一个高级酋邦的酋长，从金冠饰的风格来看，他们的文化主要受草原丝绸之路影响，工艺和造型与中亚的游牧民族斯基泰人非常接近。

秦始皇兼并六国之后，讨伐匈奴并修建起了长城。受了南方农业强国统一的刺激，公元前209年，冒顿单于在历史上第一次统一了漠北草原，建立了匈奴帝国，从此成了中原王朝的大敌。农业和游牧这两种经济形态互相依存也互相竞争，于是导致农业帝国和游牧帝国总是孪生兴起，不然就会打破经济形态的平衡。汉学家拉铁摩尔指出：正是文明自身，造就了纠缠着它们的蛮族。

农业国家和游牧民族是互相依赖的，我们在历史上看到的记录里大多是游牧民族的烧杀抢掠，但实际上那些游牧人的活动范围广泛，能把遥远地区的技术和物产带到农耕文明的区域，这些东西对农业国家的生存而言非常重要。匈奴的崛起就把草原丝绸之路的文化带到了中原，所以西汉早期的文物经常带有来自草原的异域风格。最明显的证据来自汉文帝母亲薄太后的南陵，陵墓封土西侧的外藏坑出土了上百件带有异域装饰风格的金银饰品。专家通过对金器的工艺以及外形特征分析推测，这些金器来自与草原接壤的代国，也就是汉文帝的出身之地，足以证明在汉武帝凿空西域之前，中原地区和草原游牧文化已有了深入的文化交流，而中亚的文化也通过北方来到了中原。亚洲北方草原的文化贸易交流网是真实存在的，草原上也有过丝绸之路。

祥云托起珠穆朗玛——藏传佛教艺术精品展

2017年 深圳博物馆

西藏自古以来是我国的神圣领土，藏区文化历史悠久且艺术品造型精美，但是西藏主题的文物特展还是相对比较少见。2016年，西藏博物馆因改扩建而长期闭馆，部分珍贵文物来到东部省市进行巡展，深圳博物馆的特展"祥云托起珠穆朗玛"就是其中的第一场重磅特展（展期：2016年12月29日至2017年5月3日）。西藏博物馆、布达拉宫、罗布林卡、林芝地区藏东南文化遗产博物馆等四家西藏文博机构共同选出130多件展品参展，让深圳观众不出远门就能欣赏到藏地高质量的文物精品。

2017年春季，笔者在深圳博物馆参观了这个特展，特展主题分为三个部分：高原之声、佛法之缘、器用之德。"高原之声"展示了西藏的历史，尤其体现了元代以来中央对西藏的统辖和治理，说明西藏自古以来是我国神圣不可分割的一部分。"佛法之缘"和"器用之德"讲述的是藏传佛教，包括派别、艺术及器物等，帮助观众理解藏传佛教的情况。西藏由于长期政教合一，历史和佛教史是高度交融和混杂的，以时间为线索通盘了解，或许才是最好的方法。

和中原王朝相比，西藏政权的兴起要晚得多。西藏地区最早的统一王朝叫吐蕃，统治者称赞普。第一个统一西藏各部的吐蕃赞普是著名的松赞干布（617—650），他于公元633年迁都拉萨，并派使臣禄东赞去长安迎娶文成公主，后来被唐朝册封为驸马都尉、西海郡王，为中原和藏地的关系打下了良好基础。"祥云托起珠穆朗玛"特展的第一件文物是布达拉宫收藏的元代铜鎏金松赞干布像，他的头顶有个化佛，意味着松赞干布是观音菩萨的化身。其实吐蕃早期主要信奉的是苯教，这座受佛教影响的雕像是西藏后弘期[①]的作品。

西藏地区的历史和佛教传播是深度捆绑的，佛教徒称吐蕃王朝为前弘期，意思是早期弘法时期。公元838年开始的一次大规模灭佛运动，导致了吐蕃的崩溃。本书记录的2019年特展"丝绸之路上的文化交流：吐蕃时期艺术珍品展"就是关于吐蕃王朝的文化特展。

我们现在看到的西藏文化艺术，基本上都是公元978年后弘期开始以后形成的，在风格上受南亚影响极大。特展上有一尊罗布林卡收藏的清代阿底峡大师铜像（图4.1）。阿底峡（982—1054）是南亚孟加拉人，本是个王子，29岁出家，曾经去苏门

[①] 北宋太平兴国三年（公元978年）后，佛教从多康（今青海西宁一带）和西藏阿里两路传入卫藏（前后藏），使绝传100多年后的佛教再度复兴，此后的时代被称为后弘期。

祥云托起珠穆朗玛——藏传佛教艺术精品展　2017年　深圳博物馆

答腊学习佛教密宗，后来在印度担任过18座寺庙的主持，是重要的佛教领袖，也是西藏文化的重要奠基人之一。1042年，西藏阿里地区的古格王朝用等身的黄金把他请去传法三年，三年后，阿底峡在回印度的路上遇到了从卫藏地区来的居士仲敦巴。仲敦巴说卫藏的僧人们热切期待尊者传法，于是阿底峡本着弘法大愿，改路前往卫藏，并创立了噶当派，最后于1054年卒于西藏聂塘，

图 4.1 清代（17-18世纪） 阿底峡大师铜像 罗布林卡藏

现在那里是西藏佛学院的所在地。在阿底峡以前，西藏佛教的戒律和密法缺乏准则，而阿底峡把戒律、密法和大乘中观学说的理论结合起来，奠定了藏传佛教的理论和思想体系，还规范了修行的次第方法。阿底峡由于贡献突出，被后人称为"佛尊"。

佛教的传播极大影响了当时的艺术风格，西藏后弘期的佛教来自印度波罗王朝、尼泊尔和克什米尔等地，于是艺术也受到了这些地方的影响，和吐蕃王朝时代的面貌几乎有了天壤之别。这尊阿底峡的铜像上就能看到南亚艺术的影响，大师的眼睛被做成豆荚状，头戴象征精通五明的班智达帽，双手结说法印。按照南亚的传统，铜像用装饰器物表明身份，大师身边的佛塔源于阿底峡生前每天携带的木制佛塔，里面装有佛舍利，阿底峡每天晚上必在塔前顶礼三拜。

11世纪到12世纪，印度本土的佛教团体遭到来自信仰伊斯兰教的突厥军队的毁灭性打击，那烂陀寺等重要的佛教学术中心沦为废墟。佛教的发展戛然而止，逃得性命的印度僧侣纷纷前往信仰佛教的西藏，把印度佛教最后的形态保留了下来。比较典型的就是在伊斯兰教入侵的大背景下形成的时轮信仰，这个信仰让西藏有了"香巴拉"的别称，大意是佛教的最后根据地。特展上有西藏博物馆收藏的时轮经、布画时轮坛城唐卡，以及罗布林卡收藏的布画时轮金刚唐卡等文物，见证了文化的传播历史。

从10世纪到13世纪前期，西藏在政治上分崩离析，各大寺院割据一方，教派也不止一种。那西藏是如何重新统一并归属中央王朝的呢？特展上有一件西藏博物馆的镇馆之宝，布画八思巴

图 4-2　元代　布画八思巴罗追坚赞唐卡　西藏博物馆藏

罗追坚赞唐卡（图4.2），见证了那段历史。

唐卡是西藏的佛教绘画，起源于印度和尼泊尔一种称为pata的绘画形式。这幅"八思巴像"唐卡约有一人高，主色调是红色，中间一个真人大的僧人盘腿坐在莲花宝座之上，就是八思巴本人了。他有一张国字脸，平头黑发，鹰钩鼻子，眼如豆荚，手心和脚心都是纯红色的。这种画风和中原地区完全不同，是一件13世纪尼泊尔画派作品，由于年代久远，画面已经有了一些破损。

八思巴（1235—1280）是萨迦五祖，也就是藏传佛教萨迦派的第五个祖师爷。我们之前提到过萨迦派，2008年北京首都博物馆的"中国记忆"特展上，有一件13世纪的缂丝"不动明王像"唐卡，就是送给萨迦三祖扎巴坚赞的。萨迦派传承的喜金刚道果法是译师卓弥用500两黄金从印度请回的，在西藏乃至北方的西夏国都影响很大。"中国记忆"特展上有一件宁夏出土的西夏文佛经《吉祥遍至口和本续》，就是喜金刚密法的一个西夏文译本。印度佛教早期的经典叫修多罗（Sutra），翻译过来叫"经"，到了晚期密教时代的经典叫怛特罗（Tantra），翻译过来叫"本续"，其实都是经典的意思。《吉祥遍至口和本续》是一个剽窃的译本，所以没有被选进藏文大藏经，但出土的文物本身价值很高，它是中国现存最古老的木活字印刷品，也是禁止出境展览文物。

13世纪，蒙古帝国兴起，给西藏地区带来了巨大压力。1247年，西藏佛教领袖萨迦派四祖萨迦班智达贡噶坚赞带着侄子八思巴，到甘肃武威和元太宗窝阔台之子阔端举行了会谈，双方达成了会盟协议，确认西藏正式纳入中央王朝版图，史称"凉州会盟"（更多细节可参见2018年甘肃教育出版社出版的图书《凉州会盟》）。西藏成为中国不可分割的一部分。

1251年，萨迦班智达在武威去世，八思巴成了萨迦派五祖，他和元世祖忽必烈有非常要好的私人关系，这也开启了元明清三代藏地佛教领袖和中原皇帝之间有良好互动的传统。特展上有一枚忽必烈赐予八思巴的"大朝国师统领诸国僧尼中兴释教之印"，这是一个有藏地风格装饰的木印，但印文是宋金时期流行的九叠篆字。大朝是元朝成立前蒙古帝国的自称，1271年以后改称为大元。这个印体现了蒙、藏、汉三种文化的融合，也见证了西藏归属的历程，非常珍贵。

体现西藏归属中原王朝的文物，主要是印章、诏书，以及各种赏赐品。特展上有三枚元代印章、四枚明代印章和一枚清代印章，展现了西藏对中央王朝的隶属关系。其中，除了八思巴的印章之外，最重要的是明代永乐皇帝颁赐给第五世黑帽噶举噶玛巴曲贝藏卜的"如来大宝法王之印"，这枚印雕刻精美，尺寸硕大，边长达12.8厘米，是明代最高级的羊脂白玉印。1407年，曲贝藏卜应明廷之召，到南京灵谷寺为明太祖朱元璋及马皇后追荐，明成祖永乐帝赐以如来大宝法王名号，颁发这枚玉印，曲贝藏卜遂改名为得银协巴，意为如来。

明朝政府对西藏各个政教势力有很多赏赐，特展上有多件宫廷下赐的瓷器、佛像和唐卡。其中比较经典的是两件永乐年间的铜鎏金造像，分别是布达拉宫的八瓣莲花密集金刚像（图4.3）和西藏博物馆的吉祥天母像（图4.4）。

图 4.3　明代　八瓣莲花密集金刚像　布达拉宫藏

图 4.4　明代　吉祥天母像　西藏博物馆藏

八瓣莲花密集金刚像是复杂的莲花曼荼罗造像，形制来自印度波罗王朝晚期，莲瓣可以自由开合，露出里面的密集金刚。这个铜鎏金造像的工艺细节是非常典型的明代永宣宫廷风格，非常精细，堪称是汉藏艺术交融的典范，令人叹为观止。吉祥天母像也是一件罕见的作品。藏地的护法神像里经常会出现吉祥天母的形象，但一般都是二臂的女神骑三眼骡，而永乐时期的吉祥天母还没有形成后代的标准样式，是四臂的女神骑四眼骡，形制高古。藏传佛教的吉祥天母和汉传佛教的吉祥天女不同，汉传佛教的吉祥天女来自印度教的拉克什米女神（见本书P300，"国宝——京都国立博物馆开馆120周年纪念特别展览会"），形象端庄慈祥，而藏传佛教的吉祥天母也叫班达拉姆，来自印度教的摩诃迦利女神，是非常愤怒的凶神，四臂和吐舌的样子还保留了印度教神像的传统。

　　明朝在西藏分封了三大法王（大宝法王、大乘法王、大慈法王）和五大地方王（阐化王、护教王、赞善王、辅教王、阐教王），给予政治地位和大量赏赐，极大地促进了藏汉文化交流，所以西藏艺术从15—16世纪开始出现大量汉传的风格影响。这个时候西藏地区的实际控制者是被封为"阐化王"的帕竹噶举。元朝至正十一年（1351），其首领强曲坚赞取代萨迦派，统一卫藏，被元顺帝封为大司徒。帕竹噶举也是藏传佛教的教派名称，和被封为"如来大宝法王"的黑帽噶举同属于塔波噶举，也就是白教。帕竹噶举的统治中心是丹萨替寺，在明代的西藏相当于清代布达拉宫的地位，这座寺庙始建于1158年，以众多金铜大塔著称于世，上面有数以千计的精美造像，由于帕竹噶举有政教合一的巨大经济资源，每件佛像都美轮美奂。20世纪40年代，意大利藏学家图奇曾经考察过丹萨替寺，并留下很多照片，为这个世界奇观留下了珍贵的影像资料。20世纪60年代丹萨替寺被毁后，有上百尊造像侥幸残留了下来，被称为"丹萨替风格造像"，在佛教艺术史上有很高的地位。特展上有一尊西藏博物馆收藏的铜鎏金四臂度母像，就是来自丹萨替寺的文物。当年的金铜大塔上面的造像是按事部、行部、瑜伽部、无上瑜伽部的顺序排列的，四臂度母是底层的神祇，保留的较好，做工精细，大量镶嵌宝石，并有较明显的尼泊尔工艺影响。

中国境内博物馆举办的西藏相关的文物特展并不多见，深圳博物馆"祥云托起珠穆朗玛"特展是其中的佼佼者，从文物遴选到布展设计都可圈可点，最重要的是说明了西藏后弘期以来的历史脉络，让观众对西藏地区和中央政府之间的关系有直观而深刻的认识。这个特展可以和2019年敦煌博物院举办的吐蕃文化特展相互补充，完整地呈现了雪域高原的历史文化。

书于竹帛——中国简帛文化展

2017—2018 年　山东博物馆

简牍帛书

在笔者看来，2018 年值得一看的国内特展，首推山东博物馆的"书于竹帛——中国简帛文化展"，展期为 2017 年 9 月 26 日至 2018 年 3 月 26 日，这是一场关于中国战国两汉时期文化的重要展览。

中国汉字的历史可以追溯到商代，根据原殷墟考古队队长唐际根和常淑敏博士的研究，商代文字大约在公元前 15 世纪被创造出来。文字需要有载体，我们现在知道的商代文字都是在甲骨和青铜器上，所以被称为甲骨文或者金文。但实际上，商代最主要的文字载体应该还是有机物，只不过容易朽坏，留不下来而已。《尚书·多士》有云"惟殷先人，有册有典"，说明那个时候已经有书册和典籍了，而这些书册典籍的载体，就是竹木制成的"简""牍"和丝织品的"帛"。从商代到东晋，中国有超过1500年的简牍帛书时代，而这个时代也是中华文明塑造成型的时代。

从汉代开始，古代简牍的发现就对学术有重大影响。公元前213年，秦始皇下令烧尽诸子百家文献和除秦纪之外的历代史书，造成了中国文化的严重断层，后来很多历史是靠先秦简牍的发现才重新知道的。最著名的是秦代博士伏生在自家墙里藏了周代典籍《尚书》，汉代废止禁书令后取出，留下了28篇，成了中国早期最重要的历史文献。还有西晋盗墓贼挖掘了战国魏襄王古墓，获得了十几万字的竹简"汲冢竹书"，被杜预等学者整理成16部书，包括《竹书纪年》和《穆天子传》等。

现代考古传入中国之后，出土的简牍帛书资料极大地推动了中国的历史研究。早在20世纪30年代，考古工作者就在甘肃发现了居延汉简。1949年以后重要的简牍发现包括湖北荆门出土的郭店楚简、湖南龙山出土的里耶秦简、山东临沂出土的银雀山汉简，以及江西南昌出土的海昏侯墓汉简等。也有收藏机构购买了一些流散的简牍，如上海博物馆藏战国竹简、清华大学藏战国竹简等。考古发现的帛书较少，主要有两批：第一批是1943年在长沙子弹库出土的一卷楚帛书和若干残片；第二批是1973年在长沙马王堆3号汉墓出土的一批帛书，内容有12万多字，历史价值不可估量。

这些出土材料的内容涵盖极广：从秦汉时期各类法律条文，到案件的判案实例；从各郡县的设置，到普通民众的户口簿；从边塞戍卒的日常文书，到朝廷下达的诏书律令；从丝绸之路上来往使者的接待记录，到边关上的一场场战役情报；从秦代士兵的家书，到汉代的民间遗嘱；从教育儿童九九乘法表，到需要解方程的数学应用题；等等。最让学术界惊喜的是诸子百家的典籍文献，其中有秦始皇焚书前的《尚书》《周易》《诗经》《论语》等书，可以为今本做校正。有过去被误以为是"伪书"的《孙膑兵法》《晏子》，更正了学术界的看法。还有周文王遗言、周武王诗等前所未见的资料。这些先秦两汉原始文献的发现，让我们对中国学术史有了新的认识。

出土的简牍帛书分散收藏在境内各大博物馆里，极少展出原件，大规模联合展出更是前所未有。这场由中国文化遗产研究院、山东博物馆联合发起，国内10余家博物馆、考古所和高校共同参与的"书于竹帛——中国简帛文化展"，把各地出土的、各个时期有代表性的简牍帛书集中系统展示，无论从展陈形式到出品文物的数量规模，都是史无前例的。展览分为8个部分，分别是简帛时代、吏治与法制、精彩的物质生活、丰富的精神世界、古典重现、齐地兵书甲天下、丝路边关、诸体之初——简牍帛书的书法艺术，从简牍的制作开始，展示了简牍帛书时代的政治、经济、文化、军事、法律，乃至书法艺术等方方面面。下面我们就从简牍的制作开始，介绍一些比较重点的文物及其文化内涵。

古人制作简牍有很成熟的工艺。汉代王充《论衡·量知篇》记载："截竹为筒，破以为牒。加笔墨之迹，乃成文字，大者为经，小者为传记。断木为椠，析之为板，力加刮削，乃成奏牍。"所以，制作简牍的第一道工序，是将整根的竹子或大块的木材加

图 5.1 东汉 居延汉简 《广地南部永元五年至七年官兵釜磑月言及四时簿》
台北历史语言研究所藏

工成一条条简牍的毛坯,再将表面打磨光滑。新竹水分高,容易腐朽虫蛀,所以做简时要用火把竹子的水分烘干,以利长期藏存。这个过程中竹青的表面会渗水,像流汗一样,所以简牍也叫汗青,文天祥《过零丁洋》中的名句"人生自古谁无死,留取丹心照汗青",就是用简牍来指代史册。等竹简干燥后,原有的青皮颜色会发生退化,被称为"杀青"。做好的简牍在书写前,可能还要涂染一种带有胶质的液体,防止写字时浸墨。如果写错了字,古人会用小刀把错字从简牍上削掉,所以古代文书官吏也被叫作"刀笔吏"。简牍写好之后,用绳子编成册,就是一卷古代的书籍了。20 世纪 30 年代的考古工作者曾经发现过一件完整的简牍书籍,就是台北历史语言研究所收藏的东汉居延汉简《广地南部永元五年至七年官兵釜磑月言及四时簿》,这也是迄今为止出土的所有汉简中,木简、墨迹及编绳都保存完整的唯一一件。(图 5.1)。

岳麓秦简《数》和古代数学

由于简牍和编绳都是有机物，很容易朽坏，就算是侥幸保留下来的，如果出土后保存不佳，也会就此消失。2007年12月，湖南省从香港抢救性地收购了一批珍贵秦简，入藏于长沙岳麓书院。这批秦简被盗掘之后几经倒手，严重受损，面临着化为齑粉的危险，幸好由国内技术先进的湖北荆州文物保护中心进行了抢救，保留了下来。经过细致地揭取，发现这批秦简比较完整的有1300余枚，主要内容大致为日历、官府律令、解梦、数书等六类，书写时间为秦始皇二十七年（公元前220年）、秦始皇三十四年（公元前213年），和秦始皇三十五年（公元前212年）。

岳麓书院秦代竹简里最珍贵的是《数书》，有200多枚简，定名依据的是第0956号简，此简正面文字是数学内容，背面写有一个"数"字，是书名。数书也叫《数》，是一部难得的古代数学著作，记载了少广、衰分、勾股等多类算题和算法，对于研究中国早期数学的形态和历史脉络具有重要价值，也是禁止出境展览文物。

《数》还保存了秦代社会生活实际需要的大量计算问题和相关数据，让我们可以一窥当时社会生产的诸多细节，如测量土地、管理仓储物资，以及计算租税、物价、利息、工程土方量等，可为研究战国秦汉社会的诸多问题提供一些具体细节甚至是关键资料。例如一个简上写着："方亭，下方四丈，上三丈，高三丈，为积尺三万七千尺。"这就是个实际问题，假设你来到秦代，皇帝要你负责建造方亭，它的台基是个正四棱台，下边长4丈，上边长3丈，台高3丈，那你就要算出这个正四棱台的体积。因为只有算出体积，才能知道需要多少土石、多少工人，以及建造所需的时间。

还有一道题和织布有关，说巧手婆婆织布速度最快，1天能织50尺布，媳妇儿手慢些，2天能织50尺布，小姑娘织布技术还不熟练，3天能织50尺布。现在官府需要50尺布，婆婆、媳妇儿、小姑娘三人齐上阵，一会儿就织成了。那么，你能根据她们的织布速度推算出她们各自织了多少布吗？这道题需要一定的解题能力，但是现代人有小学高年级的数学能力就能轻松解答了，因为这是一道应用题，考试常见。答案是：婆婆织了$27\frac{3}{11}$尺，媳妇儿织了$13\frac{7}{11}$尺，小姑娘织了$9\frac{1}{11}$尺。

了解了《数》的内容，我们就会明白，正如中国古代数学史已经揭示的，中国古代数学从本质上说就是计算的技术，是服务于行政和经济管理工作的技能，和自然知识关系不大。这种程度的数学，古埃及在公元前19世纪的第十二王朝就已经很成熟了，现存的"莱茵德草纸书"和"莫斯科草纸书"等资料，都保留了很多应用算术的题目。

中国古代的数学典籍都是应用题的集合，由管理者遇到的具体实际计算案例构成，几乎看不到关于数学普遍原理的推演。而古埃及的算数题传入了希腊，结果爱较真的希腊哲学家们把这些算数题发扬光大，变成了形而上的几何和代数，为科学的发展准备了最好用的数学工具。所以有学者指出：中国传统数学"有术无学",因为它是一门技术,是"算术"而不是"数学",没有独立知识的地位。

算术既然不是单独的学问,就没有一脉相承的知识体系成长,纵使算出现过先进的计算方法,也难以成为数学能力的累积。其实中国古代的数学家也做过数学抽象化的努力,可惜没有成功。相传西周初年的商高提出了"勾三股四弦五",但这只是对测量结果的描述,属于勾股定理的一个特例,并不是普适的几何学勾股定理。三国时期的赵爽曾经试图论证勾股定理,但这种数学抽象化的努力不成系统,后继无人,最后只能不了了之。整体而言,中国古代数学随社会生活的需要而波动沉浮,始终无法摆脱实用需求而独立发展出形而上的数学系统,也就没办法从算术题走向现代数学,这是件可惜的事。

古代方术和帛书至宝《周易》

实际上,中国古代的知识分为两大系统:研究人的和研究自然的。研究自然的分两门,一门叫"数术",一门叫"方技"。前者研究天地万物,包括天文地理的科学知识,也包括各种占卜和巫术;后者研究医学和神仙法术等。这两门知识合起来叫"方术",在古代这已经是最高深的知识了,有科学的成分,但往往以迷信占主导。司马迁为方术立了三篇传,分别是《扁鹊仓公列传》《日者列传》《龟策列传》。《扁鹊仓公列传》讲看病,属于方技;《日者列传》《龟策列传》讲占卜,属于数术。古代出土的简牍帛书里，方术的资料并不少，特展上就有古代的日历和医书，还有大量占卜、解梦、黄历等算命用的文书。

古人观察研究自然和现代科学研究自然，本质上都是为了把握规律，掌控人类自身未来的命运，它们的区别之一在于古人认为未来可以被直接窥探，而现代科学认为不可以，所以古人十分重视算命。所谓"日者"和"龟策"，其实就是算命的两大分类，直到现在也是如此。它们都是古人在没有掌握自然科学规律的情况下，借助于某种符号的变化来猜测未来的手段。日者之术是通过观察天文地理等自然环境来进行吉凶判断，包括黄历、占星术、星座运势和风水术等。龟策之术是两种，龟是龟卜，策是筮占，广义上一切手动算命都是龟策，塔罗牌也属于其类。龟卜和筮占的分类源于材质不同：卜是用动物的骨头占卜，用骨头的裂纹求取神谕，最早是在9000年前的贾湖遗址出现的；筮占是以植物为媒介，或结草为占，或折竹为占，或用小棍代替，其实就是用植物来当算筹，这是最古老的计算工具，也可以用来占卜。

古代有一本筮占的书被孔子推崇，成了群经之首，大道之源，那就是《易经》。特展上展出了考古发现的一件珍贵的文物：1973年马王堆3号墓出土的西汉帛书《易经》（图5.2）。这是湖南博物院的藏品，帛书以生丝平纹织成，条纹细密均匀，一行大概60~70字，用汉隶墨书写就。长沙马王堆3号墓的墓主，应该是去世于公元前164年的轪侯利豨，由于长沙地区的土质中性，而且墓葬被青膏泥包裹得不错，所以随葬的20多种约12万字帛书保留了下来，其中《易经》被列为禁止出境展览文物。

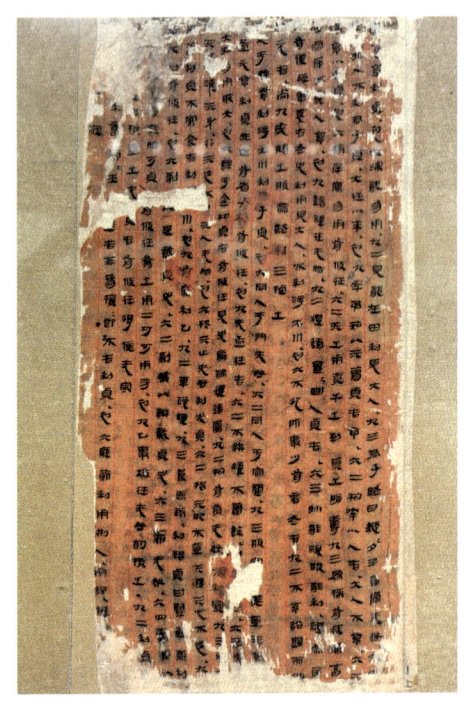

图 5.2 西汉帛书 《易经》
马王堆出土 湖南省博物馆藏

　　《易经》名气极大，但只要读过一遍就知道，这是一本枯燥且晦涩的书，没有耐心的话很难读下去。人们研读这本书，不是因为它有什么引人入胜之处，而是因为人们都想知道未来会发生什么。古代有三本算命的易书，除了被称为《易经》的《周易》之外，还有夏易《连山》和商易《归藏》，但考古发现的《归藏》居然有周武王和周穆王，可见古人的说法不可靠，三本全是周代的算命书。《周易》能压倒龟卜和其他算命书成为儒家六经之一，是因为孔子。六经是孔子选择的结果，春秋时代的贵族教育六艺——礼、乐、射、御、书、数，全是训练武士的课程，它看重的是军礼、武德和军事技能的训练。到了春秋晚期,孔门六艺——诗、书、礼、乐、易、春秋,其中才有周易。

司马迁说:孔子晚年喜读《易经》,把竹简的编绳都读断了好几回,留下个"韦编三绝"的成语。这个"晚年"是孔子47岁左右,我们现代人觉得还年轻,但照古人的平均寿命,已经快进棺材了。所以孔子说:"假我数年,五十以学《易》,可以无大过矣。"(《论语·述而》)孔子读《易经》,是给自己算命,当官就是他的"天命"。"五十而知天命",其实是读《易经》读到50岁时,孔子知道是时候了,该出来当官了。

孔子读《易经》而知天命,所以卜筮之书,他只选筮,不选卜;而筮有三类,他只选《易经》,不选《连山》《归藏》。这个选择不光让《易经》一家独大,也让《易经》和儒家绑定了起来。马王堆帛书《易经》后面有两份失传的佚书《要》和《昭力》,都是从儒家的角度来解读《易经》的思想。

《易经》的起源可能是3000多年前商代的数字卦,所以在在现存早期的文献中,《易经》的语法最接近商朝甲骨文。因此,有学者认为《易经》的起源可能和商代的数字卦有关。相传《易经》是周文王所作,但东汉马融等学者发现,《易经》的爻辞里有很多文王以后的事。为了自圆其说,他们不得不发明"四圣"说,即伏羲画八卦,文王作卦辞,周公作爻辞,孔子作《易传》。到了近现代,大量西周青铜器上的文字资料被发现,在这些原始文献里,所有关于周文王的内容都是在强调他有德行、受天命,没有任何一篇提到他和祭祀占卜有关。顾颉刚认为《易经》作于周文王之后的西周初叶，可能是比较准确的判断。

很多人认为，《易经》里面藏着很多超越现代的深邃智慧，必须要认真研读学习。《易经》里面确实藏有古人的智慧，但是我们也不需要过度推崇。

原因有三点：第一，低复杂度和低信息度时代的知识，或许有些具备长期的普适性，但无论如何都不可能系统地指导高复杂度高信息度的时代，这是不合逻辑的。

第二，我们看到的《易经》文本是有很大争议的，《易经》的语言来自商末周初，传到今天，语言已经变了很多。六十四卦，几乎每一卦都存在问题，400多条卦爻辞，至少有一半尚有争议。由于学术上的不确定性，所以所有讲解《易经》的人，无一例外都是凭着自己的人生经验在讲故事，而不是在讲《易经》本身。以展出的马王堆帛书《易经》为例，它年代早、内容全，但带来的争议是更大了而不是更小了。如乾卦在马王堆帛书《易经》的经、传中都写作"键"卦，《大象传》也说"天行健"，所以其本名为"健"或者"键"。这说明乾卦的卦德，即主要的德性是"健"，也就是刚健、主动。坤卦在马王堆帛书《易经》中写作"川"，疑其本名为"顺"，"川"是"顺"字早期的写法。其卦德是顺，也就是柔顺、被动。马王堆帛书《易经》的八卦是键一、川二、根三、夺四、赣五、罗六、辰七、筭八，和现存的八卦名称完全不一样。马王堆帛书《易经》六十四卦的最后结尾是益卦，而传世《易经》的结尾是未济卦。由于内容太过颠覆，以至于一开始学界都不敢称之为《易经》，最初发表时只称之为

《六十四卦》。《易经》连八卦的名字和六十四卦的顺序都可以有争议，我们如何能明白无误地确定原来的内容含义？

第三，就算理解的内容可靠，《易经》本身也是具有极大的不可知属性的，因为古人的目的是以文字来彰显不可捉摸的天意，这样的功能最接近商人使用甲骨文的方式。《易经》在语法上最接近甲骨文，是因为他们本质上都是法术载体。商人的文字不光是简单的记录性文字，也是占卜法术的载体，是被认为有法力的。中国文字的发明与发展，是先鬼神而后人，这样保障了文字的特殊权威，尤其是语言所不具备的神圣权威。迟至在东周就有了仓颉造字的神话。《淮南子·本经训》中说："昔者仓颉作书，而天雨粟，鬼夜哭。"从神话追溯文字的起源，明白地将文字和天地鬼神联系在一起。文字帮助人超越了原本的限制，取得了原本属于鬼神的力量，所以才会引来"天雨粟，鬼夜哭"的异象。将文字的起源归于仓颉，也强调了文字的超越性和神圣性。这样的东西不会是出于人手，而是由一个半人半神的"圣者"，如同希腊神话里的盗火者普罗米修斯一般，将超越界的圣物赐给人间。

文字的起因，其实是国家需要精确管理，包括税收、调动、赏赐等，靠人脑记是不靠谱的，必须要有文字记录。但为了维护统治的神圣性，文字也会被说成是有法力的，所以商人用卜骨刻辞占卜，也就是用甲骨文来显现神界的信息。周人学会了商人所用的神秘文字符号，用来记录自己的超自然信息，就有了《周易》。由于这些语言的内容是神秘的，所以一定是有极大的模糊性的。这实际上也是占卜语言的基本特性，说得太清楚了，就可以验错了,而神灵如何能错?

公元前547年,小亚细亚的吕底亚国王克洛伊索斯派人到希腊的德尔菲神庙,向阿波罗神询问是否能够打败波斯人,神谕结果是"如果克洛伊索斯攻击波斯人,一个伟大的王国将会被毁灭"。克洛伊索斯自信地认为该神谕指示他会战胜并灭亡波斯王国,于是首先发动了对波斯的进攻,但波斯的居鲁士大帝利用了吕底亚人的麻痹大意,出其不意地直捣萨尔迪斯,成功地兼并了吕底亚王国。事实证明,神谕十分灵验。不过,只是克洛伊索斯没有领悟其中的真谛,那个"被毁灭的伟大王国"其实是指吕底亚,而并非波斯王国。

《易经》的言语,其实也是类似。

郭店楚简《老子》的真意

《易经》本来只是儒家经典,但是东汉末年道教兴起之后,《易经》由于其内容自带的神秘性,也被推崇,成为道教"三玄"之一,另外两玄是老子《道德经》和庄子《南华经》。这次特展上有一件禁止出境展览文物,是荆州市博物馆的郭店楚简《老子》丙本14简,对应今本老子第17章、第18章、第35章、第31章、第64章。

我们看到的老子《道德经》(也称《老子》),据称是先秦思想家老子西出函谷关时所著,但实际上,现代《道德经》通行本(也称"今本")是以三国曹魏学者王弼的《老子道德经注》

为准的,上篇道经,下篇德经,共分81章,5162字。但更早的《老子》和今本《老子》并不完全一样,马王堆帛书就有《老子》,而且有甲、乙两个版本。甲本约抄写于公元前206至公元前195年之间,乙本约抄写于公元前179至公元前169年之间,它们的特点是德经在前道经在后,文字和今本也有差别,甚至还多出一些内容。特展上有一件《老子》帛书乙本的卷前佚文,内容是黄帝和力黑探讨"一",可见汉代的《老子》和今本差异不小。

现存考古发现最古老的《老子》,是1993年10月湖北荆门郭店楚墓发现的甲、乙、丙三组《老子》竹简(图5.3)。它们的制作年代大约是公元前300年,章序的排列和今本不一样,总篇幅只有今本的三分之一,但是郭店楚简是校读《老子》最重要的参考,因为它们最接近老子的原意。

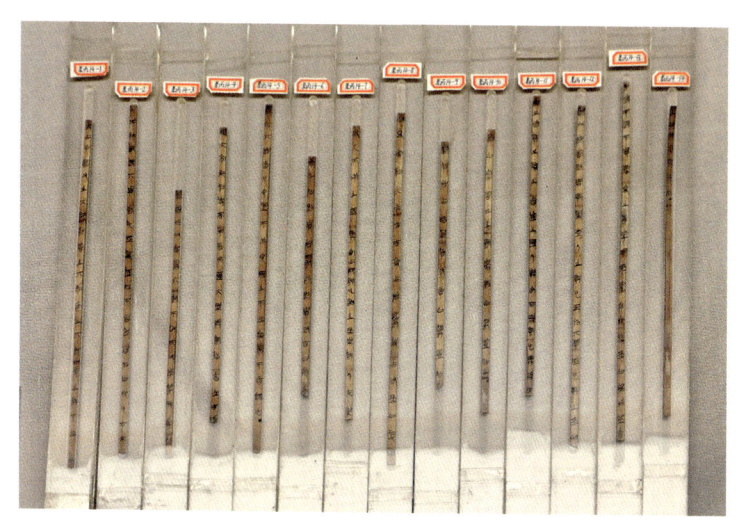

图 5.3　战国　《老子》　竹简　丙本　荆州博物馆藏

郭店楚简《老子》和今本《老子》的差异之处比比皆是。展出的丙本楚简开头是"太上，下知有之"，而今本是"太上，不知有之"，意思完全反了。这类差异对研究战国道家意义重大，甚至在学术上有颠覆性的影响，例如今本《老子》第19章称："绝仁弃义，民复孝慈。"认为要与仁义一刀两断，这样百姓才会回复到父慈子孝的和睦状态。但是，郭店楚简《老子》中却表述为"绝伪弃诈，民复孝慈"，强调"父慈子孝"必须是在摒弃欺诈的基础上，而不是摒弃仁义，和今本的意思完全不同。

当然，我们也不能简单地认为今本《老子》是故意篡改的，魏晋时代看到的《老子》在传抄的过程中可能已经有了很多的错误了，王弼等人整理的是那个时代最靠谱的文献而已。而且，一些整理也让原文更加清晰，避免了歧义。如特展上郭店楚简《老子》丙本写着"大道废，安有仁义。六亲不和，安有孝慈"，这和今本《老子》的"大道废，有仁义；六亲不和，有孝慈"看似意思相反，实际上这里的"安"意思是"乃"，并不是反问句，所以去掉才是减少了歧义。

破解《孙子》的谜团

"书于竹帛"特展上有一章叫作"齐地兵书甲天下"，主讲先秦的"兵家"学派。其中最重要的文物，就是1972年4月在山东临沂银雀山汉墓发现的西汉竹简。这批竹简总数近8000件，里面的《孙子兵法》甚至改写了宋代以来的研究成果。

根据西汉司马迁《史记》的记载，孙子名叫孙武，是春秋末年齐国人，南下吴国辅佐吴王阖闾。吴王阖闾要测试他的本领，就让孙武训练宫中的美女，宫女们一开始不听指挥，结果孙武砍了两个吴王的宠妃，连吴王求情都不管用，然后宫女们肃然起敬，很快练好了。阖闾是个聪明人，虽然心疼，但知道孙武是真有本事，于是派遣孙武为大将，进攻楚国。当时，吴国弱小而楚国强大，但是《孙子兵法》的作者不管这一套，一路摧枯拉朽，甚至攻占了楚国的首都，把强大的楚国打到几乎亡国。孙子的故事没有争议，但在战国时期又出了一个孙子，名叫孙膑。孙膑是孙武的后代，出仕齐国，打败了魏国名将庞涓，也是个传奇人物，也写过兵法。所以古人管孙武叫吴孙子，管孙膑叫齐孙子，这就有两个孙子了。

从宋朝开始，有学者就怀疑这两个孙子是不是搞混了，是不是把一个人变成了两个人？有学者还发现《孙子兵法》里的一些用词应该是战国时代的，于是有观点认为先秦的孙子只有一个，他名叫孙武，外号叫孙膑，就跟鲁智深外号花和尚一样，他是战国时期齐国的将军，也是《孙子兵法》的作者，根本就没有春秋时期的孙子。

孙武和孙膑是同一个人，这个说法在近现代的史学界几乎成了公论。但是，银雀山汉简的出土颠覆了以前的研究，因为这批竹简里有两部《孙子兵法》。第一部就是传世的十三篇《孙子兵法》，令人惊喜的是还有一些失传的佚文，其中就有训练宫女的故事。最重要的发现，是一个关于吴王向孙子请教晋国前景的故事，我们知道，春秋的晋国被赵、韩、魏三家给分了，后来一起被秦国灭了。但是这个竹简上说的预测完全不对，说最后应该是赵国统一晋国。这个预测错误比预测正确还重要，因为号称预测正确的往往是后人写的，本来就知道正确答案。预测错误恰恰说明当时历史还没发生，也就是说这个故事就发生在春秋时期，春秋确实有过军事家孙子。

更大的发现，是找到了一部失传的《孙子兵法》，有200余简。再看内容，这个孙子是战国人，带着齐国打魏国的，还消灭了庞涓，这不就是孙膑吗？于是，考古工作者把这本《孙子兵法》也整理出来，分为上下两编，十五篇，定名为《孙膑兵法》。一个千古之谜，就这样被银雀山西汉竹简给解开了。司马迁记载的没错，春秋的孙子叫孙武，写了《孙子兵法》，战国的孙子叫孙膑，写了《孙膑兵法》。这两部兵法，是中国文化史上的重磅著作，也是山东博物馆的镇馆之宝之一。

在出土的古代军事题材简牍中，除了教导理论的兵法，还有很多是具体的资料，包括账簿、法令等，甚至还有士兵的家书。一件重要文物是连云港市博物馆收藏的尹湾西汉木牍《武库永始四年兵车器集簿》，这是我国迄今为止关于汉代武库记载中时代最早、内容最完备的报告，记载库存有弩弓537707件，各种武器足以装备50万人大军，让我们对汉代军事力量有了新的认识。另一件著名文物是湖北省博物馆收藏的云梦睡虎地战国木牍《黑夫家书》，内容是秦王政二十四年（公元前223年）二月十九日，在淮阳攻楚前线的秦军士兵黑夫和惊兄弟二人写给母亲和哥哥中的家书，说出征以来一切安好，只是需要钱和衣物。当时军中装备需要自理，两人的经济开销主要靠家里支撑。这是中国已知年代最早的家书实物，时间虽然和今天差了2000多年，但是游子们需要的东西还是差不多的。这封信和另一封3月的信都出土于睡虎地4号墓，墓主人叫中，也就是黑夫和惊的哥哥。一个推测是两兄弟都战死在了秦灭楚的战役之中，于是这两封信就成了遗书，陪哥哥一起下葬，相当于三兄弟合葬在一起了。

中国的简牍帛书时代从商朝延续到东晋，最后废弃的原因是纸张的盛行。"纸"字和纸的古字"帋"在最初指的都不是植物纤维纸张，而是丝制的缣帛。《后汉书·蔡伦传》说："自古书籍多编以竹简，其用缣帛者，谓之为帋。"唐代徐坚的《初学记》说："古者以缣帛依书长短随事截之，名曰幡纸，故其字从糸。"西汉开始出现早期纸张，东汉蔡伦发明的纸浆让造纸术实现了飞跃，这也是中国古代对世界文明贡献最大一项发明，不但极大促进了思想的保存与传播，也深刻影响了中国艺术的走向。

书写材料对古代世界的各大文明而言都是个棘手的问题，石头难雕，泥土易碎，龟壳太少，羊皮太贵。植物材料相对好用一点，如古埃及的莎草纸、古印度抄经的贝多罗树叶，还有中国的竹木简牍等。但植物生长具有明确的方向，所以天然纤维素材料总是"各向异性"的，就是从各种不同方向上观察材料时，性质全然不同。例如在贝多罗树叶上书写经文时，笔画顺着叶子的脉络很容易写，但如果垂直于叶脉就容易写破，南亚和东南亚很多文字圈圈绕绕的，就是为了避免这个问题。蔡伦造纸的关键之处是制作了纯纤维素的纸浆，捞出一层平整干燥后就成了"各向同性"的纸张。从微观上看，纸张是无数纤维混乱缠绕在一起，在各种角度上进行观察，性质都基本一致，吸水性和柔韧性也都很好，这么优质的书写材料为中国书法艺术的出现提供了舞台。中国早期的文字，包括甲骨文、篆字和隶书，都有很规范的艺术设计，这一点和其他文明的文字艺术非常相似。纸张的出现让作者运动的笔触可以留下独特的痕迹，包括运笔的速度、入纸的角度、手腕的力量等等，从此都可以被鉴赏了，这也让中国书法得以成为一种独一无二的艺术门类。于是从东汉后期开始，书法名家代代不绝，到东晋王羲之、王献之父子时，终于完善了以行书为核心的中国书法艺术。书法艺术的流行甚至还影响了绘画，这一点我们下一章就要讲到。

　　传统的力量是很强大的，纸张的出现并不能立刻取代延续千年的简牍。105年，蔡伦就向汉和帝献纸，但直到403年，楚王桓玄逼晋安帝退位，自立为桓楚皇帝，为了表示改弦更张，才下诏让"用简者皆用黄纸代之"，这才为纸张的推广彻底铺平了道路。不过简牍依然顽强地存续到了唐代，并影响到了东方的朝鲜半岛及日本。日本奈良的平城宫迹出土过3000多个8世纪的木简，算是简牍时代的尾声。

丹青宝筏——董其昌书画艺术大展

2018—2019 年 上海博物馆

2018 年底到 2019 年初，上海博物馆举办了一场重量级的书画特展"丹青宝筏——董其昌书画艺术大展"，展期为 2018 年 12 月 7 日至 2019 年 3 月 10 日。此次展览是中国大陆迄今为止举办的规模最大的董其昌专题展览，展览内容以上海博物馆的馆藏为主，同时向北京故宫博物院、浙江省博物馆、美国大都会艺术博物馆、日本东京国立博物馆等海内外 15 家重要收藏机构借展，精选出与董其昌相关的作品 154 件（组），以飨观众。此次特展不光是近年最重要的书画特展之一，还对了解中国古代文人绘画艺术极有帮助，值得认真回顾一下。

这个特展的主角，是明代晚期的书画宗师董其昌（1555—1636）（图 6.1）。董其昌字玄宰，号香光，松江上海县（今上海市闵行区马桥）人，后徙居华亭（今上海市松江区）。明万历十七年进士，授翰林院编修，官至南京礼部尚书，当过明光宗朱常洛的老师，卒后谥"文敏"。董其昌和元代赵孟頫一样，都是

图 6.1　明代　《董其昌小像》　曾鲸、项圣谟画　上海博物馆藏

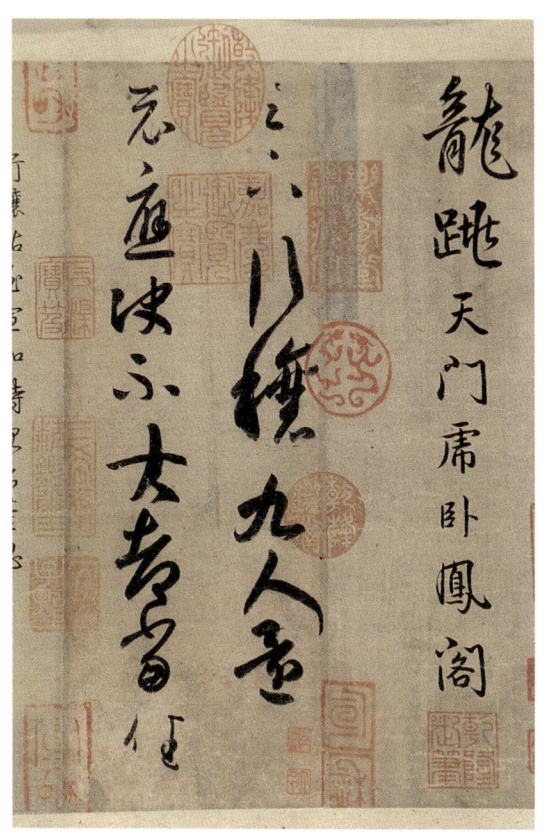

图 6.2　东晋　王羲之　《行穰帖》唐摹本　美国普林斯顿大学藏

在中国艺术史上统领数百年的人物,也是上海古代最杰出的文化大家,由上海博物馆来做董其昌的大展,再合适不过了。

大师都是在前人的基础上发展起来的,董其昌的书法极有风度,继承并发扬王羲之、颜真卿、米芾等大宗师的传统,出入晋唐,自成一格。董其昌的书法不是一开始就好的,他在《画禅室随笔》里这样写道:"吾学书,在17岁时。先是,吾家仲子伯长名传绪,与余同试于郡。郡守江西衷洪溪以余书拙，置第二。自是始发愤临池矣。初师颜平原多宝塔。"董其昌年轻时候虽然有才，但是由于字不好而屈居第二，这让他一生都特别重视书法。董其昌不光奋发练字，还把书法的艺术理念融入绘画，甚至认为绘画要向书法看齐。有个细节能看出来他重视书法甚于绘画：古人有名也有字，名高于字，董其昌在书法作品上的签名都是董其昌，但是在绘画上的签名都是董玄宰。

这次特展上有一个非常出彩的亮点，就是展出了许多体现董其昌艺术源流的珍贵高古作品。特展的第一个部分叫"以古为师"，董其昌是 400 年前的古人，他眼中的古人字画自然都是晋唐宋元的赫赫巨迹了，而且这次上海博物馆借来了几件流传海外的绝世名宝，让研究者不用远渡重洋就能看到，实属功德无量。

以书法而言，此次出展的第一件名宝就是美国普林斯顿大学收藏的王羲之《行穰帖》，这是整个西半球收藏的最精彩的中国书法名迹（图 6.2）。东晋书圣王羲之（303—361，一说 321—379）字逸少，祖籍琅琊（今山东临沂），后迁居山阴（今浙江绍兴）。他出身士族名门，官至右军将军、会稽内史，后人称其为"王右军"。王羲之一改汉魏以来质朴工拙的隶体书风，开创妍美流便的行书，寓情于字，挥洒自如，被后世尊为"书圣"，是中国书法史上承前启后的大宗师。

由于年代久远，王羲之的真迹早已不存于世，目前最好的是"下真迹一等"的唐代双钩摹本。这件《行穰帖》为初唐双钩填墨摹本，硬黄纸本，高 24.4 厘米，宽 8.9 厘米，有两行 15 字。

此帖描摹极好，大字可以看到墨色浓淡转折，细微处连毛笔不顺的贼毫都被忠实复制，不愧是唐代匠人的高明手艺。

《行穰帖》字不多却很耐看，字势一泻而下，体格开张，姿态多变。前四字"足下行穰"，字体大小悬殊前所未见，笔画特别厚实，不显锋棱，有高古篆籀意味。很多字在取势上以敧侧代平正，短短两行，动感十足，显示了作者高超的技巧。不过"人"字的收笔很怪，呈现不自然的下垂，应该是悬肘书写时纸张抖动所致。帖前"龙跳天门，虎卧凤阁"8个字，是乾隆御题，来自梁武帝对王羲之的评语，写得很精神，只可惜乾隆不是每回题字都有这个水平。

董其昌极其喜爱《行穰帖》，居然题跋了四次。他说："东坡所谓'君家两行十三字，气压邺侯三万签者'，此帖是耶？"不过《行穰帖》明明是15个字，这个题跋是在说苏东坡不识数吗？董其昌到后来对《行穰帖》产生了超自然的崇拜之情，他写了一段很神气的行书大字："此卷在处，当有吉祥云覆之，但肉眼不见耳。"最后一个"耳"字是蘸墨而书，向下运笔时墨渐干枯，产生出细致的条纹，这是古代书法家喜欢的枯笔。

书法类的第二件名宝是唐代颜真卿（709—785）的《自书告身帖》（图6.3）。这一卷是颜真卿从吏部尚书转任太子少师的任免文书，相传是颜真卿亲自书写。所谓告身，就是古代官吏的委任状，唐代中期以后敕封官员的文书，由中书省起草，门下省审议，尚书省执行，这一卷的格式印章等，都是很准确的唐代风格，应该是唐代遗物。《自书告身帖》原是清代恭王府之物，民

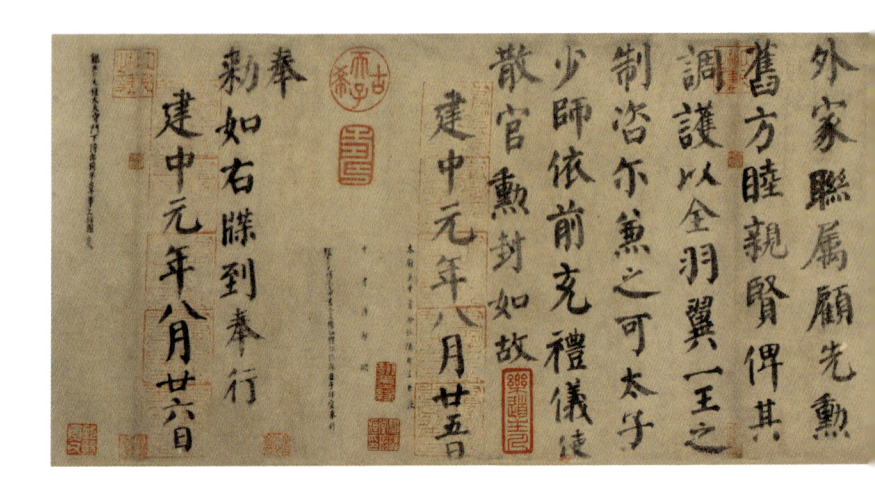

国期间卖到日本后成为中村不折的收藏，现藏于东京台东区立书道博物馆。这一卷由于名头太大，历来争议极多，有学者认为唐人不会给自己写任免文书，不合礼制，但是宁波天一阁的明钞本《天圣令》里记载了唐代有自书告身，可见这一点不是问题。

《自书告身帖》字体细节符合颜真卿多变的书风，如果是真迹，则应与780年的颜氏家庙碑为同一年书写，是颜真卿72岁时的作品。不过颜氏家庙碑比这个帖写得好，此帖比较疲软，能看到一些败笔，好比说"开"字的左半边太细小，"德"字右边的上下分离等。字虽偶有欠缺，但颜鲁公的笔意还在，整体水平在可以接受的范围内，笔者认为可能是真迹。

判断真迹的最关键的理由，是文物的来历及古代顶尖书法家的鉴定。根据北宋蔡襄《端明集》的记载，《自书告身帖》是颜

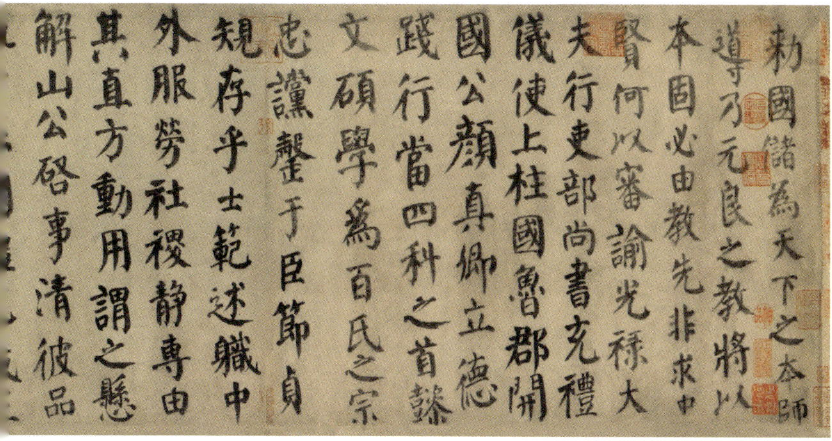

图 6.3　唐代　颜真卿　《自书告身帖》　日本东京台东区立书道博物馆藏

家的传家宝，宋仁宗时苏舜元找到颜真卿的后人，得到颜真卿告身和颜家家谱，然后向朝廷上奏，授予颜家官职并免除赋税。蔡襄在《自书告身帖》上写有题跋，南宋的米友仁也做过鉴定，可见这件作品流传有序。董其昌以颜体起家，他对这件作品极为推崇，称其"奇古豪宕"，又在题跋里说：蔡襄和米友仁都已经赏鉴过了，哪里有我发言的资格。

如之前的章节所述，中国书法是世界艺术史上非常独特的一个门类，由于每次书写都是作者一次特殊的舞蹈运动，所以它已经不再局限于传统的设计和美学，开始追求精神上的放纵乃至哲学上的感悟。因此在唐宋时期，书法和绘画走的是两条不同的道路。那时的书法是文人士大夫展现个人情怀的艺术手段，写出来的都是非标准的艺术作品，除了民间靠写工整汉字谋生的抄书工匠之外，没有哪个书法家是以写字为职业来谋生的，都是说哪位大人的字写得好。而画家基本都是职业画师，如唐代吴道子、北宋范宽、南宋马远等，当然也有当官的画家，如唐代王维等，但并不常见。这是因为绘画虽然也有很多不同的风格流派，但是有较多规范与约束存在，对标准化和匠人能力的要求还是很高的。

中国的书法艺术不断地影响着绘画的发展，但书法和绘画变成一家是从元代赵孟頫（1254—1322）开始的，他主张书画同源，提出"书画本来同"的口号。在绘画实践上，赵孟頫以书法入画，独尊江南董源、巨然一派的披麻皴画法，也就是用写书法的中锋来绘画。这种画法最讲求用笔的起落、用墨的浓淡相宜和用线的错落有致，恰好和书法的要求一致。中国绘画和汉字确实

有同源性，但各自发展了几千年，差异还是很大的，独尊披麻皴，对自古以来绘画"象形"的基本目的提出了严峻挑战。宋人绘画，可以夸张也可以抽象，但是总还是以"画得像"为基本要求，披麻皴只适合画南方土丘，画北方的山川就不太合适了。

赵孟頫的艺术理论引导了他身后近300年的艺术史，他的弟子黄公望就是"元四家"之首，对董其昌的艺术生涯影响极大。此次特展借来了黄公望的代表作，浙江省博物馆的镇馆之宝《富春山居图之剩山图》（图6.4）。《富春山居图》原是7.5米的长轴，在清代初年被收藏者吴洪裕焚烧殉葬，幸被其侄抢出，不过还是烧成了两段，现在长段收藏在台北故宫博物院，短的一段留在浙江。此图可以看出黄公望笔墨功力很强，画上一丘一壑，俨然富

图6.4　元代　黄公望　《富春山居图之剩山图》　浙江省博物馆藏

春景色。黄公望跟着赵孟頫学江南董、巨画法，用干笔的披麻皴画山，然后反复往上加笔点缀，把画面画得层层叠叠的，物体之间甚至会互相干扰，有点不怎么考虑美感。但这反而加强了作品的艺术性，我们之前说过，评价艺术品水平的高低，不在于美感如何，更在于它创造和使用的非约定符号是否恰当地表达了艺术家想表达的东西，也就是艺术的主旨。黄公望是有自己的艺术主旨的，他是个道士，道教的追求是以修行至长生，所以他的画也是在表达自己对修行和生命的体会。黄公望有一幅《快雪时晴图》，上面的太阳就用朱砂画成了金丹的样子，用于象征道教修行者希望修炼出的"阳神"。黄公望眼中的山水，随四季不断变换，是有生命的活物，所以他要展示山水的内在"生机"，反反复复的加笔过程，就是他在揣摩山水的生命状态，黄公望把这卷作品送给师弟无用师郑樗，也是要给师弟展示自己寻找生机的修行过程。

董其昌本人的绘画，可以说是在赵孟頫和"元四家"的基础上再进一步。他学画起步很晚，本次出展了传世所见董其昌最早画作《山居图》扇面（图6.5），其时年35岁。高手画匠往往是童子功起步，这种差距是很难追赶的。董其昌很聪明，他不去追赶画匠，而是自己建立了一套新的绘画规则。

董其昌在研究学习了大量宋元古画之后，提出了一个尖锐的问题"人见佳山水，辄曰如画；见善丹青，辄曰逼真"，那么究竟什么才是"好"呢？究竟是"如画"好？还是"逼真"好？他给的答案也颇有道理："以蹊径之奇怪论，则画不如山水；以笔墨之精妙论，则山水决不如画。"这就是说，山水画不一定需要

图 6.5　明代　董其昌　《山居图》扇面　上海博物馆藏

像真的山水。山水画到不了真山真水的地步,但是有自己的独到之处,那就是"笔墨精妙"。所以,评判山水画优劣的标准,不再是像与不像,而是笔墨是否精妙。说的极端一点,只要笔墨精妙,哪怕画的难看也是好的。从这些论述里我们可以知道,董其昌发现了艺术和审美之间的差异,他在两者之间果断选择了艺术,这也是他成为中国艺术史上的一代宗师,并引领之后几百年艺术风气的关键原因。

　　董其昌的绘画主题全是山水,早期还能在山水间偶见几个小人,后来就是完全没有人了。山水间就是一些山石加上几棵树,有时候画几个建筑,但全是寥寥几笔画个房子样,不求神似也不求形似,就是意思一下。董其昌为什么这么画?因为他认为建筑和人物无法表现笔墨。董其昌的笔墨是有特指的,笔就是皴法,墨就是皴法的轻重、向背、明暗。只有画山水用得到皴法,人物房屋用不到,所以根本不需要认真画。

董其昌的笔墨论，只是他书画理论的第一步。然后他凭借自己深厚的学识功底，重新定义了整个中国绘画史。董其昌借禅门的南北宗，提出了绘画的南北宗论。他在《容台别集》中写道："禅家有南北二宗，唐时始分。画之南北二宗，亦唐时分也，但其人非南北耳。北宗则李思训父子着色山水，流传而为宋之赵干、赵伯驹、伯骕，以至马（远）、夏（圭）辈。南宗则王摩诘始用渲淡，一变勾斫之法，其传为张璪、荆（浩）、关（仝）、董（源）、巨（然）、郭忠恕、米家父子，以至元之四大家（黄公望、吴镇、倪瓒、王蒙），亦如六祖之后，有马驹、云门、临济儿孙之盛，而北宗微矣。"

董其昌的意思，就是北宗画青绿山水，越画越衰微，而南宗画水墨山水，越画越昌盛。实际上董其昌看到的"北宗画"大多都是晚明臆造的艳俗苏州片，看多了心生厌恶实属正常。那为什么会出现南盛北衰的现象呢？董其昌提出了一个超自然的解释："所谓画之道，宇宙在乎手者，眼前无非生机。"

生机是个好词，黄公望的道教山水就讲究生机，这个观念的来源是道教追求长生不老的信仰。董其昌把绘画和"生机"联系在了一起，不但给绘画赋予了新的艺术主旨，也让他自己的学说从此生机无限了。生机的追求甚至不在画面上，而是作者的长寿。画有生机，画家就长寿，黄公望活了80多岁，董其昌自己也活了80多岁，这在古代都是极罕见的高寿了，颇有说服力。董其昌之后，清初的"四王"继而追随，也都活得挺长，四个人三个活到80岁，最短命的王原祁也活了73岁。于是，这种画水墨山水能修身养性以致长生的学说一发而不可收，流传甚广。

古代的文人画家，很多都是官员出身，往往要到50多岁才开始有空闲时间来画点画，如果画画能修长生，那自然是好到不能再好了。中国人自古就对"养生"二字没什么抵抗力，那时候也没有什么科学主义的概念，于是董其昌说什么，后面人就信什么。结果就是董其昌的"南北宗论"统治了中国画坛300多年，画家一代代的越来越偏重笔墨，离宋代的秀丽工笔也越来越远。直到20世纪，几代书画研究者用更科学的方法，才重新厘清了中国书画史的脉络。不过，董其昌对中国书画的影响，依然不可忽视，而且还将继续延续下去。

董其昌不光是个理论家，也是个实践者，他的一生留下了大量书画作品。这些作品自明末以来就是人们珍视的宝物，而且不断有伪作产生。上海博物馆是世界上收集董其昌作品最丰富的博物馆之一，本次特展上又借展了世界各大博物馆收藏的董其昌名作，可谓蔚为大观。

本次的展览以董其昌创作时间为序，分为早、中、盛、晚四个时期：即血战传统期（50岁前）、兼容并蓄风格形成期（51—62岁）、成熟期（63—72岁）、人书俱老天真烂漫期（73—82岁）。展品从传世最早画作《山居图》扇面（见图6.5），至82岁绝笔《细琐宋法山水图》卷，跨度长达48年，而且尽可能地涵盖了董其昌各时期的代表作：如早期的《燕吴八景图》册，中期的《昼锦堂书画合》卷，盛期的《秋兴八景图》册、《栖霞寺诗意图》轴，以及晚期的《行书裴将军诗》卷、《关山雪霁图》卷，等等。

董其昌的一大特点，是他的书法绘画在名义上都追求"古意"，很多作品都是学习古人的临摹。但他的临摹，无论书法还是绘画，都无意重复模仿任何一家的风格，他要的是自己的风格，他只是用古代画家的作品当创作材料，重新组构出属于董其昌个人的作品。

本次展出了美国克利夫兰艺术博物馆的董其昌《青卞图》（图6.6），作于1617年，董其昌时年62岁，正是艺术巅峰时期。这幅作品高达2.25米，是董其昌最大的作品之一，仅次于台北故宫博物院的《夏木垂阴图》。董其昌在题跋里说这幅图是仿董源笔意，但是从构图和紧密的笔墨皴法看来，应该是仿"元四家"之一王蒙的《青卞隐居图》，这一点从两幅图的名字上也看得出来。

本次展览的下半期，王蒙的代表作《青卞隐居图》也展出了（图6.7）。这幅画高141厘米、宽42厘米，是他在元顺帝至正二十六年（1366）画的故乡吴兴卞山的景色，用笔快重爽利，采用高远构图，把层层山峦用披麻皴、牛毛皴和解索皴画得如同一条游龙飞腾而上，不愧是"元四家"的代表作。和董其昌的《青卞图》一比，王蒙画功要深厚得多，皴法细腻，气韵高雅。董其昌则以特点见长，超大幅，而且一看就是董其昌的笔墨。董其昌大概也发现自己在画功上有所欠缺，所以他在题跋里根本就没提王蒙。

笔者最欣赏的董其昌作品，是绘制于1596年的《燕吴八景图》。那一年董其昌在北京当皇长子朱常洛（后来的明光宗）的老师，出入大内，并看到了众多高古真迹。他模仿古人笔意，画

图 6.6　明代　董其昌　《青卞图》
　　　　美国克利夫兰艺术博物馆藏

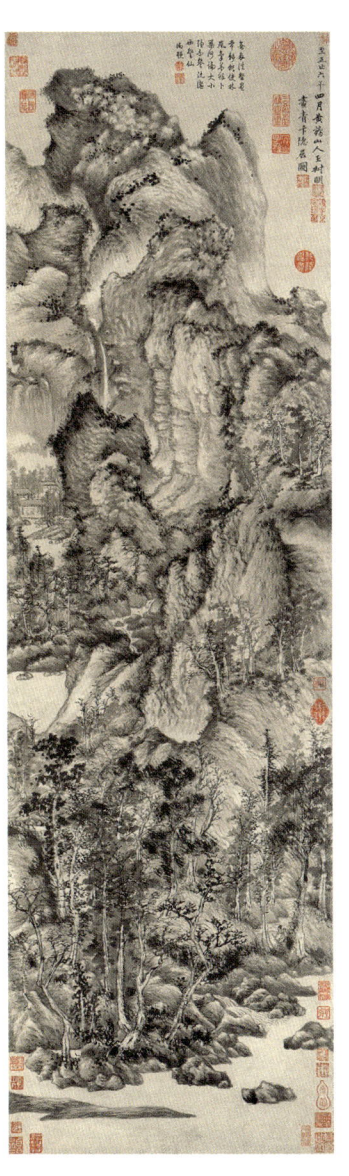

图 6.7　元代　王蒙　《青卞隐居图》
　　　　上海博物馆藏

下了一套描绘北京和上海松江风景的图册，送给友人。这套图不光有水墨，还有着色山水、人物舟楫等，每一幅都不一样，各自生动。这是董其昌理论未成、天生才气焕然笔下时的珍贵作品，漂亮而不刻板，是真正的生机盎然。

丝绸之路上的文化交流——吐蕃时期艺术珍品展
2019 年 敦煌研究院

在笔者看来，2019年中国最值得看的展览既不在北京也不在上海，而是位于甘肃的敦煌研究院主办的"丝绸之路上的文化交流——吐蕃时期艺术珍品展"，展期是2019年7月3日到2019年10月22日。这是个中美博物馆合作的特展，牵头的是国家文物局，主办双方是敦煌研究院和美国普里兹克艺术合作基金会。由于2019年是中美建交40周年，这个展览还得到了中国外交部的鼎力支持。

之所以说这个特展值得看，是因为真能学到东西。西藏的吐蕃王朝（约608—855）曾经是亚洲大陆最强大的王朝之一，与东边的唐帝国和西边的阿拉伯帝国鼎足而立。这个王朝在历史上的强势，与其在当代的学术研究中的弱势形成了鲜明对比。此次特展是历史上第一个关于吐蕃王朝的系统性大展，所以它的学术价值非常高。我们知道雪域高原的历史文化璀璨辉煌，但留下来的早期文物少之又少。这次的文物展品有120多件，参展的除了主办方和国内20多家文博机构以外，还有美国芝加哥艺术博物馆、俄罗斯冬宫、瑞士阿贝格基金会、日本平山郁夫丝绸之路美术馆等众多海外收藏机构，可谓是集全球收藏之力了。但是，这么多文物中，推测来自吐蕃王朝（包括吐蕃属国吐谷浑）和更古老的象雄王朝的文物大约只有60件，剩下的都是中亚、西亚、中国、印度等地的同时期文物，用于展示吐蕃的文化交流，可见一窥吐蕃王朝的真相有多么不易。

此次特展分为七个单元，第一单元是吐蕃之前的西藏，第二单元是吐蕃王朝的历史，第三单元到第六单元是吐蕃王朝贵族的物质文化，第七单元是佛教的传入。我们一说起西藏的文化历史，能想起来的都是布达拉宫、喇嘛、唐卡、藏传佛教等等，但严格来说，这些大多都是吐蕃王朝崩溃以后的产物，其文化源流和南亚联系紧密，与吐蕃及更早时期的西藏文化面貌差别很大。

雪域高原的文明有两个发源地，第一个是西藏西部的阿里地区，至少在公元2世纪以前就出现了象雄王朝，那也是西藏最古老的王朝。特展上展出了象雄王朝的第一宝物，札达县文物局收藏的动物纹金面具（图7.1），2009年出土于曲踏墓地，这个金面具是用丝织物缠在墓主脸上的，上面的鹿纹和鸟纹在古代西藏被视作死者灵魂的向导。这种黄金面具虽然特色十足，但是类似的金面具在中亚、西亚、印度等地都有出土，特展上还有一个新疆伊犁出土的公元5世纪西突厥金面具，说明西藏的文化一开始就是通过丝绸之路与中亚西亚乃至于更远的地方有深入交流的。另外一件阿里地区噶尔县古如江寺收藏的"王侯"汉字织锦也出土于象雄王朝墓葬，上面有青龙白虎朱雀玄武，明显是汉朝的织

图 7.1　2 世纪　象雄王朝　动物纹金面具　札达县文物局藏

锦,说明西藏地区早在公元初期就和中原地区有了文化联系。

吐蕃王朝的文化是东部雅垄地区和西部阿里地区结合的产物,东部的渊源主要来自雅鲁藏布江河谷一带。相传吐蕃最早的领袖叫聂赤赞普,从上天降临于西藏林芝的绛多神山,他下凡以后,脱下天神的衣服,穿上了丝绸,扔掉了铁器,换用木碗,舍弃神饮,喝果汁。这些传说的细节暗示吐蕃王室的祖先或许来自其他地区。

吐蕃的领袖叫赞普,意思是雄强丈夫。公元 608 年,赞普囊日松赞派使臣到洛阳朝见隋炀帝,这也是吐蕃第一次出现在中原王朝的记录里,当时叫附国。吐蕃从出现到崛起成强国,快得令人惊讶。629 年,囊日松赞被毒死,吐蕃各地叛变,分崩离析,年仅 13 岁的王子松赞干布(617—650)临危受命,很快终结了叛变,还征服了尼泊尔和阿里的象雄王国,在雪域高原第一次建立了统一的王朝。

和松赞干布最直接相关的文物,是北京故宫博物院收藏的

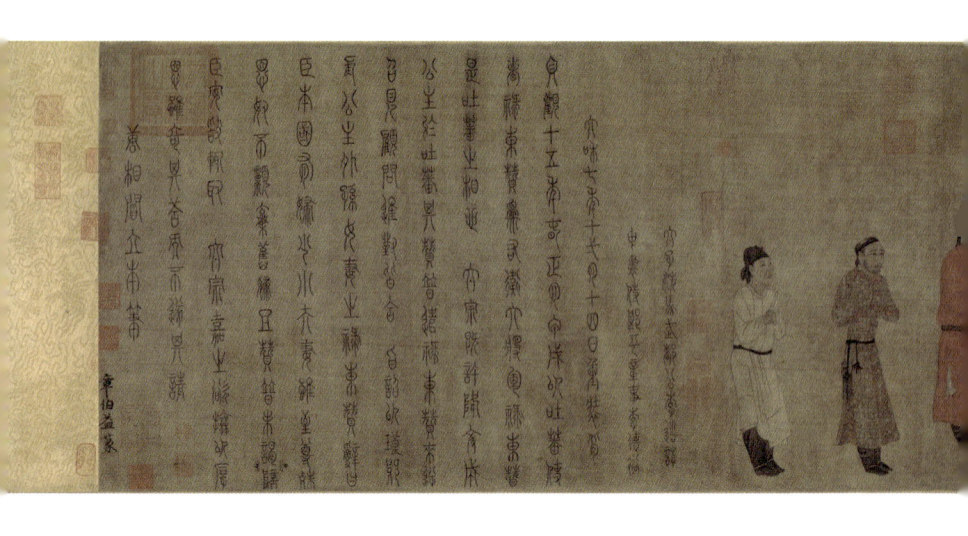

《步辇图》（图7.2），相传为唐代阎立本所绘，现存作品是宋人的摹本，也是禁止出境展览文物。《步辇图》的原件于2018年在北京首都博物馆的"天路文华"特展上展出过，这种高古的国宝绘画收起来后至少要隔几年才能再次展出，所以这次展出的是复制品。

《步辇图》的主题是公元640年唐太宗李世民接见吐蕃使者禄东赞，商讨把文成公主嫁给松赞干布的事情。画面上禄东赞的服饰和后世藏族服装差异很大，他身着圆领长袍，其上饰有联珠立鸟纹，是典型的中亚风格胡锦。沈从文先生认为这件衣服是《唐六典》提到的川蜀织造的"蕃客锦袍"，唐代成都织锦工人每年织造200件上贡，再由唐朝政府赠予远来长安的使臣。唐朝的锦袍常有浓郁的中亚风格，因为在公元6到9世纪的时候，东亚的中国、北亚的突厥/回鹘、西亚的萨珊波斯/大食、中亚的粟特，以及南亚的印度之间，文明交互极为密切。唐朝盛行胡风，其实就是大量异域的艺术和文物传入的结果。

吐蕃作为新兴的王朝，位置正好在几个文明古国的中间，其

图 7.2　唐代　阎立本　《步辇图》宋摹本　故宫博物院藏

最佳的生存策略是直接照搬先进文明的既有成果。所以吐蕃的文化面貌是当时各大文明的一个杂糅体，它以唐朝和粟特的文化打底，再带一点萨珊波斯、印度甚至突厥的文化，和我们熟知的西藏传统文化艺术面貌非常不同。这也是此次特展上有大量文物来自唐朝、粟特、萨珊波斯、古印度的原因。

以前关于吐蕃的研究，基本上关注于墓葬、艺术、佛教、历史这几方面内容，最近几年新兴的研究是高原丝绸之路，因为从文物上看，吐蕃才是真正的文明交汇之地。以前丝绸之路的地图，都是从长安到新疆再到中亚，从来不涉及青藏高原，现在看来是不对的。吐蕃的外贸很发达，而且很多商品完全依赖进口，以衣服为例，吐蕃人始终没有学会制作丝绸，因为高原自然条件有限，无法养蚕缫丝，顶多是来料加工。特展上有一件美国普兹利克收藏的吐蕃联珠纹对鸟纹童衣，用的就是唐朝和粟特两块不同的丝绸制作的。还有一件瑞士阿贝格基金会纺织品研究中心收藏的假袖披风，材料是非常精美的萨珊波斯丝绸，上面绣着狮子、牛、鹿和山羊纹，花纹绣好至少50年后，才在西藏被做成衣服，上面还有古藏文题记，让我们清楚地看到吐蕃王朝和丝绸之路的关系。

特展上有一件世界级的重要文物，是青海都兰热水吐谷浑墓出土的一个条状织锦残片（图7.3），长约30厘米，上面织着萨珊波斯的婆罗钵文（Pahlavi，也称巴列维文），内容是"伟大光荣的王中之王"，这是给萨珊国王的悼词。萨珊波斯是伊朗的古王朝，在公元651年被阿拉伯帝国灭掉了，而通过碳-14测年，发现这个织锦残片应该是8世纪早期的作品，这说明萨珊波斯在被征服之后，王室的一些文化传统仍传承了近一个世纪，并持续影响了雪域高原。

吐谷浑是青海境内的鲜卑人国家，本来是唐朝的属国，663年被吐蕃攻占，成了吐蕃的属国，所以8世纪的都兰热水吐谷浑墓被认为是吐蕃的墓葬。吐谷浑被攻占之后，吐蕃就从唐朝的臣子和外甥之国，变成了与唐朝反复争夺丝绸之路掌控权的强大对手。

对古代王朝而言，政治、经济、军事、文化这几块是不分家的。吐蕃王朝以军事统一起家，在外贸中获得了巨大利益，于是长期致力于对外扩张，以求掌控丝绸之路。禄东赞之子论钦陵是高原上的千古第一帅才，他三次在大决战中击溃唐高宗和武则天的大

图7.3　8世纪　阿拉伯帝国倭马亚王朝波斯地区　紫地婆罗钵文字锦残片
青海省文物考古研究所藏

军,成了唐朝最大的劲敌。到了赤松德赞时期,唐朝因为"安史之乱"而衰弱,吐蕃则愈加强大,往南打到印度恒河,往北攻占了新疆和河西走廊,统治敦煌近百年,往东甚至一度攻占长安。有学者认为,陕西历史博物馆的何家村唐代宝藏,可能就是吐蕃占领长安的时候被匆匆埋下的。这也是雪域王朝昙花一现的强盛时代,因为藏族在低海拔地区生活不习惯,所以在长安和印度都是抢了一票就跑,只在新疆和河西走廊维持了较长时间的统治,也控制了丝路贸易。敦煌研究院之所以要办吐蕃展,其中一个原因就是敦煌有大量的壁画和文书来自吐蕃统治时期,要深入研究敦煌,就必须了解吐蕃。

考古相对于历史的一个优势,在于可以通过文物让人直观地看到古代的物质面貌。这次特展有四个单元都是在讲述吐蕃贵族豪华的物质享受,各种珍宝琳琅满目,把我们带回了雪域王朝的全盛时代。

在吐蕃兴起之前,王室贵族的宴饮和狩猎等盛典,已经成了丝绸之路上各大文明共通的高级社交惯例。酒池肉林的宴会可以让主人展示实力、慷慨和善意,还可以笼络人心,狩猎还可以趁机展示军事力量。中亚的粟特人把萨珊波斯王室的盛典仪式带到了吐蕃,受到了极大欢迎,因为吐蕃王朝是靠结盟形成的政治军事团体,从封疆大吏到军国重臣,最高官职几乎都是世袭的,所以赞普之下的几个大族对国家有异乎寻常的巨大影响力,一个贵族化的国家尤其需要宴饮和狩猎这种奢华浮夸的仪式,来维护自己的权威和统治。吃喝玩乐花的钱再多,比起军事镇压来还是要

图 7.4　7-9 世纪　吐蕃王朝　凤凰纹鎏金银饰片
美国芝加哥普利兹克藏

便宜多了。

　　豪华的宴饮，当然要有豪华的场地和器物了。从吐蕃的木棺板画来看，当时的人会在帐篷周围举办宴饮活动。唐代史料记载，吐蕃赞普和北方突厥可汗一样，有巨大的帐篷，里面能容纳几百人，上面装饰着黄金，非常奢华。特展上有一些吐蕃时代的鎏金银饰片（图 7.4），主题是凤凰和迦陵频伽鸟，精美华贵，身上有一些孔洞，还残留着丝线残段，或许就是过去缝在帐篷上的装饰。

　　大帐内部也要有装饰，好比说挂锦，古人可能会把高达两米的粟特织锦像大立轴一样悬挂起来供宾客欣赏。这次特展上有两个无与伦比的大挂锦，主题都是粟特团窠的对鹿花纹，一个是站立的对鹿（图 7.5），一个是扬蹄的对鹿（图 7.6），周围环绕着各种动物，其中还有已经灭绝的里海虎。这样气势恢宏的作品，需要横跨织机的整个宽度才能织成，堪称古代丝织工艺的巅峰之

图 7.5　7-8 世纪　中亚　团窠对鹿纹挂锦
美国芝加哥普利兹克藏

图 7.6　7-8 世纪　中亚　团窠对鹿纹挂锦
瑞士阿贝格基金会纺织品研究中心藏

作。这两件作品应该是生产于唐朝对中亚进行羁縻统治的时期，说它们是唐朝文物或许也无不可。

宴饮需要有金银器皿，而这正是吐蕃的特产。《册府元龟》《旧唐书》等史书记载吐蕃曾经向唐朝进贡过很多金银器，如能装酒的金鹅、黄金城池、金胡瓶、银犀牛等。黄金城池听起来很夸张，其实还能看到实物，西藏江孜白居寺保存有明代时期制作的金坛城，巨大华丽。真正吐蕃时期的文物，现在只能看到金胡瓶了。胡瓶是西亚风格的酒器，在整个丝绸之路上都很流行，例如"丝路之魂"特展里介绍过的北周李贤墓出土的特洛伊战争主题胡瓶，稍后还会介绍日本正仓院收藏的唐代胡瓶。

这次特展上有两件非常优质的吐蕃金胡瓶，都是粟特工匠制作的萨珊波斯风格器物。第一件是普利兹克收藏的高达半米的金胡瓶（图 7.7），是同类器物中最大的一件，颈部腹部是一整块金属片压出来的，工匠把装饰花纹精细地捶打在胡瓶上，再嵌上绿松石装饰，华美悦目到令人窒息，展现了吐蕃王朝蒸蒸日上的精神。金胡瓶上鸳鸯凤鸟的风格来自唐朝，而瓶下部狮子和牛的风格来自中亚，在一件器物上融合唐和中亚，这是典型的吐蕃做法。第二件金胡瓶来自阿勒萨尼收藏，高 32 厘米，是一套包括金胡瓶、金瓶和金盘的金器组合。工匠在金器上面用绿松石镶嵌出凤鸟纹，展现了高超的工艺，应该是高级贵族甚至吐蕃赞普的器皿。

除了宴饮器皿外，吐蕃的马具同样令人瞩目。唐朝时候从西域到日本都流行华丽的马具，吐蕃当然也不例外，普利兹克收藏了一套三件带金饰织锦漆木马鞍，保存完整且工艺精湛。上面的丝绸是粟特的撒答剌欺锦，装饰着对鸟和对狮的团窠，非常精彩，

图 7.7 7 世纪晚期 -8 世纪　吐蕃王朝　神鸟神兽纹嵌绿松石金胡瓶　美国芝加哥普利兹克藏

加上鞍桥上的鎏金饰片，很可能就是吐蕃统帅甚至赞普所用的马具。实际上在普兹利克收藏的一件箭筒金牌上，我们还能看到当年吐蕃赞普策马狩猎的样子。这明显是波斯文化的图案，赞普头戴带翅膀的萨珊波斯王冠，追击着一只具有神性的狮子，展现了赞普的神圣与高贵。

如此军事强大且文化绚烂的吐蕃王朝，怎么就分崩离析了呢？这就要说到特展的最后一个单元"佛教在吐蕃的发展"了。

西藏最早的信仰是象雄王朝的苯教，这个教派主要受到波斯和粟特的祆教影响。佛教在松赞干布的时代传入西藏，大约在638年，吞弥桑布扎从印度留学归藏，仿照梵文设计了藏文字母，并把佛教经典《诸佛菩萨名称经》和《宝箧经》翻译成了藏文，当时还有玄照等两位汉地高僧参与了翻译，可以说西藏佛教一开始就和中原王朝有关。不久后唐朝文成公主的进藏，更是推动了西藏佛教事业的发展。中国现存最古老的木结构寺院——拉萨大昭寺就建于那个时代，它比中原地区现存最早的唐代木构建筑五台山南禅寺还要早100多年。

此次特展上的吐蕃佛像，可以让我们窥见吐蕃佛教艺术的源流。有一件西藏博物馆收藏的金铜立佛像（图7.8），佛陀身着紧贴躯体的大衣，体态修长，衣纹线条清晰，具有印度西北部斯瓦特地区和克什米尔造像的特点。而另外几尊金铜菩萨坐像，头戴宝冠，身上饰有繁复的璎珞和宝钏，体态更为丰腴，与尼泊尔和印度东部的波罗王朝艺术更加接近。

特展上还有一些来自印度本土的佛像，其中印度西北克什米尔地区卡尔科塔王朝的"镶银铜弥勒坐佛、二菩萨及若干皇室供养人造像"（图 7.9），是普利兹克收藏的世界名宝。这组铜像的主尊弥勒坐于莲台的狮凳之上，头戴三叶冠，装饰华丽。两旁各有胁侍菩萨，也是头戴宝冠。铜像底座上有两处铭文，写明了三位供养人的名字及他们供奉佛像的具体日期。弥勒右侧就是国王，后面跪着王后，左侧则是一位高官。国王身着中亚服饰和靴子，头戴钵露罗王冠，十分醒目。他们供奉佛像日期为 715 年 4 月 23 日，也就是卫塞月望日。据佛教传统，卫塞月望日正是佛陀出生、觉悟和涅槃的日子。

图 7.8　7—8 世纪　克什米尔释迦摩尼鎏金铜立像　西藏博物馆藏

图 7.9　8 世纪　卡尔科塔王朝　镶银铜弥勒坐佛、二菩萨及若干皇室供养人造像　美国芝加哥普利克兹藏

佛教在吐蕃王朝极为兴盛，史称"前弘期"。但是公元838年赞普达摩继位之后，全力镇压佛教，这遭到了佛教徒的猛烈反击。公元842年，他在拉萨大昭寺前被僧人刺杀。佛教徒说达摩是牛魔王下界，因此在他的名字前面加一个"牛"（藏文"朗"）字，改为朗达玛。此后吐蕃群龙无首，纷争不断，贵族间互相征伐，国家分崩离析。公元866年，最后一个意图自立为赞普的吐蕃将领论恐热被杀，首级被送往长安示众，吐蕃王朝也彻底画上了句号。灭佛运动不但让吐蕃王朝崩溃，还导致了雪域高原巨大的文化断层。吐蕃文化是7世纪到8世纪东亚、中亚、及南亚文化的杂糅体，甚至还能看到西亚和北亚的影响，而后来的西藏文化主要是受到11世纪南亚文化和汉地元明清时期文化的影响，和吐蕃时期完全不是一个面貌。

吐蕃王朝由于年代久远，文物零散，了解起来难度极大。"丝绸之路上的文化交流：吐蕃时期艺术珍品展"，是吐蕃灭亡1000多年后，首次进行的大规模系统性文物回顾。这个特展不光让人们了解了这个神秘王朝，也更新了人们对丝绸之路的认识。作为一个展览，教育性和学术性能做到这个地步，实属难能可贵，这也是笔者推崇它的原因所在。

春风千里——江南文化艺术展
2020年　上海博物馆

2020年是中国乃至全世界博物馆界非常艰难的一年，由于新冠肺炎的突然暴发，很多准备许久的重磅特展不得不戛然而止，甚至就此停办，笔者也错过了许多期待已久的展览。在这段时间里，笔者离京看的第一个重磅展览，即上海博物馆的年度特展"春风千里——江南文化艺术展"（展期：2020年5月26日至2020年8月23日），特别值得纪念。

本次展览以"江南文化"为主题，遴选16家博物馆和文物单位的近200件作品展出，力图从文物出发，讲述江南历史与文化特征。参展文物种类多样，从骨角器到青铜器，从陶瓷到书画，从刻本到印章，品类多而精，不乏难得一见的珍品。接下来，我们就来看看这些江南文化的宝藏。

江南文化区及其文化特点

江南，顾名思义是指长江以南，但文化上的意义和地理位置未必完全重合，长江以北的扬州比长江以南的贵州看起来更像江南。所以，江南文化有一个特定的核心区域，就是"沪宁杭"，明清时期叫"八府一州"，就是苏州、松江（上海）、常州、镇江、应天（南京）、杭州、嘉兴、湖州八府及清代从苏州划出来的太仓直隶州。核心区周围还有辐射区，包括江苏扬州、江西景德镇、皖南徽州、浙江宁波和绍兴等，一同构成了广义的江南文化区。

人类的历史是一部不断迁徙和发展变化的历史，江南也是如此。江南地区是古老的文明萌芽之地，从考古学来说，浙江的上山文化（距今约11000—8500年）是中国最早的新石器文化之一，中国已知最古老的村落、稻田农业，还有彩陶，都来自这里。这次特展上最早的江南考古文化是新石器时代的马家浜文化，因浙江嘉兴马家浜遗址而得名，绝对年代距今7000—5800年，其范围北到长江，南到钱塘江，与河姆渡文化隔江相望。特展中有马家浜文化的陶猪和河姆渡文化的骨耜，说明当时江南已经发展出了系统而成熟的农业技术，可以种植稻米并饲养家畜。

马家浜文化之后是崧泽文化（距今约5800—5300年），再之后就是江南最早的古代国家"良渚古国（距今约5300—4300年）"。到了良渚文明的时代，江南文化中两个传承至今的重要基因开始凸显出来，那就是多元融合和追求卓越。

先说多元融合。江南文化区处于长江中下游平原，交通便利，在地理因素作用下，多元文化在这里很容易相互融合。马家浜文化受到了东方河姆渡文化的影响，良渚文明也受到了北方海岱文化的影响。后来到了春秋战国时期，江南的吴国和越国主动学习晋国和楚国的先进文化，引进文字和礼乐，铸造青铜礼器，将自身融入了华夏文明圈。特展上展出了吴王夫差制作的青铜水鉴，器体甚大，重54千克，上面铸有铭文。此水鉴是典型的南方吴越地区工艺的青铜器，但是却传在河南辉县出土，很可能是吴、晋两国交流的礼物。

到中古时代以后，江南文化多元融合的面貌越加体现出来。东晋初期、唐朝中晚期和南宋初期的三次大规模北方移民潮，让江南成为中国南北文化交融的核心区。这种大规模的文化融合也让江南文化超越了一般意义上的地域文化。在南宋以后，江南甚至成了中国文化的核心区域。

江南文化的另一个显著特点是追求卓越。在文物上的体现，就是可以达到超乎寻常的技术水平。

在良渚文明时期，玉器最能体现江南人追求卓越的精神。玉器起源于北方，最早出现在今俄罗斯境内阿尔泰地区的丹尼索瓦洞穴，距今有4.6万年之久，中国最早的玉器距今有9000年，出土于黑龙江饶河县的小南山遗址。良渚的玉器传统是受外来文化影响而产生，但是后来居上，他们创立了一套完整的制玉工艺，从选料、切割、雕刻、抛光，一步步精益求精，最后能做出现代人都无法复制的极品，在1毫米宽的玉面上能刻六条平行线，工艺之高在中国玉器史上空前绝后。此次特展上有上海福泉山遗址出土的良渚时代玉璧、玉琮和玉权杖，可以让人一窥良渚的玉器风貌。

到了春秋战国时期，江南的制造工艺第一次名扬天下，那就是吴越地区的青铜剑。青铜铸造工艺也是北方传来的，但是江南的技术可以做到后来居上。《周礼·考工记》记载："吴越之剑，迁乎其地，弗能为良。"《庄子》称："夫有干越之剑者，柙而藏之，不敢用也，宝之至也。"可见当时吴越宝剑极为出色，其他地方做不出来。复旦大学谭德睿教授指出，先秦时期的吴越青铜剑有三个杰出之处：第一是青铜器表面合金化技术；第二是高度精密的陶范铸造技术；第三是复合铸造技术，剑身中间的剑脊用含锡量较低的高韧性青铜铸造，剑脊两侧的剑从（剑面）用含

图 8.1　战国早期　越王者旨於睗剑
　　　　上海博物馆藏

图 8.2　战国早期　越王州句剑
　　　　上海博物馆藏

锡量较高的高硬度青铜铸造，这样剑身有相当的柔韧性，不易折断，剑刃则硬而锋利，具有很高的杀伤力。

存世的吴越宝剑以湖北省博物馆的越王勾践剑最为出名，但并不只有那一把，此次特展展出了上海博物馆收藏的两把越王剑。首先是长 54.7 厘米的越王者旨於睗剑（图 8.1），它剑格正面的铭文是"戉（越）王戉王"，剑格背面铭文是"者旨於睗"。经考证，这是勾践之子越王与夷的宝剑。第二把是长 63.6 厘米的越王州句剑（图 8.2），在史书上，州句被称为越王朱句，是勾践的曾孙，在位之时越国国势强盛。这两把剑共同的特点是铸造精良，造型优美，剑体狭长，至四分之三后剑从逐渐内收弧曲，锋尖刃利，虽然是 2000 余年的古物，依然锋利威武，不愧是青铜时代顶级的神兵利器。

衣冠南渡

江南地区的早期文化是独立发展的，当地人"断发文身"，无论是习俗、语言、饮食、居住方式等都和中原地区不同。江南很多古老的地名并不是出自汉语，而是出自古越语，要通过对比傣语和壮语才能确定它们的意思。举例而言，"无锡"原来认为是因为锡矿被开采完了而得名，但地质考古发现当地自古就没有锡矿；有语言学者认为，"无锡"的真正意思可能是"埋葬巫师的山"。

在春秋战国时期，吴越全面学习晋、楚两个大国的文化，引入汉字和周礼。为了和中原变成一家人，甚至出现了"泰伯奔吴"这样的故事，说吴王也是周天子的亲戚。实际上，江南地区的汉化并非一蹴而就，而是一个漫长的过程，春秋的吴越时代只是一个开始，经过秦汉400年的熏陶，直到六朝时期（222—589）才最终完成了江南地区的汉化。

六朝指的是六个以南京为首都的江南王朝：三国东吴、东晋，以及南朝的宋、齐、梁、陈。东汉末年天下大乱，北方大批逃难者的南下，不仅给江南增加了劳动力，还带来了先进工具和先进技术，这为孙权建立东吴并开发江南奠定了基础。孙权曾多次派兵大规模整治境内的山越部落，要求他们"强者为兵，羸者补户"，初步完成了江南地区的民族融合。传统观念里通常把开发江南当作东吴的历史功绩，但这种事对于当地的游群和部落而言可能是不堪回首的灾难，他们从此要种田交税、辛勤劳作，还要服兵役和力役，逍遥的日子再也没有了。

三国东吴的文物，最经典的来自安徽马鞍山的朱然墓。朱然（182—249）是东吴重臣，官拜左大司马、右军师，封当阳侯。他的墓中出土了大量珍贵漆器，之前提到过"丝路之魂"特展上的贵族生活图漆盘就来自朱然墓，此次展出的是"宫闱宴乐图"漆案（图8.3），它为我们了解汉代宫廷生活提供了珍贵的图像资料。这个漆案为木胎，漆地黑中偏红。案面为长方形，长82厘米，宽56.5厘米，上绘宫闱宴乐场面，共有55个人物，大多有榜题。左上角是帏帐，中为皇帝、嫔妃并坐，宫女侍立。其右跽坐席上者，依次为皇后、子本、平乐侯及夫人、都亭侯及夫人、

图 8.3　三国　"宫闱宴乐图"漆案　马鞍山市三国朱然家族墓地博物馆藏

长沙侯及夫人等，他们席前置有盛食物的圆盘。这些人正在观看演出，案面中部是百戏场面，有弄丸、弄剑、武女、寻橦、连倒、转车轮等，右边是鼓吹伴奏的乐团，这些都是东汉到三国时期流行的表演。宫廷宴乐，自然少不了卫兵。帏帐下方左起绘有虎贲、黄门侍郎等宫廷仪卫，案面右下角绘羽林郎持弓守立。主体图案上部绘有一道墙，墙上有窗，窗外站立大官、值门人、女值使等，能看出戒备森严。关于这幅图的历史背景，大多数学者认为是西汉帝王的宴乐图，但"都亭侯"是东汉才设立的爵位，所以更可能是三国时期工匠根据传统帝王宴乐图绘制的程式化作品，并不追求准确地表现历史故事。

　　在三国两晋时期，由于江南地区瓷器的兴起，漆器在日常生活中的重要性有所下降，但在上层社会仍然保持流行。"宫闱宴乐图"漆案是罕见的大尺寸漆器,画面生动展现了汉代到三国时期宫闱宴乐的宏大场面。漆案背面正中有一朱红"官"字,说明是官方作坊制作,或原为宫廷所用,甚至可能是孙权御赐之物,文物价值非同寻常。

东吴于公元 280 年为西晋所灭,天下重归一统。但是,没过多久,北方就重燃战火,先是"八王之乱",后是"五胡乱华",中原被打成一片焦土。战乱之际,大批北方士族举家南迁,为民风悍勇的江南带来了浓厚的书生气质,史称"衣冠南渡"。公元 317 年,晋元帝司马睿在建康(今南京)重建朝廷,是为东晋。此后 200 余年间,中国南北分裂,北方多为少数民族政权,南方的汉族王朝被认为是正统所在,江南地区也因此第一次成了中国文化的中心地区。

在东晋南朝时期,江南地区最突出的文化成就是书法,代表人物就是书圣王羲之。本次特展展出了北宋《淳化阁帖》第七卷"晋王羲之书"的宋拓本,也称"最善本",可以让观众一窥书圣的妙笔。

此次展出的王羲之书法是《秋月帖》(图 8.4),是他回复友人盛夏问候的一简书札,因起首作"七月一日羲之白",亦称《七月帖》。七月一日在古代历法中是立秋后第一天,文人骚客会于这天写下感时悲秋之作,所以文中有"忽然秋月,但有感叹"之语。而从"吾故羸乏,力不具"的措辞来看,此书似为王羲之中年以后体弱多病时所写。用笔从容圆厚,既如行云流水,一气呵成,又法度谨严,气韵飘逸,不愧是书圣所写。

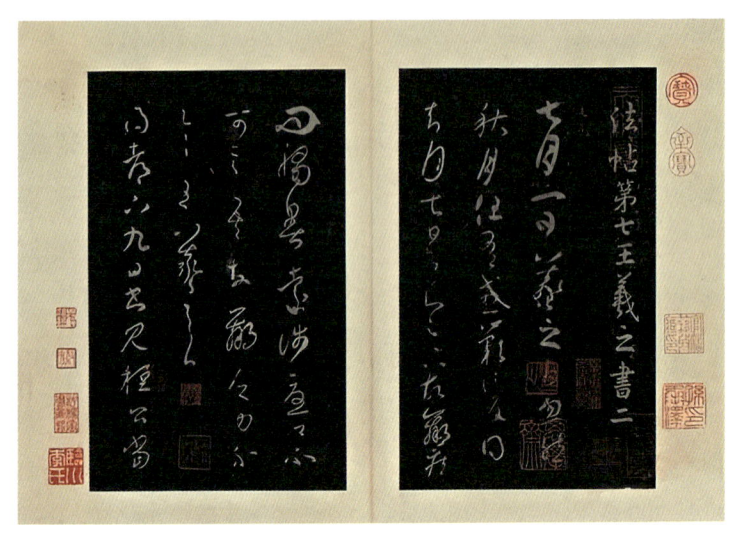

图 8.4 北宋 《淳化阁帖》"最善本"第七卷（东晋王羲之 《秋月帖》页）上海博物馆藏

　　王羲之创立的笔法代代流传，影响深远。特展上还有王羲之七世孙智永和尚弟子虞世南的《大运帖》，出自《淳化阁帖》第四卷"历代名臣法帖"的宋拓本。虞世南（558—638）是书坛"初唐四大家"中的江南名家，书法虚和圆润，刚柔内含，沉厚安详，行笔如闲庭信步，不疾不徐，深得书圣渊源。

　　上海博物馆收藏的四册《淳化阁帖》"最善本"是传世名宝，2003年4月以450万美金从美国收藏家安思远处购得，曾经轰动文博业界。《淳化阁帖》又名《淳化秘阁法帖》，是中国最早的一部汇集名家书法墨迹的法帖。北宋淳化三年（992），宋太宗赵光义拿出内府所藏历代墨迹，命翰林侍书王著编次后摹勒上石，再拓印装订成册，就是《淳化阁帖》。此帖共十卷，第一卷为历代帝王书,第二、第三、第四卷为历代名臣书,第五卷是诸家古法帖,第六、第七、第八卷为王羲之书,第九、第十卷为王献之书。

由于王著识鉴不精,致使法帖真伪杂糅,错乱失序,但是工匠技艺精良,摹勒逼真,高古书法因此得以流传,实属功德无量。此帖有"法帖之祖"之誉,对后世影响深远。北宋仁宗庆历年间,宫中失火,拓印《淳化阁帖》的枣木原版不幸全部焚毁。后人根据早期的拓本,不断翻刻,几百年下来,版本越来越多,风貌和原本书法的差距也越来越大,所以《淳化阁帖》年代越早的版本,就越贴近原本的样貌,也就越珍贵。

上海博物馆收藏的《淳化阁帖》"最善本",是清代大收藏家安歧所藏的宋拓本。其卷四、卷七、卷八和明代最优质的《淳化阁帖》"肃府本"类似,应该是"肃府本"原拓底本的姊妹本,算是中国古拓本中的绝世宝物了[1]。

文人江南

唐代中后期天下大乱,北方人再一次大规模南迁,有学者认为此时中国南方人口首次超过了北方。在五代时期,就有了"天下大计,仰于东南"的说法。此后宋、元、明、清乃至于近代,

---

[1] "肃府本"即《淳化阁帖》肃王府遵训阁本,朱元璋将第十四子朱楧封为肃王时,曾赐宋代《淳化阁帖》一部,其藩地在今甘肃兰州。

图 8.5　南宋　哥窑五足洗　上海博物馆藏

江南都是中国的经济中心甚至是文化中心。这一时期的艺术,无论是书画、瓷器、玉器、刺绣等工艺品,还是戏曲文学,基本上都以江南为冠。特展上这一时期的重要作品,包括被推为传世哥窑第一的南宋哥窑五足洗(图 8.5)、元代赵孟頫《兰石图》、明代顾绣创始人缪瑞云的《顾绣竹石花鸟人物图合册》、明代成化年间最早的南戏传奇刻本《新编刘知远还乡白兔记》等,都是难得一见的珍贵文物。有一件限时展出的名画《夏山图》,号称是五代末年江南山水名家董源所作,实际上是宋代的作品,但因为绘画风格被归于董源名下。

明清时期江南经济发达,艺术欣赏水平提高,民间的文物收藏也兴起了,人称"江南收藏甲天下"。特展上有一个篇章是江南文人的收藏,其中最珍贵的文物是清代顾文彬过云楼收藏的东

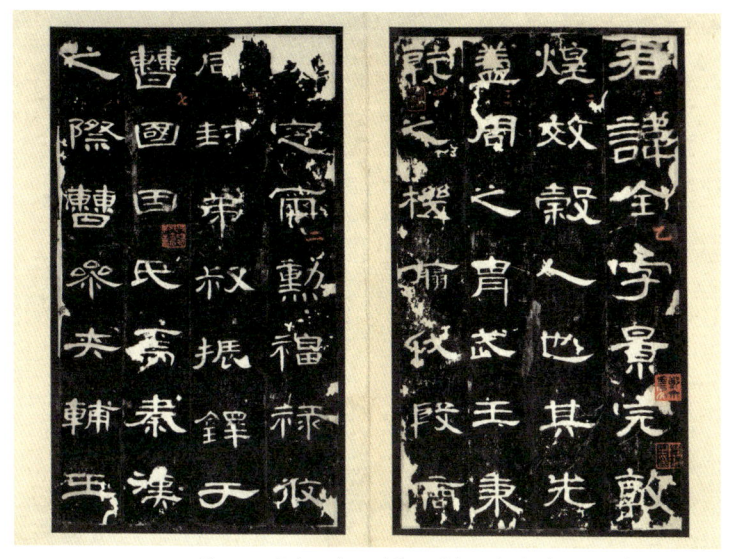

图 8.6　明代　东汉《曹全碑》初拓本（"因"字不损本）
左起第二列第三字为"因"字
上海博物馆藏

汉《曹全碑》明代初拓本（"因"字不损本）（图 8.6），是禁止出境展览文物。

曹全碑是东汉碑刻，全称"汉郃阳令曹全碑"，立于汉灵帝中平二年（185）。碑高约 1.7 米、宽 0.86 米，碑身的隶书碑文记载了东汉末年官员曹全远征西域及镇压黄巾起义的事迹，由于碑文和史书上的记载有诸多不同之处，可为正史勘误，所以史料价值非凡。明朝万历年间，曹全碑在陕西合阳出土，碑上的隶书文字极为优美，蚕头燕尾，古雅飘逸。这种字体在此后的几百年间极大地影响了中国书法界，被历代金石学家奉为圭臬，无数文人墨客都以拥有曹全碑的拓本为荣。但可惜的是：此碑在数百年的流传中不断受到破坏。向城里运送时，右下角的"因"字就不慎被磕掉；至万历末年，大风吹倒大树，此碑被生生砸成两段，目前存世的基本都是断裂之后的拓本。清朝之后，由于大量不间断地摹拓，碑体的破损也不断增加，直到1956年曹全碑被移入西安碑林保存，才真正结束了破坏和磨损。

曹全碑被摹拓太多，字形和原本已经有所差异，所以年代越早的摹拓版本价值越高。以前说的珍贵拓本，有"乾"字未损本或"悉"字未损本等，"因"字不损本是最珍贵的，因为它是刚出土还没搬进城里的时候拓的，被称为"城外本"或"初拓本"，上海博物馆的这本是唯一一件没有争议的。由于"因"字不损本价值太高，所以以前有很多假冒的伪作，但是不难分辨，因为真本上面的"因"字和所有伪作都不一样，"因"字里面不是一个大，而是一个土，这是作伪者们无论如何也想不到的。

除了艺术和收藏，江南地区在思想文化上也是名家辈出。此次特展上有几件与江南著名思想家相关的文物，首先就是明代蔡世新绘制的《王阳明肖像图轴》（图8.7）。

王阳明本名王守仁（1472—1529），浙江余姚人，明代著名的思想家、军事家，官至南京兵部尚书，创立"心学"，主张"致良知""知行合一"，是中国思想史上里程碑式的人物。王阳明在赣南时，召集画师为其画像，众画师都画正面像，难以表现王阳明两颧棱峭的特征，唯有弟子蔡世新画四分之三角度的侧面像，形神兼备，得到王阳明高度赞许。画面上题"后裔王寿祁敬藏"，可见是王氏后代的传家之宝。

图 8.7　明代　蔡世新
《王阳明肖像图轴》
上海博物馆藏

"春风千里"特展力图展现完整的江南文化，从古代一直讲到当代的艺术大师如吴湖帆、刘海粟等人。特展最后一部分阐述了 16 世纪以后，中国开始接触西方，江南地区的学者在其中起了什么样的推进作用。重要的文物包括明代晚期西学先驱徐光启的《农政全书札记册》、清代资本主义实业领袖张謇的《行书七言联》，还有民国文豪鲁迅的《录欧阳炯南乡子词轴》等作品，可以让观众回味前贤的风采。

　　上海是当代江南文化的核心，由上海博物馆来阐述江南文化的脉络，是再合适不过了。毕竟江南文化自古而来的一些特点，包括重视经济、崇尚文教、移民众多、市井繁盛等，用于形容今天的上海也很合适。上海博物馆是笔者一直喜爱的博物馆，这些年来的重量级特展远不止"春风千里"这一个，期待新的展馆开放后，能有更高水平的精神大餐。

山高水长——唐宋八大家主题文物展

2020—2021 年　辽宁省博物馆

2021年中国境内的文物展览里，笔者认为特别有价值的是辽宁省博物馆的"山高水长——唐宋八大家主题文物展"（展期：2020年12月2日至2021年3月28日）。这是一个纯粹的文化展，教育意义很强，内容也很丰富，共展出115件（套）书法、绘画、古籍、碑帖拓片、陶瓷等文物，其中有很多难得一见的精品，重要文物包括传为东晋的《曹娥诔辞卷》、北宋的欧阳修《谱图序稿并诗卷》、苏轼《洞庭中山二赋卷》、宋徽宗《瑞鹤图卷》等，精品众多。

这个展的主题是"唐宋八大家"，就是唐代的柳宗元、韩愈和宋代的欧阳修、苏洵、苏轼、苏辙、王安石、曾巩，共8位散文家。韩愈、柳宗元是唐代古文运动的领袖，欧阳修、"三苏"（苏轼、苏辙、苏洵）是宋代古文运动的核心人物，王安石、曾巩是临川文学的代表人物。这8个人非常高产，一共写了9000多首诗、12000多篇文章，人均2600多篇，在唐宋时期掀起了古文革新浪潮，让中国文学的陈旧面貌焕然一新。

这8个人不是一个时代的，北宋的"六家"比唐代的"两家"晚了200多年。他们之间的联系不是天然就有的，而是基于后世的文学评判。第一个把这8个人凑到一起的是明朝初年的朱右，他将8人的散文编成了《八先生文集》。明代中后期的学者茅坤精选了"八家"的文章，辑为164卷的《唐宋八大家文钞》，这本书影响深远，甚至成了科举考试的文章范本，"唐宋八大家"的称呼从此被固定下来。

本次展览分为"文垂千载""德行笃定""家国情怀"三个部分，每个部分又有很多单元，采用了多元叙事的手法，结合当时的时代文化背景，分别述说8位大家的人生历程，让参观者深入了解他们的生平和文学，也对唐宋文学和艺术的历史脉络进行了梳理和对比。一篇文章很难讲清楚多元叙事的展线，所以，这里主要来介绍一些核心展品。和"唐宋八大家"关系最直接的文物，是他们留下的书法真迹。除了柳宗元，其他大家的书法都有被认为是真迹的作品存世，这次特展上能看到三位大家的真迹（或被认为是其真迹），分别来自韩愈、欧阳修和苏轼，他们三人恰好也是"唐宋八大家"中最关键的人物。

韩愈是唐朝人，辽宁省博物馆藏的《曹娥诔辞》（图9.1）上面有其唯一一个传世题款。了解中国近代文物历史的都知道，末代皇帝溥仪曾经从故宫里盗出众多珍贵书画并拿到东北，抗战结束之后散落民间，很多被辽宁省博物馆给收藏了起来，《曹娥诔辞》就是其中的一件。这是一件绢本书法作品，内容是东汉时

图9.1 （传）东晋 《曹娥诔辞》 辽宁省博物馆藏
上方有韩愈题款

上虞令度尚为孝女曹娥所立的碑文，全篇用小楷书写，署款为"升平二年八月十五日记之"，意思是晋穆帝升平二年（358）抄写的，比公认的东晋唯一书法家名作——王珣的《伯远帖》，还要早几十年。

由于有升平二年的纪年，所以《曹娥诔辞》自南宋以来备受推崇，很多人认为这是书圣王羲之的小楷真迹，赵孟頫甚至说它是"正书第一"，赵孟頫是唐代以后书法登峰造极的人物，以他的书法段位，给予这种不留余地的评价，说明这件作品本身的艺术水平是毋庸置疑的。极高的历史价值和艺术水平，让《曹娥诔辞》成了绝世宝物，被宋高宗、元文宗、清高宗等精于艺术鉴赏的帝王所珍藏。宋高宗御笔《徽宗文集序》（日本文化厅藏）的字体有很明显的《曹娥诔辞》影响，说明他是认真临习过的。在清代的《石渠宝笈》中，乾隆定其为"上等天一"，还刻入《三希堂法帖》，常常临写。

然而到了近现代，书画鉴定大师们对这件作品的年代表示了质疑。首先是文章里出现"超梁越宋"这样的句子，梁和宋都属于南朝，东晋人不可能知道，所以一定是比梁更晚的时代写的。而且文章里把东汉大文学家蔡邕的名字写成蔡雍，这个写法是在避讳北周武帝宇文邕，隋唐沿用，所以也不会早于北周，很可能是隋唐时期写的。

作品的材料和风格，是判断年代最有力依据。从绢质来看，《曹娥诔辞》的时间不会晚于唐代。字体也是有时代风格的，有学者把《曹娥诔辞》和隋唐的小楷碑帖做了反复的对比，发现同初唐的《昭仁寺碑》及《李靖碑》最为契合。另外，文章里出现了一个预言，说的是公元683年将军王果的故事。古代的所谓预言，也就是等事情发生以后，冒充前人的口吻来说罢了，都是骗人的把戏，所以这件作品的书写年代不会早于683年。综合判断下来，《曹娥诔辞》应该是7世纪晚期初唐的书法高手所写，作者没署名，因为这是一件造假作品，冒充300多年前的东晋书法，上面还有南朝梁武帝时唐怀充、徐僧权、满骞等人的签名，也都是伪造的。

《曹娥诔辞》虽然是唐人伪作，留到现在也是无价之宝了。这件作品有三个珍贵之处，第一是唐初的小楷书法，第二是卷后南宋以来历代的收藏题记，第三个就和韩愈有关了，是唐人题写的观款。《曹娥诔辞》上有多处8、9世纪的唐人观款，其中还有大历三年（768）怀素题写的观款，有学者认为这是除上海博物馆《苦笋贴》之外唯一的怀素真迹，笔者觉得写得比较一般，可能是临的。还有一个唐元和元年（806）柳宗直的题记，他是柳宗元的堂弟，这也是和柳宗元关系最近的书法作品了。韩愈的题记写于元和四年（809），这是他仅存的墨迹孤本，是不是真迹，说实话无从考证，反正看书法水平算不上大书法家，但字体得张旭丰腴凝重之笔意，是典型的唐代文人笔墨。

特展上还有一件和韩愈文章相关的重要文物：宋刻《韩愈朱

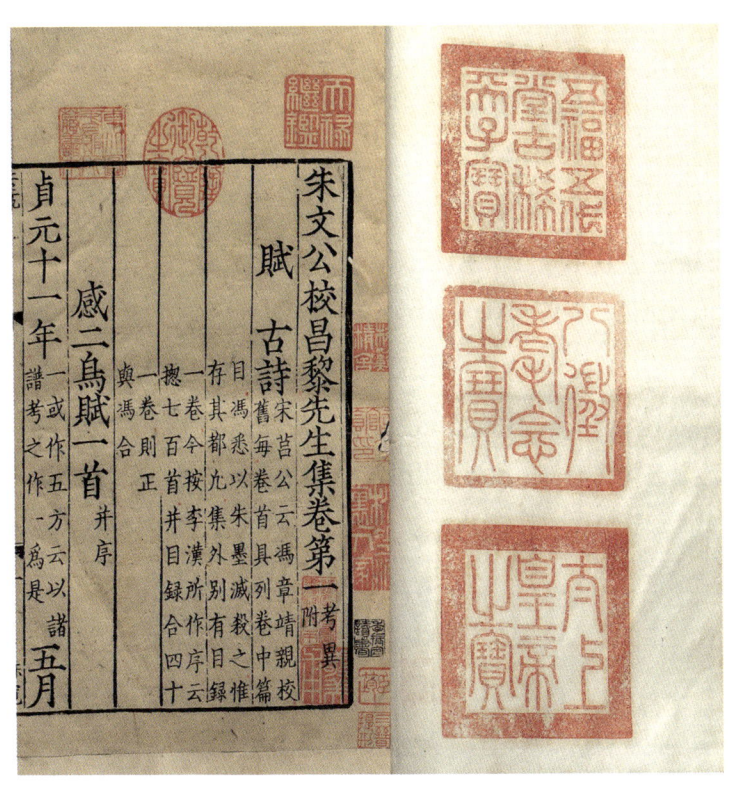

图9.2 南宋 《韩愈朱文公校昌黎先生集》临江军学刻本 辽宁省图书馆藏

文公校昌黎先生集》（图9.2），这是朱熹校对过的韩愈文集权威版本，南宋绍兴六年（1136）临江军学刻本，是明代文徵明的旧藏，清宫遗物，非常珍贵。韩愈影响最大的就是他的文章，号称"文起八代之衰"，因此，他是唐宋时期古文运动的开创者，"唐宋八大家"之首。

古文运动是唐宋时期复兴儒学的一场文化改革，其形式就是反对骈文，提倡古文。所谓"古文"，就是先秦到汉代的散文，特点是质朴自由，以散行单句为主，不受格式拘束，有利于反映现实生活、表达思想。所谓"骈文"，是指汉末魏晋以来讲究排偶、辞藻、音律、典故的文体，到南北朝之后极为盛行。这种文体辞藻非常华丽，但形式僵化、内容空虚，成了一种畸形文学。骈文不是没有好文章，像王勃的《滕王阁序》就是千古名作，但是所有文章不分内容场合几乎都成了骈文，这就很荒谬了，而且内容也都是风花雪月、无病呻吟，更别说出什么有思想的好文章了。所以，韩愈和柳宗元发起的古文运动，在中国文化史上意义重大，他们主张继承先秦两汉思想家的道统，反对徒有文采而内容荒谬的作品，让文章变得内容扎实、思想清晰，并留下了很多脍炙人口的名篇，像《师说》《小石潭记》等，到现在还是中学课本里的范文。

中唐的古文运动虽然成就巨大，但骈文依旧流行，尤其是到了五代宋初，浮靡华丽的文风再度泛滥，以至于人们说当时的文章"忘于教化之道，以妖艳为胜"。宋朝的古文复兴，要到欧阳修的倡导之后，才形成一场运动。

欧阳修是北宋著名的政治家、文学家、史学家、收藏家，也是"唐宋八大家"中宋代第一人。他从小就喜欢读韩愈的《昌黎先生集》，继承并发展了韩愈的古文理论，变革了宋代的文风，也为宋代的诗词发展奠定了基础。

这次特展上有一件欧阳修的真迹：行书《谱图序稿》并诗卷（图9.3），这是辽宁省博物馆宋代书法藏品中极为珍贵的作品，也是传世欧阳修墨迹中兼具文学性和书法特征的一件宝物。此件作品由欧阳修书《欧阳氏谱图序》稿、《夜宿中书东阁诗》和《北宋中书所录旨挥》三部分内容构成，三段内容左侧各有一段南宋周必大的题记。后面还有历代题跋，可知是欧阳家族的传家宝，到清代嘉庆年间流入内府。

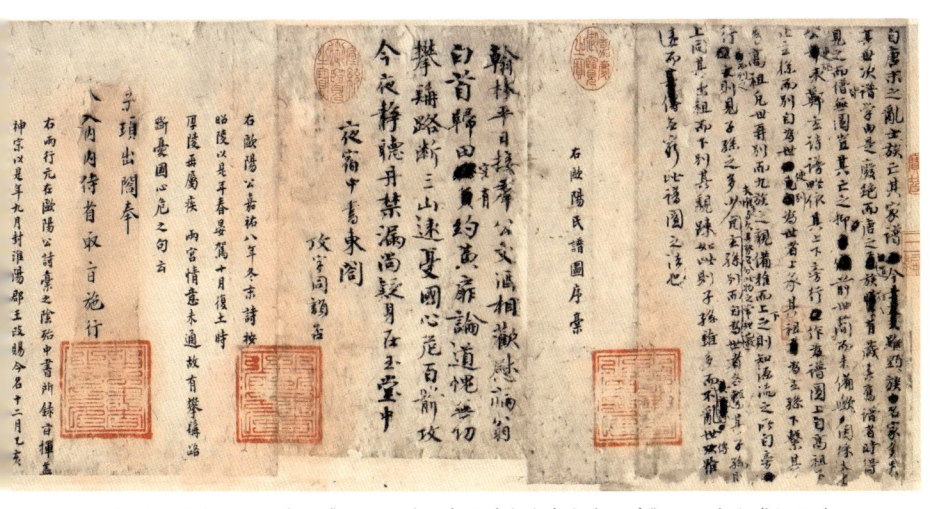

图9.3　北宋　欧阳修　《欧阳氏谱图序稿并夜宿中书东阁诗》　辽宁省博物馆藏

欧阳修一生主张整饬道德，维护纲常，推行儒家忠孝礼义之道，非常重视历史的阐述和宣传。他写了两部史书《新唐书》和《新五代史》，都是二十四史之一。在国史之外还要修家史，皇祐四年（1052）三月，欧阳修母亲郑氏病故，他护送母亲归葬家乡，顺便遍访族人，寻找旧家谱，重建了《欧阳氏谱图》。欧阳修在"五世则迁"的基础上，用两个"五世"为一谱图，以第五世玄孙为第六世高祖，编成实际为九世的家谱图，开创了私修家谱新范例，影响直至明清。1059年族谱编成，欧阳修写下了《欧阳氏谱图序》，阐述修谱的因由和原则，本次展出的作品是谱图序的手书草稿，书法有颜真卿的影响，流畅自如，既是文学作品，也是书法记录，践行了欧阳修"学书勿浪书，事有可记者，它时便为故事"的书法理论思想。

"唐宋八大家"特展上最后一个展出真迹的大家是苏轼。此人是千古文豪，宋代文坛毫无争议的第一才子，一生留下350万字的文章，其中有很多脍炙人口的名篇。苏轼是欧阳修之后古文运动的领袖和集大成者，他的作品数量多、质量高，受到天下士子们的仿效，再加上其他几位"大家"的作品影响，终于让古文运动获得成功。散文从此以平易自然、生动活泼、长于说理的风格而盛行于世。

苏轼文章虽多，但是传世的真迹总共只有43件左右，绝大部分是和朋友们往来的书信，正经的书法作品极为罕见。"唐宋八大家"特展上拿出来的不但是特意挥毫的书法作品，而且是中国大陆最重要的一件苏轼真迹：吉林省博物院的镇馆之宝《洞庭

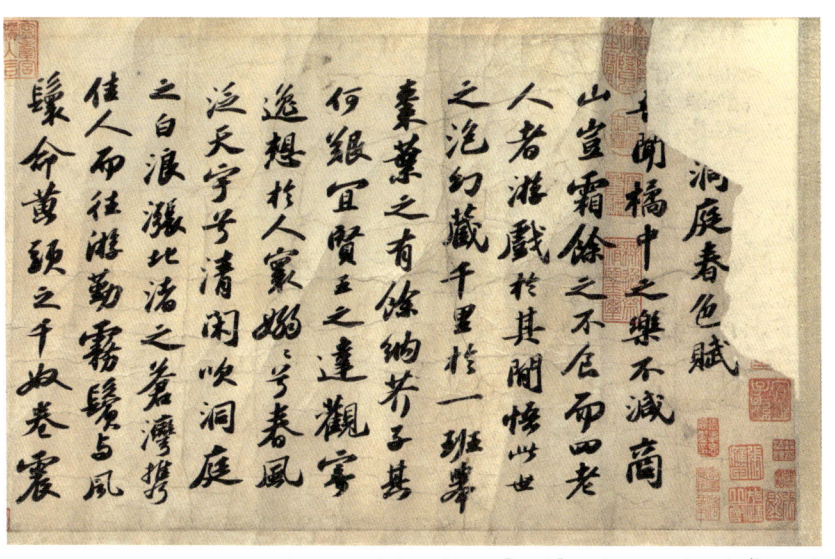

图 9.4-1　北宋　苏轼　《二赋》局部之一　吉林省博物院藏

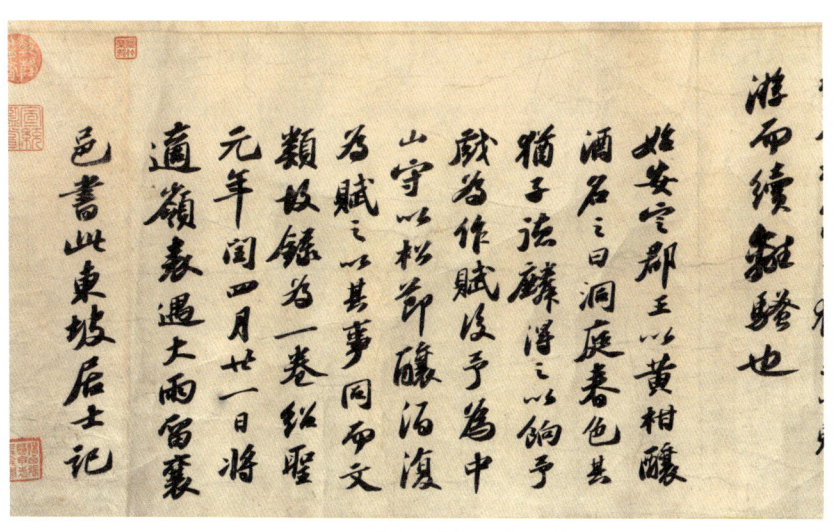

图 9.4-2　北宋　苏轼　《二赋》局部之二　吉林省博物院藏

春色赋·中山松醪赋》（下简称《二赋》）（图9.4）。赋是一种古代的文体，讲究文采韵律，兼具诗歌和散文的性质。苏轼一生留下了25篇赋，《洞庭春色赋》和《中山松醪赋》是其中的代表作。《二赋》书写于绍圣元年（1094），是苏轼晚年的书法力作，全篇680余字，也是苏轼存世书法中字数最多的一件。

"洞庭春色"并不是在说湖南的洞庭湖，它和"中山松醪"一样，都是酒的名字。苏东坡爱喝酒，不过酒量很差，说自己看到酒盏就醉了，天下再也找不到比自己更不能喝酒的人了。从生理上说，中国人普遍不适于喝酒，有一半左右的人都有ALDH2基因缺陷，这导致肝脏不能合成2型乙醛脱氢酶，以至于当酒精的乙醇被氧化成乙醛后，难以继续代谢成二氧化碳，只能积累成毒素去迫害各个脏器。然而从文化上说，农耕文明都会早早地发展出饮酒习俗，因为醉酒能放松和愉悦情绪，利于群体和睦，减少人群间的矛盾，这对大规模集体生活的农耕社会很有价值。据宋史专家李华瑞考证，北宋时期开封城一年要酿酒418万斗，装到现代的矿泉水瓶里能装8360万瓶，消费量也是很惊人了。

由于不太能喝却又需要喝，所以中国古代发展出来的酒文化不是以拼酒为主，而是更注重风雅。古人在酒会上曲水流觞、吟风弄月，讲究的都是趣味性。除米酒之外，喝的酒很多是甜甜的果酒和黄酒之类，跟饮料差不多，酒精度数很低，不容易醉也不难受，所以才有人能千杯不倒，苏东坡自称能喝半升，大概就是两杯啤酒的量。"洞庭春色"就是黄柑酿的果酒，被苏东坡誉为"大宋三绝"。古时酒馆里还会开发各种小菜，中国各地很多的名菜小吃，最早都是下酒菜。

古人喝酒和现代人有比较明显的差异，一个原因在于现在的"酒桌文化"是受苏联影响而形成的。在20世纪50年代以前，全国高酒精度的白酒产量只有10万吨，主要以散装方式小范围销售，大多数中国人根本就没接触过白酒。苏联专家帮助研发了液态发酵法，中国白酒产量猛增。"灌酒"风气也流行开来，在酒桌上大行其道。

苏东坡喝酒，不光是为了激发灵感和享受人生，也会借酒来抒发不得志的心情。苏东坡赶上了王安石变法，当时支持变法和反对变法的两派斗争很激烈，而苏东坡表现得像个现代知识分子，看待事物一分为二，说新法有好的地方，也有不好的地方，结果把两边都得罪了。所以他经常会被贬官，被发配到外地去受苦。人生的痛苦，会激发人的思考和表达欲。苏东坡在被贬斥的过程中，写下了很多千古名篇，如《念奴娇·赤壁怀古》，还有《前后赤壁赋》。吉林省博物院的《二赋》也是他在被贬岭南的途中挥毫写下的。

为什么在被贬的路上会写关于酒的文章呢？因为作者要以酒为题，诉说自己的怀才不遇。中山松醪是一种用松枝酿的酒，苏东坡说：美好的松枝，往往会被砍下来做成火把，和普通的蒿草差不多。而幸运的松枝免于被焚烧的命运，酿成了绝世美酒，喝了就让人免除世界上的一切痛苦，作者喝了之后，感觉自己能乘坐麒麟云游四海，甚至可以和古代的风流名士一起游玩。这是苏东坡用松枝在比喻自己，明明可以酿成美酒，为社会作出贡献，却只能当作普通的柴火烧掉，实在是暴殄天物。不过是金子总会发光。虽然苏轼生前并不十分得志，但是在北宋灭亡以后，他成了中国的文化象征，历代高度推崇，终于把被焚烧的松枝变成了绝世佳酿中山松醪。

吉林省博物院藏的《二赋》是苏东坡最重要的书法作品之一，两篇赋写在3米多长的卷轴上，精彩非凡。后面的题跋证明了它历代传承有序，到清代进了内府。清朝灭亡以后，逊帝溥仪将大量珍贵书画盗运出宫，后来都运到了吉林长春的伪满洲国皇宫的小白楼里，其中就有苏东坡的《二赋》。1945年8月，日本宣布战败投降的前夕，溥仪跟随关东军离开长春，企图出逃日本。小白楼里的众多书画被弃之不顾。当时很多人都知道这个楼里满是宝贝，等日本人和溥仪都跑了，各种散兵土匪就过来盗宝了，他们知道的宝贝就是黄金白银，哪里见过什么古代字画？一开始还以为上了当，到后来觉得这些东西也没准能卖钱，于是一阵乱抢，甚至很多珍贵的古董字画在现场就被扯了个稀烂，大量国宝从此散落民间，有些再也没能流传下来。

《二赋》在1945年落入了一个叫刘忠汉伪满军官手里，是他在混乱之中抢到的，卷轴前面乾隆皇帝的题字已经被扯掉了。到了20世纪80年代，刘忠汉的儿子刘刚成了吉林市五中历史教师，他请人鉴定了《二赋》，确认是真迹，于是决定把这件国之重宝献给国家。这也是80年代中国收藏界的一件大事，因为学术界都以为这件宝物毁于战乱，居然能重见天日，真是太难得了。而且，这还解决了一个鉴定上的疑案，因为《二赋》用的是上好的白麻纸，非常光洁，加上墨好，写出来的字体边缘十分锐利，鉴定大师徐邦达看了民国时期的珂罗版印本，认为一定是双钩的摹拓本，后来去看了原作，才知道不是双钩而是上好的真迹。苏轼的双钩摹拓本传世也有不少，"唐宋八大家"特展上还有旅顺博物馆的苏轼《阳羡帖》，应该就是明代的双钩本。

"唐宋八大家"的收尾，是苏轼的弟弟苏辙，特展上没有苏辙的真迹，只展示了台北故宫博物院的名作，相传为怀素作的《自叙帖》的题跋图像。可以看出苏辙的书法和苏轼很像，都是卧笔铺毫，点画丰腴，纵向收缩而横撇舒展，就是比苏轼的字更扁一点，笔力稍逊一筹。苏辙去世于1112年，这一年，"唐宋八大家"退出了历史舞台，成了历史的一部分。

辽宁省博物馆的镇馆之宝，宋徽宗的《瑞鹤图》恰好也绘制于1112年，所以也成了特展上的重头戏（图9.5），用于展示"唐宋八大家"离世时中国文化的底色。

《瑞鹤图》是宋徽宗赵佶的书画合璧作品，左边是宋徽宗的御书文章，右边是画。宋徽宗自创瘦金体楷书，字体很瘦，但是骨架很硬朗，中间紧，往外舒张，看着很优雅。文章介绍了一个故事，说在公元1112年农历正月十六的晚上，开封皇宫的端门上出了一桩神奇的事情。当时天上有祥云，然后飞来很多仙鹤，在端门上飞舞，屋顶装饰的鸱尾上还站了两只，老百姓看了都觉得神奇，说这肯定是上天降下的祥瑞，于是用绘画记录下来。再看这幅画，完全就是文章里记录的样子，仙鹤灵动可爱，宫殿屋顶很清晰，是中国建筑史上的重要资料，最罕见的是整幅画的背

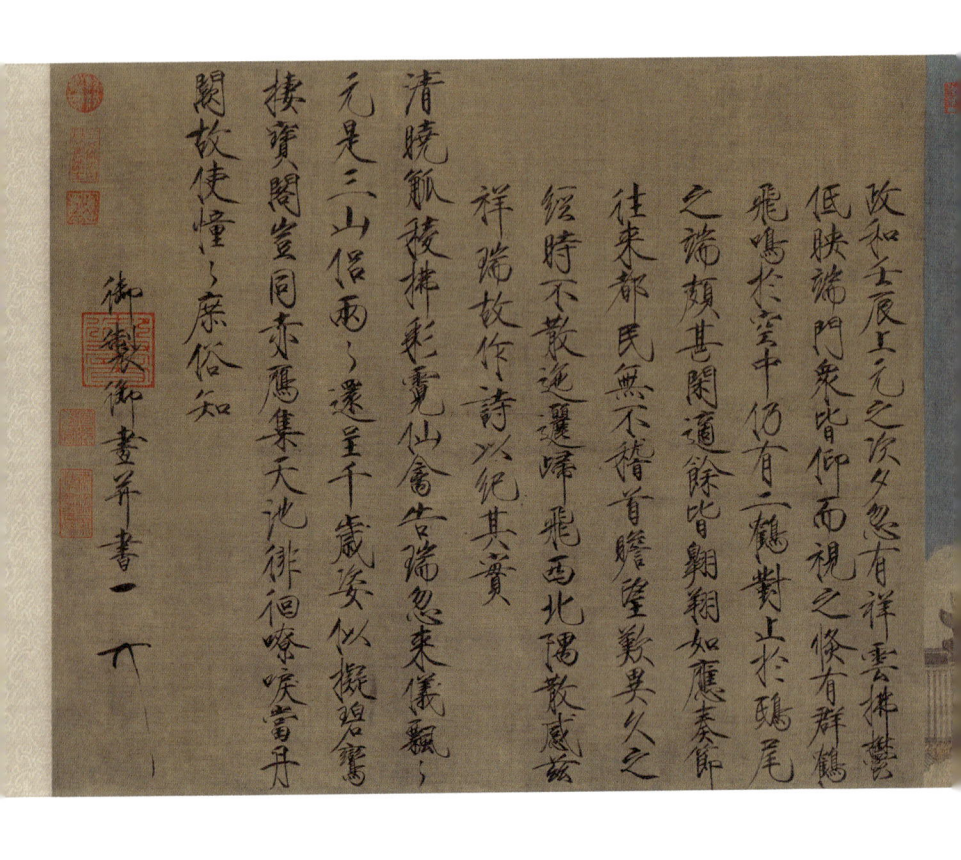

景用石青涂成发暗的蓝色，用于表现夜空，这在中国艺术史上都是一大创举。

唐宋时期，由于经济的极大发展，文化艺术也欣欣向荣，华丽但缺乏灵魂的文体逐渐不能满足文人表达自我思想的需求，于是"唐宋八大家"应运而生，塑造了一座中国古代文学史上的高峰。他们掀起的古文运动，兼有文学革新和思想启蒙的双重意义，相比于文学上的进步，更重要的在于他们的思想已经成为了中国

图9.5 北宋 宋徽宗 《瑞鹤图》 辽宁省博物馆藏

文化重要的组成部分。辽宁省博物馆的"山高水长——唐宋八大家主题文物展",带我们回顾了八大家学术成就,以及唐宋时期文化艺术环境,对于文化主题展览而言,不失为一次成功的尝试。

台北故宫90周年大庆特展

2015年 台北故宫博物院

2015年是故宫博物院建院90周年,两岸故宫都举办了规模盛大的特展。北京故宫博物院(以下简称北京故宫)举办了《石渠宝笈》特展,展出了《清明上河图》及《伯远帖》等重量级展品。在中国台湾的台北故宫博物院(以下简称台北故宫),举办了三场高等级的特展,这也是笔者第一次去追台湾地区的特展,接下来我们就来看看台北故宫身世和2015年的三次庆典特展。

台北故宫和所谓的镇馆三宝

台北故宫和北京故宫系出同源,1924年,末代皇帝溥仪被冯玉祥派兵驱逐出宫,明清两朝的宫殿和皇室收藏尽归国家所有。1925年10月10日,故宫博物院正式开门迎客,北京城连续几天万人空巷,人人都想看看深宫禁苑和历朝珍藏。当时谁也没想到,仅仅数年之后,故宫就迎来了历史上最大的一次动荡:日军入侵华北。为了守护国宝，国民政府下令南迁文物，从1934年1月31日开始，分五批将19557箱文物从北平迁往南京，后又转至西南大后方妥为安置。1945年日本投降，这些文物都被运回了南京，然而很快又赶上了国共内战。1948年淮海战役之后，国民党形势危急，仓促之间挑选精品文物共3824箱，分三批运抵台湾。迁台文物的数量虽然不多，但是品质一流，堪称清代民国两朝收藏之精粹。

迁台文物开始并没有一个固定的馆舍，因为当时的台湾当局还幻想着反攻，于是文物被暂栖于台中雾峰乡的库房之中。到了20世纪60年代，台湾当局开始逐渐明白，反攻大陆是不可能了，故宫文物总是放在台中的库房里也不是个长久之计，于是在台北外双溪兴建了博物馆，用于展示文物，这便是今天人们熟知的台北故宫。

有一种说法认为，北京故宫的宝贝都被运到了台北，只剩下了一个空壳子。这是个错误的观念，因为以馆藏文物数量而言，北京故宫有100多万件，远多于台北故宫的70万件。不过以国宝级文物的数量和质量而言，两岸故宫的水平似乎在伯仲之间。台北故宫的顶级国宝大多集中于书画领域，但顶级书画很少展出，所以普通观众确实对台北故宫的认识颇有偏差，大家把翠玉白菜和肉形石这种东西当成国宝，排大长队参观。

民间流传台北故宫有"镇馆三宝"，分别是毛公鼎、肉形石和翠玉白菜。这是一个典型的以讹传讹，因为要论台北故宫的镇馆之宝，毛公鼎倒是可以入选，但是往下再数300件，也轮不到翠玉白菜和肉形石。翠玉白菜是清朝晚期的工艺品，尺寸很小，长度只有18.7厘米，是颗"小白菜"。材料用的是云南缅甸一带的翡翠，色泽青白，寓意"清清白白"，菜上有螽斯、蝗虫两只虫子，寓意多子多孙。这本是个插件，白菜帮子插在一个木托上，相传是光绪帝瑾妃的陪嫁。清宫里珍玩无数，以前从没人关注过这颗白菜，在运送到台北的过程中还把一条虫子腿给磕坏了，品相也说不上完整。然而它在台北故宫展出之后，声名鹊起，因为它和真白菜的相似度太高了。清代有很多类似的珍玩，好比说河南博物院有象牙萝卜和象牙白菜，北京故宫有瓷器螃蟹，都和真的一样，然而台湾人没见过类似的东西，便以为翠玉白菜是天下无双的珍宝。至于肉形石就更不值一提了，它仅有5.7厘米高，只是一个带有成层色条的类玉石而已，工匠在顶上染色打孔，造成类似红烧肉的视觉效果。国宝的一个关键要素在于稀罕，翠玉白菜和肉形石都没有什么唯一性，特别是肉形石，基本上要多少就能做出多少，如果在博物馆展厅里摆上几千个大大小小的肉形石，恐怕没几个观众还会认为那是宝贝。

　　翠玉白菜和肉形石的成功，基本上靠的就是"少见多怪"四个字。台湾的地陪导游基本上都不是什么专业人士，虽说不上信口开河，但也相差不远了。他们说翠玉白菜和肉形石有多么好，恰好符合了中国人爱吃的心理，于是总是吸引大批人群观看。台北故宫管理方面担心人多拥挤出事，就把翠玉白菜和肉形石专门陈列，方便大批观众排队观看，结果让观众们以为这果然是难得一见的国宝，其实根本不是。倒是旁边的餐馆，趁机推出翠玉白菜和肉形石这两道菜，赚得盆满钵满。

毛公鼎是货真价实的极品，和翡翠白菜、肉形石并列齐名很是委屈。毛公鼎是中国古代铭文最长的青铜器，上面有499个字，在西周时代算是超长篇的文章了。以前的青铜器都是论字卖价，一个字多少两银子，字多了单算，像毛公鼎这样的就是无价之宝了。鼎在中国传统的认知里是地位最崇高的宝物，把宝鼎作为博物馆的镇馆之宝是再合适不过了。当年蒋介石曾经想把商代最大的后母戊鼎（也称司母戊鼎）运到台湾，但实在是太沉了，会压坏甲板，根本无法装船，而毛公鼎只有34.5千克，于是就被拿走了。

2015年是故宫博物院建院90周年，台北故宫当然要拿出真正的宝贝作为献礼特展。中国台湾的顶级文物分为国宝和重要古物两类，台北故宫还有70件限制展出的国宝级书画，属于格外珍贵的文物。台北故宫真正的镇馆三宝都是限展的北宋的山水画，它们分别是范宽《溪山行旅图》、郭熙《早春图》、李唐《松风万壑图》，这三幅作品珍贵脆弱，绝少展出。这次院庆特展上请出的，就是台北故宫真正的天字第一号国宝，中国山水画的扛鼎之作——北宋范宽的《溪山行旅图》。2015年7月1日到2015年9月29日，台北故宫推出大型特展"典范与流传，范宽及其传派"，展出了《溪山行旅图》和范宽传派的众多精品，那接下来我们就来看一看范宽和他的《溪山行旅图》。

典范与流传，范宽的《溪山行旅图》

距今约 300 年前，乾隆皇帝收到了两幅进献的古画。这两幅画题材一样，都是山川行旅；作者一样，都号称是北宋山水画大宗师范宽的真迹；甚至连画面也一模一样：一座气势雄浑的大山居中而立，一道瀑布飞流直下，一支驴队穿行在山林之间，远山近水扑面而来，不愧是名家手笔。唯一略有不同的，是笔法风格，一幅略显古朴，一幅略显清丽。这两幅画明显不是同一个人画的，那究竟谁真谁假呢？乾隆皇帝大笔一挥，把笔法清丽的那幅定为真迹神品，在画面上各种盖印题诗，留下"乾隆到此一游"的痕迹。另一幅虽然有明代董其昌的亲笔题字，但既然是"假货"，就只能被列为"次等"，放入库房，从此无人问津。

各种清宫剧里经常会说乾隆对古董不懂装懂，总爱拿赝品当宝贝，这多少有一点历史依据。时至今日，那幅乾隆钦定的真迹被发现是清朝初年仿造的赝品，而另一幅所谓的假货，则是货真价实的北宋范宽《溪山行旅图》。其实乾隆分辨不出真假，并不能直接归咎于水平不够，乾隆皇帝是清代最精于鉴赏的专家了，只是几百年前缺乏一个科学系统的文物鉴别方法，正是因为没有科学的方法，所以判断往往只能跟着感觉走。由于鉴定困难，中国的书画自古以来就是假货泛滥的重灾区，历朝名家带头伪造，其他人就更不用说了。乾隆收藏的东晋王献之《中秋帖》是北宋米芾的伪作，明代的沈周上午画一幅画，下午市面上就能出现仿品，现在两岸故宫博物院收藏的宋元高古画，10 幅能有八九幅都是后代的仿品，宋代——尤其是北宋的名家真迹，真是少之又少。范宽是山水画的一代宗师，北宋时评就说他"本朝自无人出其右"，后世历朝模仿范宽者更是不计其数。而且中国有个传统，就是大量无名氏的画作到了后代都会被奉为名家作品，这个风气早在隋唐就已有之，到了宋代有个谚语，说"牛即戴嵩、马即韩干"，意思是说只要是古代的牛马画，一定号称是宗师的作品。这种"大胆命名"的传统让台北故宫有了12幅范宽的作品，风格笔法各自不同，明显不是同一个人画的。要是再算上大陆的收藏，范宽名下至少有几十幅作品，这些作品里颇有一些经典之作，好比说天津博物院藏《雪景寒林图》，台北故宫藏《临流独坐图》和《秋林飞瀑图》等，都是国宝级的宋画精品，但这些都只是范宽的传派作品，范宽亲笔的真迹，只有《溪山行旅图》一幅（图10.1）。

近代第一个意识到《溪山行旅图》价值的是画家徐悲鸿，他直接把《溪山行旅图》认定为故宫第一国宝，说此图"大气磅礴、沉雄高古"，是"吾所最倾倒者"。徐悲鸿是中国近代美术史上的第一人，他从艺术的角度发现了这幅画的不同寻常之处。除了明代董其昌之外，当代学者中第一个确认《溪山行旅图》出自范宽之手的人，是台北故宫前副院长李霖灿，他是李苦禅的入室弟子，精通国画之道，尤其喜欢临摹《溪山行旅图》，他把画面分成无数小格，细细研究画家的笔法。1958年的8月5日，他无意间发现了作者的签名，从而证明了这幅画确实是北宋巨匠的作品。他在回忆录中这样写道："忽然一道光线射过来，在那一群

图 10.1 北宋 范宽
《溪山行旅图》
台北故宫博物院藏

行旅人物之后,夹在树木之间,范宽二字名款赫然呈现。"在画中隐藏小字签名,是北宋画家的惯例。崔白的《双喜图》、郭熙的《早春图》、李唐的《松风万壑图》等名作上都有小字签名,只是像范宽这么难找的签名还真不多见,至于那幅乾隆以为是真品的伪作,当然是不会有签名的。

在此之后,《溪山行旅图》就成了台北故宫当之无愧的镇馆之宝,影响了一代又一代喜爱古典艺术的中国人,哪怕一本再简单的中国艺术史也不敢把它给落下。1962年,《溪山行旅图》和其他台北故宫文物去美国巡展,让美国人意识到中国才是亚洲艺术的正统,并从此开始认真研究中国艺术。加州大学的高居翰(James Cahill)教授称赞《溪山行旅图》是"最伟大的不朽名著",耶鲁大学的班宗华(Richard Barnhart)教授则说:"1962年第一次看到范宽的《溪山行旅图》……改变了我的人生。"

《溪山行旅图》为什么会让这些名家如此倾倒呢?这是有其原因的。在中国的绘画史上,五代是一个开创性的时代,天下大乱破坏了社会生产,也破坏了原有的规则,让艺术家得到了自由发挥的空间。这个时期的山水画一下子突飞猛进,出现了荆浩、关仝、董源、巨然、李成等众多名家,他们发展并完善了对山石的皴法,让山水画的技法成熟起来。

范宽(约950—1031),字中立,陕西铜川人。年轻的时候学习前辈李成的画法,待技法成熟之后悟得一理:"与其师于人者,未若师诸造化。"与其向别人学习,不如直接向大自然学习,因为山水画真正的老师,其实就是山水本身。于是他入山隐居,终年行走于终南、太华众山之间，日夜写生，对景造意，终于得山之骨法，建立起一己之风格。然而范宽觉得这还不够，还需要百尺竿头再进一步。他提出一个观念"与其师于物者，未若师诸心"，就是说画家最高的目的并不是客观的写生，而是跟随自己的心去画，画出自己的内心世界，这才是最高的境界。我们评价艺术，就看它创造的非约定的符号，是否恰当地表达了艺术家想表达的东西。范宽作为一代宗师，思想触及了艺术的本质，他最关注的就是内心的表达是否真切感人，作品的艺术性自然会卓尔不凡，让后世的名家学者们都为之倾倒。

《溪山行旅图》是双拼绢本，画心高 2.06 米、宽 1.03 米，水墨淡彩，由于年深日久，色彩已经看不太清了，但是画面的气势丝毫不减。北宋刘道醇在《圣朝名画评》中曾经这样评价："李成笔迹，近视如千里之远。范宽之笔，远望不离座外。"这幅《溪山行旅图》给人的就是这种感觉。笔者在台北故宫二楼回廊里看到了它，只见画面上一座大山巍峨矗立，浑然壮观，有一种压顶逼人之感。再看山川笔墨，雄健强硬，细部则以短而有力的笔触塑造出岩石的形貌质感。元人汤垕说范宽得山之骨法，照耀古今，果不其然。

仔细看《溪山行旅图》的画面，会发现有三层布景。近景为俯视，底部是几块巨石，厚重的质感给画面以基础，不至于头重脚轻。越过巨石是一大片中景，这是远远的平视，我们能看到右下角是一队旅人，有脚夫和驮驴，前方是一个水口，上面的山路有个行脚僧，他可能要去画面右侧隐于林后的寺庙。《溪山行旅图》的名称，就来自这个中景。中景之上是一大团雾气，后面就是仰视的远景。只见一座主峰如巨碑耸立，占了画面足足三分之二。右侧山坳处一道飞瀑倾泻直下，激起的水雾隔绝了中景和远景，气势恢宏磅礴。

这种远中近三景有三个视角的画法，是中国传统山水画的散点透视，西方喜欢用一个视角去看，于是有了焦点透视。所以西方绘画更真实，而中国山水则会让观者体会不同的角度，从而让画面更加鲜活灵动。而且范宽的水雾分割线，恰好是画面的黄金比例分割之处，这种超越时代的设计提高了画面的艺术效果。

《溪山行旅图》画的是哪里呢？经过比对可知，应该是范宽故里的陕西铜川照金山，图画的原型就是照金山的丹霞地貌。但正如董其昌所说：以笔墨之精妙论，则山水决不如画。照金山虽然也十分雄险，但无论从哪个角度拍照，绝对照不出画上的雄强壮美之感。恰如范宽所言"与其师于物者，未若师诸心"，客观的山水已经无法展现作者心中的意境，所以他要画超越现实的作品。范宽没见过委内瑞拉的安赫尔瀑布，也没见过美国优胜美地的巨壁山川，但是他从心而发，让北宋开创时期的那种王道崛起的风姿，不需要真山真水的背书，依然可以跃然眼前。

范宽的艺术境界，影响了中国画坛 1000 年。所谓文以载道，艺术本来就是需要用来承载精神世界的。山水的技法固然重要，但更重要的是要表现什么样的情感，范宽之后的山水名家都意识到了一点：北宋百年无事，国家富足，所以郭熙画出了雍容，王希孟画出了仙境；而到了南宋，只剩下江南风光，于是李唐画出了婉约，夏圭画出了清远，再不见北宋的雄壮；等到了元朝，道家的文人山水兴盛，于是黄公望画出了生机，倪瓒画出了清静。画中的景物是不是真山真水不再重要，山水要表达的，始终是画者的道心。

笔者曾在一些饭店的大堂里，看过几米甚至十几米的巨幅山水，然而尺寸再高的山水，也画不出作者心间的气势与决然，美好的装饰品不等于艺术性突出。范宽的山水是艺术的高峰，那种莫名的雄壮，既独立于前朝，又不合流于后世，仿佛在述说着一个独一无二的时代，也感动着每一个观摩和研究的人。高居翰曾说："《溪山行旅图》既不忠实地反映物质世界，也不以人的了解来统治宇宙，而是具有自身绝对的存在。"这话很有道理，它就是一代宗师留下的高山仰止。

天保九如特展和苏轼《寒食帖》

《诗经·小雅·天保》里有这么一段话："天保定尔，以莫不兴。如山如阜，如冈如陵，如川之方至，以莫不增。……如月之恒，如日之升，如南山之寿，不骞不崩，如松柏之茂，无不尔或承。"这段话用了9个"如"字，意思是上天保佑你福寿绵长，所以人们称之为"天保九如"。由于用意十分吉祥，自古以来人们就喜欢用这段话来赞美老寿星，所谓寿比南山，就是出自这里。如果老寿星恰逢90高龄，那这段话更是再合适不过了。

台北故宫院庆90周年的主打特展，就叫"天保九如——

九十年来新增文物选萃",把建院90年来受捐或购买的新入藏品做了一次系统性的展示,展期为2015年10月6日至2016年1月6日。同时还有一个书画展"神笔丹青——郎世宁来华300年特展",展期为2015年10月6日至2016年1月4日。

在两个特展开展的前一天,笔者参加了台北故宫举办的庆祝活动,北京故宫也专门派了一个副院长致辞。台北故宫很多老馆长都去了,还请了台北的京剧团唱连台大戏,似乎是想重新回味一下老北京的气氛。

"天保九如"特展的主题是故宫博物院90年来新入藏的文物,这就包括1949年以前的一些考古成果,如李济先生在山西夏县西阴村发掘的新石器时代仰韶文化的蚕茧,还有日本战败后被收缴并归还中国的部分文物等。最主要的还是捐赠和购置的文物,其中有一件绝世宝物,那就是台北故宫限展文物,人称"天下第三行书"的北宋苏轼《黄州寒食诗帖》(图10.2)(注:"天下第一行书"是东晋王羲之的《兰亭集序》;"天下第二行书"是唐代颜真卿的《祭侄文稿》)。接下来,我们看看这件宝物的来历。

先说一下"黄州寒食"是什么意思。黄州就是今天湖北的黄冈,寒食是一个古代的节日,是冬至之后的第105天,也叫百五节。这个节是春天过的,离清明很近,过节时禁烟火,只吃冷食,并要去祭扫踏青。相传,此俗源于纪念春秋时"介子推绵山焚身"的故事,专门用来祭奠对逝者的哀思,后来由于和清明节离得太近,干脆就与清明节一起过了。

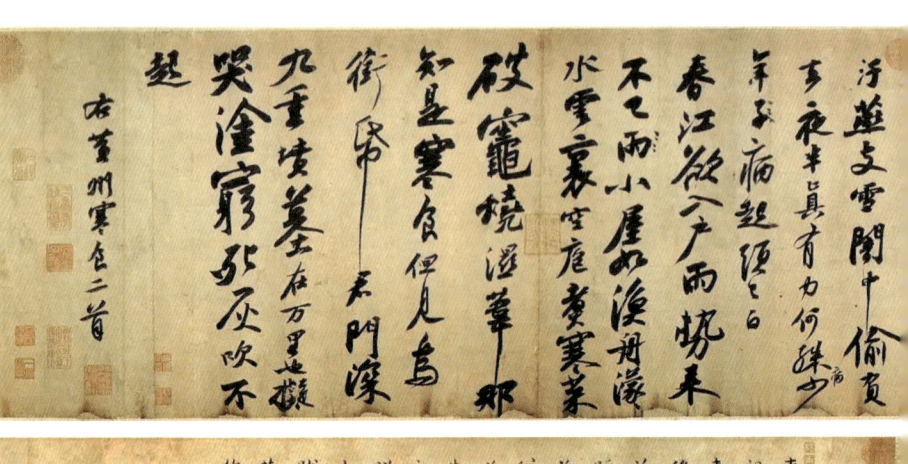

自我來黃州　已過三寒食　年年欲惜春　春去不容惜　今年又苦雨　兩月秋蕭瑟　臥聞海棠花　泥污燕支雪　闇中偷負去　夜半真有力　何殊病少年　病起頭已白

春江欲入戶　雨勢來不已　小屋如漁舟　濛濛水雲裏　空庖煮寒菜　破灶燒濕葦　那知是寒食　但見烏銜紙　君門深九重　墳墓在萬里　也擬哭塗窮　死灰吹不起

右黃州寒食二首

東坡老仙三詩　先世舊所藏　伯祖永安大夫嘗謁山谷於眉之青神　有攜行書帖山谷皆跋其後　山詩其一也　老仙文高筆妙　粲若霄漢雲霞之麗　山谷又發揚蹈厲之　可為絕代之珍矣　昔曾大父禮院官中秘書　與李常公擇為僚　山谷之母夫人公擇女弟也　山谷與永安帖自言　尝與公擇試院於　先禮院所藏　永安遊好有　先禮院所藏　昭陵御飛白記及曾祖盧山府君志名皆列山跋尤恢奇周詳　跋卷後不畫見此跋永安為河南屬邑　菩卷俊　伯祖嘗為之筆云

三晉張縯季長甫　懿文堂書

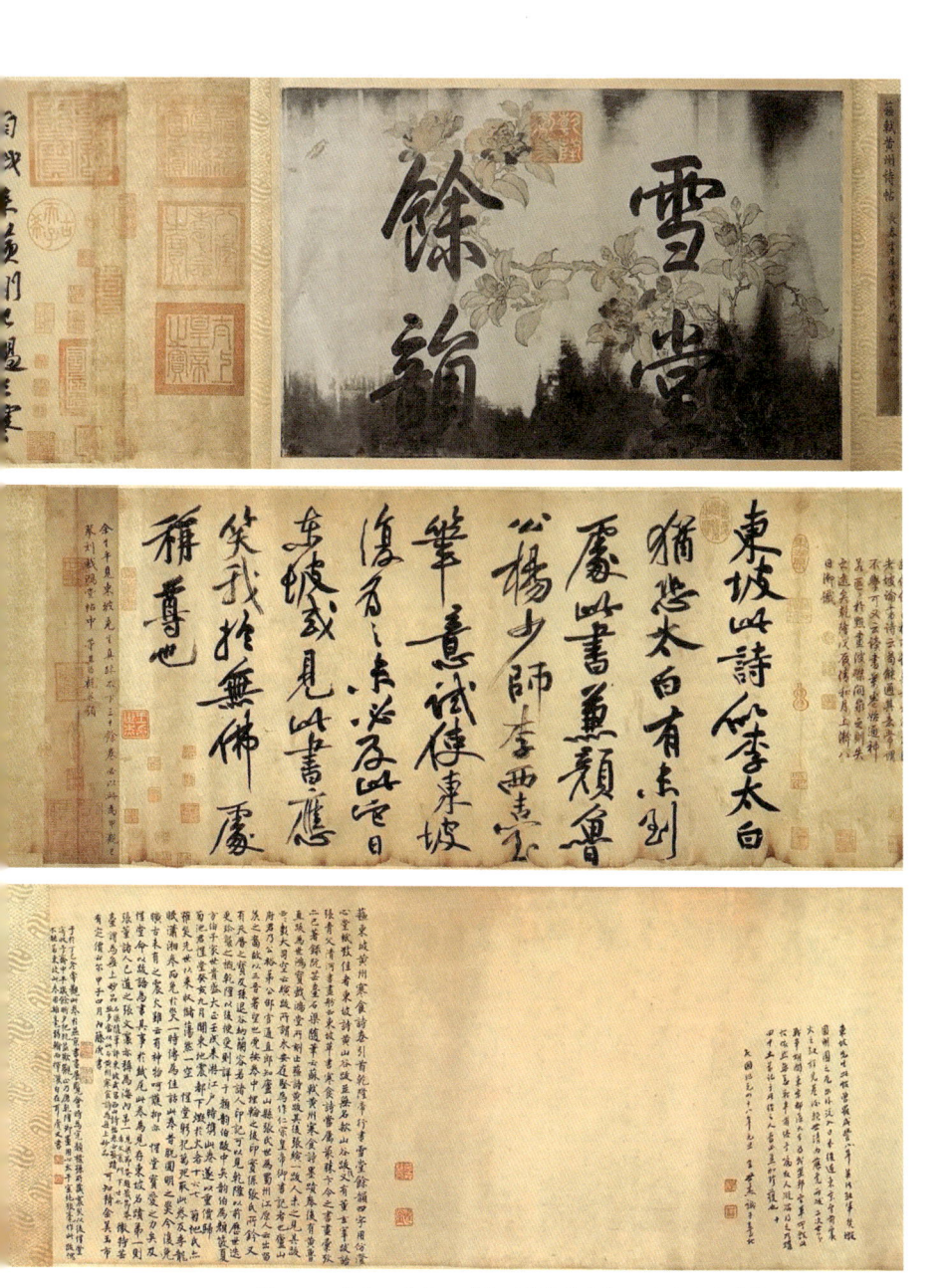

图 10.2　北宋　苏轼　《黄州寒食诗帖》　台北故宫博物院藏

苏轼写这个诗卷的背景，是他被政敌攻击文章中的词句，身陷囹圄，要不是宋太祖定下不杀士大夫的祖训，几乎就要被砍头了。此事叫"乌台诗案"，是北宋最著名的文字狱，苏轼甚至在狱中给弟弟写好了绝命诗。1080年出狱后，苏轼以戴罪之身赴黄州任团练副使（相当于民间自卫队的副队长），路上一度想要自杀，此后连续数年郁郁不得志，生活上穷困潦倒，多亏旧友帮他弄到了黄州东坡上的一块废地耕种，才勉强度日。苏轼从此自称东坡居士，还在荒地里盖了一间草房，在墙壁上画上雪景，名之曰"东坡雪堂"。苏东坡本是个乐观的人，才高八斗，放荡不羁，志在云游；上过京师朝堂，游过名山大川。然而登得越高，摔得越惨，来到黄州是他人生的低谷。不仅权势财富尽失，甚至连一日三餐都成了问题，根本看不到人生有任何希望。于是在来到黄州的第三个寒食节的时候，他写了两首名传千载的作品：《黄州寒食诗》。

第一首是这么写的："自我来黄州，已过三寒食，年年欲惜春，春去不容惜。今年又苦雨，两月秋萧瑟。卧闻海棠花，泥污燕支雪。暗中偷负去，夜半真有力。何殊病少年，病起头已白。"这是首伤怀的诗，开篇平易，和说白话一样，但在几句白话里面，一种莫名的忧伤就出来了，因为"年年欲惜春，春去不容惜"，时光是根本留不住的。后面几句就更自伤了，他感觉自己本来是枝头的花朵，经过一番摧残，落在泥中了，仿佛雪中的燕支（胭脂）一样。"暗中偷负去，夜半真有力"是庄子的一个隐喻，意思是时间会带走一切，再大的东西，也能偷得一干二净，而自己根本无计可施。最后两句，是苏东坡说他自己就像一个病患一样，生病前还是个少年，病后胡子都白了，而这场病，就是他经历的文字狱迫害。

  第一首的主题还仅仅是"伤"，而第二首完全就是"悲"了："春江欲入户，雨势来不已。小屋如渔舟，蒙蒙水云里。空庖煮寒菜，破灶烧湿苇。那知是寒食，但见乌衔纸。君门深九重，坟墓在万里。也拟哭途穷，死灰吹不起。"这个诗看着就让人难过，因为它完全是实际的生活状态，一句话里有空、寒、破、湿四个字，说明这个生活太苦，简直是没法过了。前四句说雨很大，江水涨得都要进屋子了，自己的破屋子快和渔舟没什么区别了。厨房里没啥吃的，勉强煮些冷菜来吃，但是灶里都没有干柴，只好烧点湿芦苇。抬头看到乌鸦衔着纸钱，才想起今天是寒食节，不该生火的，看来日子已经过糊涂了。寒食节是祭祖之日，但是祖坟离着万里之遥，根本回不去，有心回朝廷，但是君门九重，遥不可及。自己穷途末路，是时候大哭一场了，不过现在心都凉了，死灰吹不起，哭都哭不出来了。

  《黄州寒食诗帖》之所以是"天下第三行书"，原因就在于苏东坡是带着情绪写的，他不光把心中悲苦写进了诗中，也写进了字里。古代的文字最早只是表意，是"约定符号"，可以有美感但并不是艺术，也没有书法一说。汉代，由于造纸术出现，书写材料有了质的飞跃，书法得以产生，这里的文字就变成了"非约定符号"，是一种艺术。艺术必须有作者的自由发挥才行，所以看似随意的行书其实是书法最重要的表现载体，作者可以把自己的想法写到字里,别人哪怕不懂写的是什么,也能看出作者的心情,这才是高明之作。

苏东坡的写字方法在中国历史上独一无二,现代人练毛笔字,都是悬肘而书,垂直拿笔写字,但是苏东坡不是,他是斜执笔,手肘不提起来,就靠在桌子上写,和今天写硬笔书法一样。苏东坡之所以能这么写字,是因为他用的笔叫诸葛笔,那是一种唐代流传下来的古笔,这种笔的特点是有个硬芯,所以写字的方法可以和硬笔书法相似。苏东坡身处北宋,和唐代的家居环境已经有了很大区别,人们的习惯由席地而坐改成了垂足而坐。唐代是没有桌椅的,写字都是一手拿笔,一手拿纸,而宋代人写字是在桌子上写的,所以苏东坡也是在桌子上写。在桌子上斜执笔写出的字会很扁,也有点胖。和苏东坡齐名"苏黄"的黄庭坚,就不太看得上苏东坡写的字,曾说他的字体是"石压蛤蟆体"。

苏东坡说过自己的书法创作方法,是"我书意造本无法,点画信手烦推求",意思是不管章法的随意而书,不去推敲琢磨,这是典型的宋人"尚意"书道。好作品需要强烈的情绪推动,《黄州寒食诗帖》就体现了苏东坡强烈的笔下情绪,作者功力深厚,所以尽管字体有大有小,但无不恰到好处,竟无一字荒率。特别是有几个字如同长剑一般,如"年""中""苇""帋(纸)",应该是悬腕才能写出的效果。之前在"书于竹帛"特展的文章中说过,帋就是纸的古字。苏东坡为什么要用这个写法呢?你看"帋"字下面有一个"君"字,指的就是贬斥他的皇上,但是字体又小又扁,和上面尖尖的长竖连着,像是被刺了一剑,又像是在悬梁上吊,作者深深怨念,尽在其中。还有"哭途穷"三字,颇具颜真卿笔意,又大又厚重,仿佛是作者在拼了命地呐喊,但是怎么哭喊也没有用,最后还是"死灰吹不起",五个字由大变小,仿佛一个人声嘶力竭之后逐渐萎靡,对悲惨的现实认命。

所谓否极泰来,苏轼虽然在黄州悲苦之极,但是写完黄州寒食诗之后,性格居然又重新回到了乐天知命的路子上。这或许是因为经历了最大的痛苦,所以怎么样都无所谓了吧。他离开黄州之后,曾一度重新入朝为大学士,不过后来又被贬斥,被赶到更加边远的广州和海南,但是苏东坡毫不在意,自称"日啖荔枝三百颗,不辞长作岭南人"。无论遭遇什么样的困境,也能开心快乐,这大概就是黄州给苏东坡最大的礼物了。

《黄州寒食诗帖》在北宋时就被誉为神作。黄庭坚看到这幅字,一改对苏东坡书法大加鞭挞的做法,在题跋中给予了极高的评价:"东坡此诗似李太白,犹恐太白有未到处。此书兼颜鲁公、杨少师、李西台笔意。试使东坡复为之,未必及此。它日东坡或见此书,应笑我于无佛处称尊也。"题跋中,他说苏东坡的诗高于李白,笔法兼具颜真卿和杨凝式之长,这几乎是可以给出的最高评价了。但随后还是有点不服气地酸了一句,说苏东坡你再写一遍未必还能写这么好。黄庭坚大概也受了诗帖的激励,题跋写的格外精神,字体比原文还大,由于纸不够宽,只能稍微写得挤一点。这段题跋和苏轼的寒食诗文堪称书法艺术的双璧,此帖也因此被称为《苏东坡寒食诗帖及黄山谷题跋》(以下简称《寒食诗帖》),只可惜苏东坡直到去世,也没有见过黄庭坚的题跋。

《寒食诗帖》在北宋以后传承有序，历朝都奉之为神品，明代董其昌在题跋里说，自己一生见过苏东坡手迹30多幅，这是最好的一幅。此卷于1745年左右进入清宫，乾隆御题"雪堂余韵"四字，将之藏于圆明园。《寒食诗帖》的边缘有被火烧烤过的痕迹，那是它在近代留下的。《寒食诗帖》一共遇过三次劫火，第一次就是英法联军火烧圆明园，此帖流出清宫，由民间收藏。1922年，收藏家颜世清携此卷去到日本东京，将其卖给了日本著名收藏家菊池晋二。但是，没想到才过一年就赶上关东大地震，东京都陷于一片火海，菊池家遭受火灾，无数藏品付诸一炬。在危机时刻，菊池只身冲入火海，将《寒食诗帖》和《潇湘卧游图》抢救出来，《寒食诗帖》上的过火痕迹，就是当时留下的。

　　最后一次劫火是二战末期的东京大空袭，当时整个东京几乎全被盟军的炮火炸成废墟。当时菊池已经去世，此卷由他的后代保留下来。战争结束后，日本全国焦土，穷困之极，当时国民政府的外交部部长王世杰派人到日本从菊池家后人手中买回了《寒食诗帖》，让国宝重回中土。20世纪80年代，王世杰去世后，台北故宫拨专款将他收藏的《寒食诗帖》购下，成为镇馆之宝，要隔很多年，才能在秋季特展中展示一个月。

　　2004年，台北故宫为庆祝80周年大庆，专门拍摄了一部电影《经过》，由桂纶镁主演，整个故事就围绕着《寒食诗帖》展开，几个青年人想尽方法要去看真迹，但是到最后也没看到，只能抱着遗憾离开。台北故宫藏品无数，连续两个10周年大庆，竟都以《寒食诗帖》做主打，可见其重要性。

笔者看到《寒食诗帖》之后，也被其高超的艺术水平和曲折的身世打动，写了一首一韵到底的七言古体诗，没办法题跋，只能记录一下：

　　一朝神品两书仙，春入寒食笔意绵。
　　鹤唳云山三尺剑，凤鸣流水五十弦。
　　东坡道长已归泉，山谷何时到眼前。
　　唯有雪堂劫火卷，窗明几净见高贤。

郎世宁特展

台北故宫 90 周年院庆的最后一个大展，是和"天保九如"特展同期举办的书画展"神笔丹青——郎世宁来华 300 年特展"。这场特展完全是一场意料之外的震撼，笔者自诩见过古今中外无数顶尖的画作，但是当那幅巨画映入眼帘时，还是禁不住目瞪口呆。

我从未见过如此巨大而华丽的古画，它又宽又大，画心高 3.28 米、宽 2.82 米，连画轴只怕超过 4 米，从三楼垂到二楼。画面上有两只巨大的孔雀，一只拖尾回顾，而另一只傲然开屏，无数的翎毛霎时间纤毫毕现，精彩得令人难以直视。这是清朝外籍画师郎世宁的名作《孔雀开屏》（图 10.3），也是笔者认识的第一幅郎世宁画作，因为以前收集过这幅作品的邮票小型张，邮票上的金粉铺垫华丽非凡，让人印象深刻，没想到真迹尺幅居然这么大。这幅画绘于乾隆二十三年（1758），当时西域哈密进贡孔雀，

图 10.3 清代 郎世宁 《孔雀开屏》 台北故宫博物院藏

乾隆皇帝传旨："着郎世宁画开屏孔雀大画一轴，补景着方琮、金廷标合笔，用白绢。"所以，此画为清宫三个顶级的画家合作，再由皇帝御笔题诗。画上的花园里遍布假山怪石，周围栽种玉兰、海棠、牡丹等花卉，意思是"玉堂富贵"。群芳争艳，孔雀开屏，异域珍禽来到仙境般的御花园，见证了盛世的美好。

中国历代花鸟名家甚多，像五代的黄筌、北宋的崔白，都可以把禽类画得栩栩如生。然而到元代以后，画风在赵孟頫的主导下开始走向复古和文人画的道路，画家不再只注意物象的忠实再现，花鸟写实作品的地位愈加低下。直到郎世宁的时代，花鸟写实才重新站上艺术舞台的中央，而且还有很大的突破。他笔下的孔雀不仅样子逼真，而且眼中神采奕奕，一身华羽如有灵魂一般，笔法直追两宋而犹有过之。郎世宁就仿佛是中世纪出现的达·芬奇，横空出世，甚至还超越了看似高不可攀的古人。

郎世宁为何能"画起三代之衰"？首先是他天赋惊人，其次是他的中西画功都已臻化境，这才能新开一代之风。郎世宁的本名 Giuseppe Castiglione，1688 年 7 月 19 日生于意大利北部的米兰，1707 年加入热那亚耶稣会成了一名天主教传教士，1714 年接受葡萄牙传道部的派遣来华传教，此后在中国生活了半个多世纪，直到 1766 年在北京去世。

在郎世宁生活的时代，欧洲人在拓展海上航线的同时，也在拓展着三件东西：领土、贸易和宗教。17 世纪的清朝是当时世界上最强大的国家之一，能拓展的只有贸易和宗教两项。天主教对华传教是从明朝后期开始的，到了清朝康熙时期，善于钻营的欧洲传教士们得到了皇帝的信任，不但允许被传教，还成了内务府管辖下的包衣奴才。康熙皇帝也一直对欧洲的科学和艺术很有兴趣，他专门写信给教皇，希望教廷派遣一些在科学和艺术上有造诣的传教士来华。郎世宁正是在这样的时代大背景下来到了中国，他的身份是西洋画工。

意大利北部是文艺复兴的起源地，名家辈出，文艺复兴的大宗师达·芬奇和巴洛克艺术的开创者卡拉瓦乔都来自那里。郎世宁学习的是巴洛克艺术，这一派的画家不光继承了欧洲传统艺术中精于写实的能力，而且非常关心看画者的感受，绘画的目标从简单地完成图像，升华到了画家和欣赏者之间的情感交流，这也是后来郎世宁的画作不但形象逼真，而且楚楚动人的原因。

郎世宁19岁成为传教士，他创作的油画当然是以基督教内容为主题，这次特展从热那亚马丁尼兹养老院借展了两幅郎世宁早期作品《耶稣与撒玛利亚妇人》和《多皮亚和大天使拉斐尔》，都是修道院餐厅的装饰画，画面上光影参差，人物神态生动灵活，可见郎世宁在年轻时就有了相当深厚的绘画功底。

1714年4月，郎世宁作为画艺高超的传教士，被教廷派往中国。当时航海艰难，旅途用了一年零四个月，直到康熙五十四年（1715）八月才到达广东，十一月抵达北京，觐见康熙皇帝后，进入宫中的如意馆工作。郎世宁在康熙朝的最后几年，除了传教工作之外，肯定曾经努力地学习汉字、汉语和中国绘画技巧。笔者在特展上看到了一幅《聚瑞图》（图10.4），画面上是一个宋代官窑的三弦瓶，里面插着一些花卉植物，其中有并蒂莲花、双头莲蓬、双穗禾谷等。这些并蒂植物寓意吉祥，是宋元以来传统的绘画题材，一般被视为圣人在世的吉兆。画上还有郎世宁的亲笔题记："雍正元年九月十五日，海西臣郎世宁恭画。"这也是现存最早的有郎世宁题记的画作。

图10.4　清代　郎世宁　《聚瑞图》　台北故宫博物院藏

外国人学中文，最大的难点还不在于发音，而是汉字。郎世宁在北京生活，必须要说汉语写汉字，他的口语水平已经无从考证，但他留下的最早字迹，全是工整的印刷体。一个中国人楷书写得再好，也不会变成印刷体，但郎世宁就可以。可见他写字最开始全是模仿书里的宋体字，点顿抑扬，全和雕版印出来的一模一样。这不光说明他花了很多工夫去学，也说明他的写实能力很强。

更能体现郎世宁才华的是绘画本身。郎世宁学油画出身，油画的材料是画布和油。相较之下，中国画的材料是纸、绢、水和胶，和油画完全不同。而且，国画不像油画那样画错了可以随意更改，只要在画布上再覆盖上一层颜料就行了。国画需要画师有一气呵成的本事，画上去之后没有多少修改余地。让一个油画高手改画国画，难度之大可想而知。郎世宁在康熙朝的7年时间里对中国画艺刻苦琢磨，终于画出了这幅华贵的《聚瑞图》。《聚瑞图》在绘画风格上还保留着强烈的油画印记，比如光影效果十分明显，无论是花瓶还是植物，都有很明显的反光和阴影，这是传统中国画里不曾有过的。

《聚瑞图》还有一个特殊之处，是它创作的时代背景。康熙末年诸子夺嫡，传教士们为了争取下一任皇帝的支持，对看起来有希望的皇子都下了大力去拉拢关系，却偏偏遗漏了笃信佛教的四阿哥。雍正一继位就把传教士们赶出了内务府，让他们不能再走近皇帝身边。郎世宁的《聚瑞图》是呈给雍正看的，也是难得的跟皇帝交流的机会，所以郎世宁在画上题记中一开头就说：

"皇上御极元年，符瑞叠呈"，极尽赞美之辞，画面的寓意也是要讨皇上欢心。但是这些努力并没有起什么作用，几个月后，雍正宣布禁止传教士在地方上传教，只能留在京城做一些技术性工作。这个禁令对传教士们打击巨大，但对郎世宁而言，他没了传教的工作，只剩下绘画这一条路可以走，之后就是他大展才华的时代了。

古代中国和欧洲的绘画分属两个系统，这不光体现在绘画材料上，更体现在绘画理念上。中国绘画在艺术观念上很超前，至少从宋代开始就非常注重表达作者的个人感受，但是在写实的技法上有很多缺陷。清代画家都依照北宋郭熙的原则作画："山水画中，画山盈丈，树木盈尺，马盈寸，人物盈十分之一寸。"这种刻板的画法几乎完全不顾真实世界的比例，而郎世宁的欧洲画法基于焦点透视，可以应用科学原理在平面的画幅上更真实地表现出自然界立体样貌。在郎世宁的帮助下，工部右侍郎年希尧于1729年出版了介绍西洋焦点透视法的专著《视学》，极大地开阔了中国艺术家的视野。

在雍正朝的13年里，郎世宁的中西融合画法有了极大发展。特展上有一个十几米长的大展柜，里面是郎世宁的杰作——长7.76米的大长卷《百骏图》（图10.5），因画上有100匹马而得名。长卷是中国画里独有的门类，一般宽只有30厘米至59厘米。郎世宁不受传统的限制，《百骏图》的卷宽接近100厘米，在古画中极为罕见。

为了画好《百骏图》，郎世宁特意打了尺寸相当的草稿，上

图 10.5　清代　郎世宁　《百骏图》　台北故宫博物院藏

面用墨线画出了《百骏图》的素描，这种素描稿本在中国古代是前所未有的。郎世宁也对西洋画法做了很大调整，最明显的就是削减了光影，并增加了留白。西洋画里不讲究留白，而中国画里要留白，不然非但没了想象空间，连文人题诗盖印都没了地方。此外，中国画只有线条没有光影，郎世宁为此做了极大的让步，只在马蹄和人脚附近做了一点点阴影。但郎世宁也做了一个天才的创新，中国画画水都是用线条勾勒，但他用了西洋涂色的方式表现溪水，然后画上淡淡的马儿倒影，水的清澈透明一下子就凸显出来了。

郎世宁的《百骏图》是他来华初年最高水平的杰作，而时间越往后，郎世宁的画法越倾向于古代中国的传统，后来画马的时候连蹄子上的光影也不要了，工却越来越传神。他能用最中国的笔触，画出完全视觉立体的人物、花鸟、飞禽走兽。有一幅《画交趾果然》尤为可爱，画的主题是交趾（越南）进贡的马达加斯加环尾狐猴，当时被叫作果然兽。狐猴虽然完全用中国传统笔墨勾勒点染，但活灵活现，呼之欲出，令人一见难忘。

郎世宁在艺术上的成就越大，就越受皇室喜爱，他多次奉命给皇帝画像，每次都能得到皇帝的赞赏。但郎世宁也是不得志的，因为他始终只能画画，不能传教，他曾经冒死向乾隆皇帝传教，皇帝知道他来华的目的，没有治罪，却也没有允许。他能做的唯一的事情，就是继续画画。

乾隆皇帝曾经给郎世宁很多赏赐，据传郎世宁为表达感激之情，曾经写过一首诗："圣世康乾受帝恩，入清一代做朝臣。中庸西法摹工笔，静物图真醒万民。"可见他最深刻的想法，还是希望通过自己的图画，来让人们感受到造物主的神奇，他的画也有艺术家的道心，那就是他的宗教信仰。据学者孙立天的考证，郎世宁的努力并非白费，他成功地让乾隆皇帝对西方的文化技术产生了兴趣。1760年之后，乾隆开始命令两广总督选送有技术的西洋人进京，但当时欧洲形势发生了变化，郎世宁等中国传教士背后的耶稣会在欧洲被排挤打压，甚至被教皇宣布解散，再也没有能力派人到中国来。18世纪中后期，西方学术的发展也因此失去了在第一时间传入中国的渠道，这也成了历史的遗憾。

1766年7月16日，郎世宁生日的前三天，在北京耶稣教会筹办他寿宴的时候，这位年近八旬的老画家离开了人世。皇帝下旨哀悼，还赐了300两银子大办丧事。郎世宁的离去是清宫画院乃至中国绘画史上的一大损失，此后虽然还有传教士画家，但再也无人能在画法上如此贯通中西。

在离开台北故宫的时候，笔者问书画部的工作人员，为什么要给郎世宁特展起名"神笔丹青"？工作人员回答道："郎世宁是中国古代著名画家中唯一的基督徒，他是神的子民，画作自然也是神笔。"

公主的雅集：蒙元皇室收藏书画作品展

2016 年 台北故宫博物院

蒙元时代的文化

2016 年 10 月 6 日到 12 月 26 日，台北故宫博物院分上、下两期举办了年度大展"公主的雅集：蒙元皇室收藏书画作品展"，展出了元代鲁国大长公主祥哥剌吉及元文宗、元顺帝收藏的 43 件书画作品，展品的创作年代多为宋元时期，真实呈现了元朝皇室的收藏品位，是近年来关于元代文化最重要的一次文物特展。

元朝也叫蒙元，这不是因为它是蒙古族建立的王朝，而是因为元朝的前身是成吉思汗于 1206 年建立的大蒙古国，直到 1271 年才由元世祖忽必烈改名为"大元"，所以元朝也可以说是蒙古帝国的 2.0 版本。由于有两次建国，所以成吉思汗被追封为元太祖，忽必烈则是元世祖。

特展的展品中有成吉思汗的画像，来自清宫南薰殿旧藏的历代帝王图，是成吉思汗的标准像。笔者在蒙古乌兰巴托的国家博物馆看到过成吉思汗像的复制品,有个说英语的外国游客问这个原件在哪里,博物馆讲解员说在中国台湾。游客问成吉思汗的画像怎么会在中国台湾?讲解员张口就来:"当年忽必烈征服中国,但是他的部落后来被其他部落击败,在部落的混战中,画像就到了中国台湾……"听得我终于忍不住插嘴了:"这是国民党'部落'的蒋介石'可汗'带去中国台湾的……"

实际上,在成吉思汗之前,蒙古并不是草原民族的统称。成吉思汗所在的乞颜部落出自东胡的"蒙兀室韦","蒙兀"是"蒙古"一词最早的汉文译名,他们早年在大兴安岭和呼伦贝尔一带游牧,后来迁徙到了布尔罕山附近,位置在今天蒙古国的肯特省。成吉思汗一统草原诸部落之后,以乞颜部的古称将政权命名为大蒙古国,这也是蒙古族真正意义上的起点。

在成吉思汗和之后几代大汗在位的时候,蒙古帝国一直是武力强盛而缺乏文治,其征服活动对亚欧大陆的众多古国带去了深重的灾难和破坏。中国北方的金朝也是文化昌盛之地,不亚于南宋,在战火中毁损惨烈。直到金朝灭亡后两年,元太宗窝阔台才听从宰相耶律楚材的建议,设立经籍所,收集散落的典籍书画。此次特展特意拿出了几件金代的皇室收藏,最经典的是台北故宫博物院三大镇馆之宝之一的北宋郭熙《早春图》(图 11.1),上面盖有金章宗的"明昌御览"朱印。到了忽必烈的时代,文治逐渐兴起,朝廷设立了秘书监来专门管理典籍书画。1274 年,元廷发起天诛之战南征灭宋,秘书监上奏皇帝,说南宋宫中"有乾坤宝典并阴阳一切禁书,及本监应收经籍图书书画等物,不教失

图 11.1 北宋 郭熙 《早春图》 台北故宫博物院藏

落"。于是,忽必烈派人南下,完整接收了南宋宫廷图书收藏并运回元大都,从而奠定了元代皇室的收藏基础。

忽必烈不光收集了大量书画,也会让人给自己作画。特展上有台北故宫博物院的限制展览文物《元世祖出猎图》(图11.2)。画面左下角的题款写着"至元十七年二月御衣局使臣刘贯道恭画",说明这是二十出头的年轻宫廷画家刘贯道于1280年为忽必烈画的。这幅画有将近两米高,绘画风格沿袭了宋朝的写实特点,连衣服上的花纹都一丝不苟。画面描绘的是沙漠中打猎的场景,左侧中部有一个人正弯着弓对准天上的飞鸟,想要把它射下来,周围的人都勒马观看。

画面中间穿着红色袍子、罩着白色裘皮大衣的男子就是元世祖忽必烈。皇帝旁边是一位穿白色衣服的圆脸女士,看起来年纪不大。有人猜测说她是小忽必烈10岁的察必皇后,不过察必皇

图11.2 元代 刘贯道 《元世祖出猎图》(局部) 台北故宫博物院藏

后在画作完成时已经重病缠身，不久病逝，所以更可能是她的堂妹——即将继任皇后的南必。后妃在场，周围必然要有宦官随侍。女士旁边的红衣宦官形貌特殊：此君五官扁平，双耳挂着大耳环，肤色黝黑，分明是个黑人。他的脸上刺着"Y"字符号，说明了其奴仆的身份。皇帝身边不光有黑人，还有一个留着大胡子的白人侍从，他的身份可能是驯兽师，因为他背后的马臀上有只猎豹，应该是给皇帝驯养的狩猎宠物。旅行家马可·波罗曾经参加过元世祖的出猎，他说忽必烈打猎时经常把猎豹放在坐骑的后臀上，一开心就放豹去抓鹿或者獐来给海东青吃，把这当成是休闲活动。

画面上的出猎队伍仅有10人，但这远非故事的全部成员。右下角的骑士手持大纛，那是一根顶部装饰着黑色马毛的长竿。纛是蒙古大汗的标志，白色的纛意味着和平，黑色的纛意味着战争，这说明忽必烈不只是出巡打猎，还指挥着千军万马。不过，动用千军万马也是元朝皇帝打猎的常态，根据马可·波罗的回忆，皇帝出猎有12000人的马队护卫，每到晚上，这上万人在沙漠里扎起帐篷来，场面蔚为壮观。所以《元世祖出猎图》的画外还有10000多人，那得是何等的场景。

中国古代皇帝出行，经常会让画师绘制图像来纪念，但能像图中这样，在一个场景里同时出现黑人、白人和黄皮肤的亚洲人，也算是非比寻常。蒙古帝国崛起后横扫亚欧大陆，以致于东起朝鲜半岛，西到乌克兰和伊朗，在名义上都是元朝的属地。忽必烈根据《易经》，把国号改为大元。按照元朝人的观念，元的意思是大，元朝就是大朝，大元就是大得无边无际。也正是有如此广阔的国土，才能有多种多样的民族，正如元人朱德润所说："大元覆天无际，怀柔百蛮，莫不来王。"

元代的民族政策在近代以来颇受诟病，民国时期有学者认为元朝民分四等，歧视汉人，这个观点来自近代日本学者提出的元代三等人制理论，实际上在元代并没有这样的规定。不过，从另一个角度来看，元朝也确实和传统的中原王朝有不小的差异，因为它是个二元帝国。在元代的汉人眼中，大元是继承了周秦汉唐的正统中原王朝。但是，在元代的蒙古人眼中，大元是超脱于各汗国之上的大蒙古国本部，继承的是长生天眷佑的成吉思汗黄金家族血脉，只不过换了一个名字而已。有一个名为《大元敕赐故中顺大夫诸色人匠都总管府鲁花赤竹君之碑》的蒙汉合璧碑，蒙文碑头写着：Dai Ön kemekü Yeke Mongγol Ulus，意思是"被称作大元的大蒙古国"。这说明在元代蒙古人的眼中，国家还是那个大蒙古国，只是名字叫作大元罢了。

草原传统的大蒙古国和中原传统的大元，代表着两种迥异的国家观，这也让元朝成了一个二元帝国。二元帝国本身并不排斥某一种传统，但也不倾向于某一种传统，因为它就是两个传统的合体，缺了哪个都不行。在元朝的语境里，成吉思合罕就是太祖皇帝，世祖皇帝也就是薛禅合罕，中原皇帝和蒙古大汗，两个身份必须是统一且缺一不可的。

正因为元朝是二元帝国，所以汉地的文化传统也是国家的支柱，有些人认为元朝排斥汉文化，这实际上是不可能的，因为一个二元帝国如果排斥其自身的一元，就相当于是要砍掉自己的一条腿，纵使有人要这么做，也绝不可能成功。但是，元朝汉化缓慢的原因也在于此，因为二元帝国不可能把重心全放在一元上，就像走路不能只用一条腿。元朝被人诟病的民族问题，也是源于他们的草原传统。草原传统并不是看重民族，在成吉思汗之前，根本就没有蒙古人一说，当时的草原还是部落社会，离民族国家差着十万八千里。草原传统的核心是共饮班朱尼河水，也就是部落盟誓。公元1203年，铁木真遭遇突袭战败，逃到班朱尼河旁边，情状极为窘迫。铁木真和最后跟随自己的19人一起用头盔饮泥水起誓，约好以后同甘共苦。这个盟誓的原则成了蒙元国家的根基：无论你是什么人，来自何方，信仰如何，血缘如何，都不重要，重要的是什么时候宣誓效忠。越早效忠地位越高，越晚地位越低，而且子子孙孙都要继承这个地位，所以元朝的官员职位经常是世袭的。元代汉人高官少，主要是因为蒙元早期汉人重臣少，南方人最高只当到宰相，没有当丞相的，是因为南宋投降的最晚。元朝虽然并没有太重的民族压迫，但这种落后的部落政治理念，无疑是一种时代的倒退。

公主雅集的宝物

蒙古帝国的汉化始于忽必烈的时代，忽必烈非常重视太子真金的教育，派大儒姚枢为其老师，后来的元朝皇族基本都接受过儒家教育。几代下来，就出现了擅于中原艺术鉴赏的专家，而其中的佼佼者是真金的孙女——鲁国大长公主祥哥剌吉（1283—

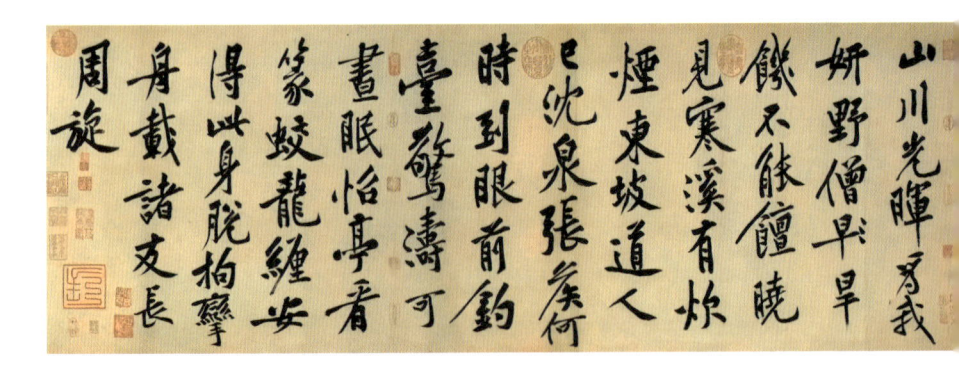

> 山川光晖予我
> 妍野僧早早
> 饯不能体晓
> 见寒溪有炊
> 烟东坡道人
> 巳沈泉张矣何
> 时到眼前钓
> 台惊涛可
> 画眠怡亭看
> 篆蛟龙缠安
> 得此身胧拘挛
> 身载诸支长
> 周旋

1331），"公主的雅集"就是她举办的。

祥哥剌吉的身世显赫，她哥哥是元武宗，弟弟是元仁宗，表弟是泰定帝，侄子是元英宗，女婿是元文宗，可以说是当时地位最高的女性皇族。她自幼熟读经史，还在曲阜孔庙留下了三块祭孔石碑，对传统书画也有极精的鉴赏品位。元英宗至治三年（1323）三月，祥哥剌吉在大都天庆寺（原址在现北京东城区东晓市街）举行雅集。雅集是中国古代文人的派对形式之一，主人与宾客除了享受美酒佳肴，还会进行吟诗、鼓琴、对弈、观画、品茗等助兴活动，文人们会即席挥毫、题咏诗词，天下第一行书《兰亭序》就源于东晋的一次雅集。天庆寺雅集是元代文坛的一大盛事，也是中国历史上最重要的文人雅集之一。翰林直学士袁桷曾写下《鲁国大长公主图画记》一文，记录雅集的主持者是秘书监丞李师鲁，参与者有数十人，自宰相张珪以下，都是当时的佼佼之士。大家饮酒交礼之后，欣赏书画，然后在卷后作诗题跋。

根据袁桷的记录，雅集共鉴赏了40件书画，包括法书、宗

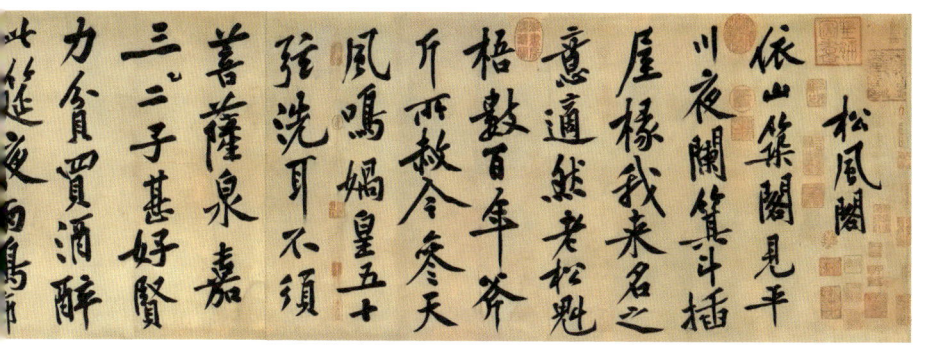

图 11.3　北宋　黄庭坚　《松风阁帖》　台北故宫博物院藏

教画、山水画、人物车马、花鸟墨竹等，基本都是宋元作品，只有两件是唐朝和五代的。它们可能是公主的个人收藏，但是以公主的和主持者的身份，其中一些宫廷藏品也是很合理的。天庆寺雅集的 40 件作品中有两件保留到了今天，一件是元代界画宗师王振鹏的《锦标图》，2021 年北京保利秋拍以加佣金 7590 万元的价格成交。还有一件就是"公主的雅集"特展的主打作品，台北故宫博物院限制展览文物，北宋黄庭坚的《松风阁帖》（图 11.3），让观众们还可以一窥 700 年前天庆寺雅集的盛况。

黄庭坚（1045—1105），字鲁直，号山谷道人，是"北宋四家"之一，写字善用长线条，字体越大越精彩。苏东坡（1037—1101）说黄庭坚的字是"树梢挂蛇体"，黄庭坚反嘲苏东坡的字是"石压蛤蟆体"，但两个人关系非常好。松风阁原址在今湖北省鄂州市的樊山灵泉寺附近，是三国时孙权宴饮祭天的地方。北宋徽宗崇宁元年（1102）九月，黄庭坚与朋友游鄂城樊山，在松风阁过夜，听松涛而成韵作诗，歌咏景物，也表达对去世不久的

公主的雅集：蒙元皇室收藏书画作品展　2016 年　台北故宫博物院

苏东坡的怀念。

《松风阁帖》是一个高 32.8 厘米、长 219 厘米的大卷，用四张纸接成。这四张纸上都有砑花图案，第一张是龙纹，第二张和第四张是瓜瓞绵绵，第三张是花草纹。前三张都是鱼子罗纹笺，上面印有丝织品一样的细密纹路，在北宋是最高级的纸张了。卷上用大字行书写就七言古体长诗《松风阁诗》，诗书俱佳。黄庭坚是北宋四家之一，他的行书和草书在中国书法史上有很高的地位，其特点也是独树一帜，那就是写得特别慢，米芾称之为"描字"。中国书法是一种运动的艺术，运动就要速度，黄庭坚的速度慢，不是因为不想留下运动的痕迹，而是他的运动方式很特殊。黄庭坚和苏轼一样，晚年被新党排斥，谪居期间书法大进，自称是看到当地船夫荡桨所悟，运笔如划桨拨水，节节涩进顿挫，于是所写大字如长枪大戟，纵横开阖。中国书法家写字一般都是顺锋落笔，一搨直下，但船夫划桨是先逆水入桨，在水中努力地划一段然后起桨再划，黄庭坚写字也是先逆锋入笔，然后调整成中锋再继续行笔。他字中的长笔画经常有一些曲线波折，仿佛是划桨遇上了水流，这让长长的笔画看起来有一种荡漾之感。这种写字方法当然比一搨直下要慢得多，不仅从来没人这么写过，而且字还充满了张力和美感。《松风阁帖》是黄庭坚晚年的力作，也是台北故宫最经典的书法作品之一。

《松风阁帖》开头"松风阁"三字之上，有"皇姊图书"的篆文印章。1311 年，元仁宗封祥哥剌吉为"皇姊大长公主"，所以这个印应该是元仁宗在位时所刻。诗帖后面有 14 个来自天庆寺雅集的元代题跋，多为诗文，见证了当时的盛况。其中李洞、冯子振、李秫鲁翀和袁桷四人的题跋书法精彩，可称为艺术作品。李洞和冯子振是元代书法名家，都在题跋里写是奉大长公主命题，说明祥哥剌吉深知他们水平出众，特意要求露一手。

祥哥剌吉的收藏既多且精，流传下来的至少有十几件，很多都是名品，如北京故宫博物院藏的《游春图》《寒雀图》《蛱蝶图》《芦汀密雪图》《善见律》等。这次特展上除《松风阁帖》之外还有3件，两件是南宋刘松年的《罗汉图》，1件是两宋之际李唐的《江山小景》，上面都有皇姊图书的红印，虽然它们并非天庆寺雅集上的展陈品，但当时应该也有同样主题的作品供大家欣赏。

元文宗和奎章阁

公元1324年，祥哥剌吉把女儿卜答失里嫁给了怀王图帖睦尔，也就是后来的元文宗。元文宗在位期间追求振兴文治，他在今北海以西的兴圣宫内建立了奎章阁学士院，召集了虞集、柯九思等名士，编纂《皇朝经世大典》，鉴赏研讨古代书画，也为皇帝讲述历代得失的经验，有点类似于现代的政治智库。元文宗的年号为天历，于是他制作了两枚印玺，分别是天历之宝和奎章阁宝，用于标记奎章阁鉴赏的作品。台北故宫博物院藏有多件元文宗奎章阁的旧藏，这次光是限展作品就有五代赵干《江行初雪图》、辽人《丹枫呦鹿图》、北宋宋徽宗《蜡梅山禽图》、宋人《梅竹

176 鉴古雅集

图11.4　五代　赵干　《江行初雪图》　台北故宫博物院藏

公主的雅集：蒙元皇室收藏书画作品展　2016 年　台北故宫博物院

聚禽》四件。

《江行初雪图》（图11.4）是非常罕见的五代南唐名作，画前的题字"江行初雪画院学生赵干状"，有专家认为是南唐后主李煜的真迹。此件作品的绘画风格非常高古，树干用干笔皴染，和后代画山类似，小丘和坡脚用淡墨涂抹而不用皴法，也和后代颇有差异。画面上描绘的是冬季江渚渔家的风情，右首起于水岸的芦苇丛，两个拉船的纤夫缩着上身前行，其中一人回头望向所拉的小船，船上还有一个船夫在努力撑篙。这幅画高约26厘米、宽376厘米，上面有不少人物，可能除了两个骑骡子的客商之外，其他都是贫苦百姓，衣衫褴褛单薄，在漫天大雪之中格外显眼，有的船工非但没有鞋，连大腿都露在外面，有些小孩子蜷缩在伞下，目不转睛地看着旁边大人在船上做饭，仿佛很久没有吃东西了。画家透过丰富的人物细节，营造出了很强的临场感，从纪实的角度来看，表现了民众生活的艰难，但也凸显了瑞雪纷飞时民众积极谋生的活力，从画工、寓意再到警示帝王的效果，都是一流的作品。

《江行初雪图》在北宋和金代都是内府藏品，到元代为柯九思所藏。1329年，柯九思等11位奎章阁文臣联名把这幅图进献给了元文宗。元文宗在观赏钤印之后，又亲题"神品上"三字，说明这件画作的重要地位。以前的帝王仅仅是盖印，文宗亲题画作等级，也是一种创举。特展上另有柯九思旧藏的《匡庐图》，上面有"荆浩真迹神品"6字，有专家认为也是元文宗御笔所题。

柯九思实际上还进献了一件名作，就是著名的"定武兰亭"

真本，这也是特展上的一件重要作品。《兰亭序》是东晋书圣王羲之的代表作，真迹早已无存，在传世的《兰亭序》复制品里，这件应该是仅次于北京故宫博物院藏冯承素神龙兰亭的重宝了。当年唐太宗得到《兰亭序》之后，令宫中高手摹拓临写，摹拓最佳的是"神龙兰亭"，而临写最佳的是欧阳询的作品，被刻在石上供人制作拓本。唐朝灭亡后，这块刻石被带往新首都汴梁，公元947年，辽太宗耶律德光灭后晋，得到刻石，于是携带北归。耶律德光在回辽国的路上死在了河北，刻石也就留在了当地。100年后，定武（定州）的地方官发现此石，重金买下，保藏于官库，所以人称"定武兰亭"。后来，地方官薛师正监守自盗，与其子薛绍彭另外翻刻一石贮于库中，将真石带回家中。薛师正父子在翻刻时，故意将原石"湍、流、带、左、右"5字损坏一二笔，以暗记其真伪，所以"定武兰亭"有"损本"和"不损本"之分，"损本"反为真本。宋徽宗大观年间，宰相蔡京发现官库的"定武兰亭"不真，就向薛家索取，得到真石后呈进内府。后来北宋灭亡，"定武兰亭"的真石就此失传。"定武兰亭"5字损本的完整原拓，现仅存台北故宫博物院这一件，是北宋末年权相王黼的旧藏。1330年，元文宗得知柯九思家中藏有此宝，就命其进献。皇帝仔细观看了"定武兰亭"，一番称赞之后，在上面盖上天历之宝的大印，又赐还给了柯九思，还让虞集奉旨题跋，给这件宝贝平添了不少身价。后来柯九思用这个拓本，从大学士康里巎巎手里换了一件五代董源的画作。

元顺帝和宣文阁

1332年，元朝爆发了大规模鼠疫，不到四个月死了两个皇帝，朝野惊惧，直到半年后才另立新君，就是元顺帝妥懽帖睦尔（1320—1370）。"顺帝"是明太祖朱元璋给的称号，元人则称他为惠宗宣仁普孝皇帝，即元惠宗。

1317年，元明宗和世㻋因宫廷斗争失败，逃难到新疆的察合台汗国，娶了罕禄鲁部的公主赛义德·迈来迪·本蒂·帖木迭儿·伊本·阿里术兀·哈希姆为妻，就是贞裕徽圣皇后迈来迪。罕禄鲁部也称葛逻禄，是新疆维吾尔族的几个主要来源之一，所以元顺帝也是中国历史上唯一一个有维吾尔族血统的皇帝。元顺帝出生后不久，母亲就去世了，父亲又在称帝回朝的路上被弟弟元文宗杀害，于是元顺帝成了孤儿，在朝鲜大青岛和广西桂林被监视长大。所幸，桂林大圆寺秋江长老认为他是天潢贵胄，每天教导儒家经典，他这才不至于荒废学业。

元顺帝登基之后，政权掌握在丞相伯颜和太后卜答失里手中，直到1340年才通过政变夺权亲政。伯颜在历史上名声很差，史书上说他排斥汉化，甚至主张杀光五姓汉人，笔者认为实际上并非如此。美国大都会博物馆藏有伯颜的书法（图11.5），笔法直追晋唐，兼有赵孟頫影响，一看就是对《兰亭序》用功甚勤。这样一个落笔成章的人，还请了苏浙名儒来教导子侄，怎么可能排斥汉化？在伯颜倒台时，民间对他的批判都是说他弄权捞钱。至于杀光五姓汉人之说就更不可思议了。根据元朝留下的资料，

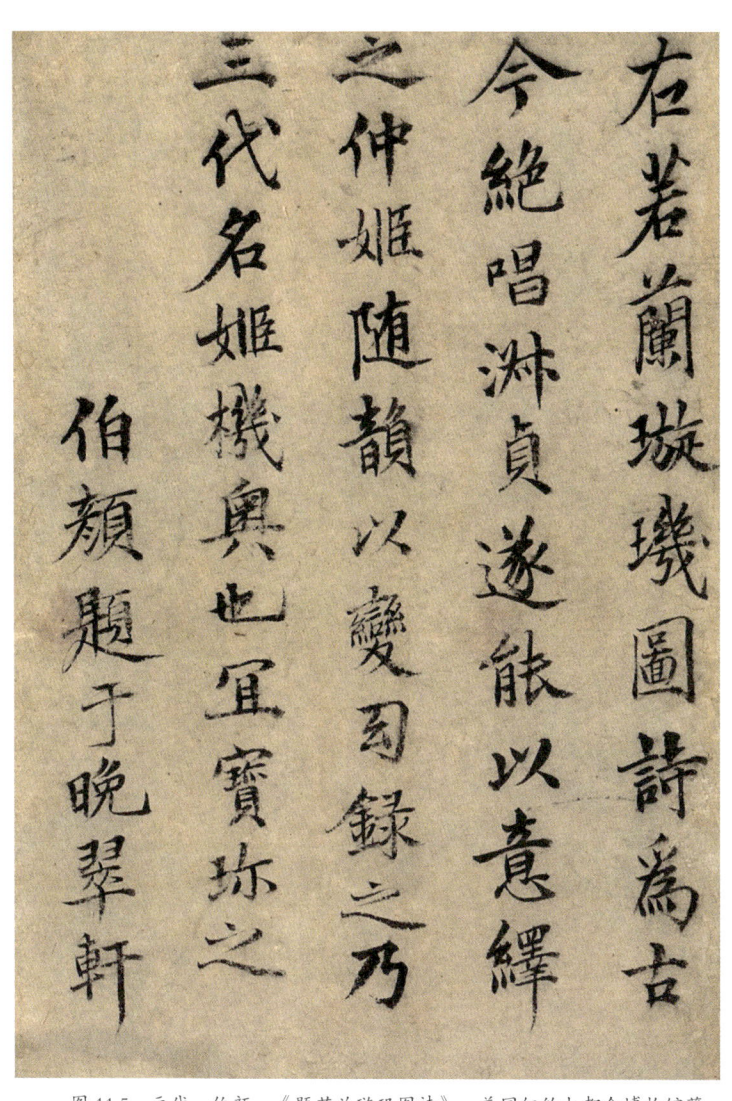

右《若蘭璇璣圖詩》為古今絕唱淵貞遂能以意繹之仲姬隨韻以變司錄之乃三代名姬機奧也宜寶珎之

伯顏題于晚翠軒

图 11.5　元代　伯颜　《题若兰璇玑图诗》　美国纽约大都会博物馆藏

图 11.6　北宋　《小寒林图》　台北故宫博物院藏

京官和朝官中的汉人比例很高，从宰相到贵族乃至诸王驸马都有汉人，这些人是朝廷支柱，所以杀光五姓汉人这种话没有半点合理之处，但类似话语在民间的谣言里倒是常见。顺帝一朝没有官修实录，元史里的相关内容多为临时搜集而得，应该是民间的谣传被载入了正史。

实际上元朝对汉人文士极为宽容，有些事情甚至到了让人难以置信的地步。元代《至正直记》里记录了一个故事，说南宋遗民梁栋写诗，怀念旧朝诽谤新朝，被仇人告发，于是县里将其拘捕，送到大都让朝廷发落。结果元廷的判决居然是："诗人吟咏情性，不可诬以谤讪。倘使是谤讪，亦非堂堂天朝所不能容者。"于是，免罪放还江南。宽容到这个分上，在中国历代王朝里极为罕见，后来明太祖朱元璋对此的评价是："元以宽失天下，朕救之以猛。"

元顺帝在位时期，中原蒙古权贵的汉化已基本完成，朝廷裁撤蒙语翻译官，再不收补，甚至蒙古君臣之间讨论军国大事也全用汉语。在这种情况下，亲政后的元顺帝也开展了丰富多彩的书画鉴赏活动，为蒙元的皇室书画收藏添上了最后一笔。奎章阁是杀父仇人元文宗所建，本当毁弃，但元顺帝听从了他老师康里巎巎的建议，改名为宣文阁继续使用。这个时期收藏的作品，会被盖上"宣文阁宝"或者"宣文阁图书印"。"公主的雅集"特展上有两件来自宣文阁的限展作品，分别是宋人的《小寒林图》和《枇杷猿戏图》。

《小寒林图》是一幅绢本浅设色小景山水画（图11.6），高

图 11.7　北宋　易元吉　《枇杷猿戏图》　台北故宫博物院藏

宽都不足半米，上钤有"宣文阁图书印"。画面中间是参天的枯树耸立于一望无际的平野，边上有飞鸟和行人，构图并不完整，应该是从长卷上裁下来的。这幅画的厉害之处在于作者画功太深，不次于任何一件传世的北宋名作，虽无作者名款，但必然是名家作品。画面上一片惨淡，似乎是大难来临之前的阴霾气象，荒寒之韵令人惊悚，非常符合画史上关于李成的记录："气象萧疏，烟林清旷，毫锋颖脱，墨法精微。"树木的画法是北宋李成、郭熙一派的蟹爪寒林，树枝画的和螃蟹爪一样。林木造型和坡岸石块的布局构景，和美国大都会博物馆所藏北宋郭熙《树色平远图》相近，说明这幅画的创作时间应该不会晚于北宋中期。

山水画是中国古代绘画的重心，也是蒙元帝王喜爱的主题。存世最著名的宣文阁藏山水巨制，是日本黑川古文化研究所的（传）五代董源《寒林重汀图》，这幅画高近 2 米，是江南董巨一派的旷世杰作，上面钤着大印"宣文阁宝"。宣文阁宝真的是大印，足有 11.5 厘米见方，尺寸之大在历代官印中无出其右，钤印也只适合巨轴大作。台北故宫博物院有三件盖了"宣文阁宝"的大作，"公主的雅集"特展上拿出来的是限展作品《枇杷猿戏图》（图 11.7）。这件作品高 1.65 米、宽 1.08 米，上有南宋"缉熙殿宝"的残印，可见是来自南宋内府的旧藏，画面上一株根干扭曲的枇杷树横斜而出，又有一枝自左上角窜出，再由右上悬垂下来。枝干笔不相连，意却相连，让人觉得画外有画，是画家独树一帜的布置法。画上有两只黑猿，一只挂枝而下，两手紧握，好似在玩秋千，回头看向另一只踞干而坐的黑猿。画家用墨沉着，笔法健劲，把黑猿身上的毛茸茸的质感都表达了出来，显示了画家对自然观察入微，写实功力非同小可。

宋人作画以"格物致知"为准则，讲究准确观察，北宋画猿圣手易元吉为画好猿猴，于家中屋后布置猴山，日夜观摩猿猴动态，这才能出神入化。宋徽宗《宣和画谱》里有易元吉的《枇杷猿戏图》，从画法的年代上看，或许就是此画。

元顺帝在位后期，由于滥发货币而财政崩溃，之后天下大乱、分崩离析，各地割据混战长达10余年之久。很多南方的艺术家只能选择隐逸山林，他们以"元末四家"为首，开创了代表元画高峰的文人山水画，在画史上地位崇高，不过他们的作品要到清代才会受到帝王的重视，在元明时期并不是宫廷收藏。元朝宫廷的文人虽受重视，却并不是开创性的艺术家，他们更像是策展人，主要责任是帮助皇帝了解古代传统文化。所以，历代皇室的收藏大多是以古代书画为主，对当代的新潮流往往不太重视，只有宋徽宗那样的艺术家皇帝，才会更关注时下的艺术创新。

1368年，明军北伐，元顺帝弃大都北逃至应昌，1370年在祥哥剌吉后人的鲁王府里去世。此后的元朝被称为北元，经过元昭宗和天元帝两代，最终在1388年的捕鱼儿海一战被明军灭国，彻底走进了历史。明朝接受元朝内府书画，会在上面盖上"稽察司印"的半印，不过明朝皇帝里没有大收藏家，于是这些作品纷纷散落民间，直到清代乾隆时期，才重新回到宫廷，成了后人研究中国艺术史重要的资料来源。

国宝的形成　国宝再现

2017—2018 年　台北故宫博物院

2017 年秋季和 2018 年秋季，台北故宫博物院举办了两场以"国宝"为主题的文物特展："国宝的形成——书画菁华特展"（展期：2017 年 10 月 4 日至 2017 年 12 月 25 日）和"国宝再现"（展期：2018 年 10 月 4 日至 2018 年 12 月 25 日），展出了数十件顶级的书画作品，堪称是同期水平最高的书画展览之一了。

特展以"国宝"为名，核心主题就是文物分级。中国自古就有"国宝"这一概念，战国时《荀子》有云"口能言之，身能行之，国宝也"，可见国宝一开始指的是人。到了西晋时，国宝成了文物的代名词，杜预有言"国宝，谓甗（一种青铜器）磬"，可见那时候已经有古董的概念了，不过还没有把书画当宝贝。等到了唐代，书画也成了国宝，张怀瓘是这么评价王羲之书法的："但得成篇，即为国宝，不可计以字数。"

自唐宋以来，书画以其独特的艺术表现力和记录功能，一直是中国文物收藏的核心部分。宋代有徽宗赵佶，元代有大长公主祥哥刺吉，明代有项子京，都是名垂千古的书画收藏家。到了清代，乾隆、嘉庆两代皇帝倾皇家之力收集古今书画，编成《石渠宝笈》和《秘殿珠林》，奠定了故宫及各大博物馆古代书画收藏的基础。《石渠宝笈》里就已经有了文物分级的概念，好比说王羲之《快雪时晴帖》被列为上等，宋人《秋塘双雁》则被列为次等。不过，清代书画研究缺乏科学方法，经过近百年来学者的努力，有些原本列为上等的书画被发现其实是伪作，一些被列为次等的书画被发现是绝世珍宝，所以现在我们有了自己的一套文物分级系统。中国大陆的文物分为一级、二级、三级，有些极其珍贵的一级文物还会被要求不得出境展览，《清明上河图》《千里江山图》等37件书画名作都是不得出境的。中国台湾的顶级文物则分为国宝和重要古物，台北故宫博物院还有70件限制展出的书画，属于格外珍贵的文物。台北故宫博物院的限展书画是明代以前国宝级文物中的精品，有三个标准：名家真迹、艺术水平出色的作品、亟待保护的作品，三个标准至少要满足一个。大陆限制出境的书画标准要更高，必须是元代以前的名家名作，所以数量更少。在笔者看来，台北故宫博物院70件限展书画里可能只有不足30件能到达大陆限制出境的标准，但总体而言都是顶级的瑰宝，随便拿出一件就能在拍卖会上创纪录了。

国宝的形成

在2017年"国宝的形成"特展上，台北故宫博物院展出了

45件书画作品，其中34件是国宝级的，甚至还有20件限展书画，颇有些炫耀家底的意思。高古书画是有机物，加之年深日久，对于光照、湿度等要求都很高，不适合长期展览，所以展览会分上、下两期，将顶级的晋唐宋元书画分期展出，时间各为一个半月。本次特展的上期有很多艺术史上的名作，如东晋王羲之《快雪时晴帖》、《唐人宫乐图》、北宋宋徽宗《秾芳诗帖》、大理国张胜温《画梵像卷》等，都是台北故宫博物院压箱底的宝物。这些限展书画在展出之后，至少要入库休息3年，10年不展也属正常，鉴赏的机会十分难得。

特展都要有主打，"国宝的形成"特展主打的就是乾隆皇帝收藏的天字第一号宝物：东晋王羲之《快雪时晴帖》（图12.1）。这是一封书信，内容是书圣王羲之在雪后晴天写给朋友的问候，因里面有"快雪时晴"四字行楷而得名。《快雪时晴帖》里行楷比较多，最后还有"山阴张侯"四个略带隶意的行楷，并非常见的书圣笔法，有人认为这是南北朝时期人的观摩题款（观款）。但上古观款字都很小，这么大的行楷应该是书信封面，按理说和内容应该是一个人写的才对。王羲之书法有很多面貌，如果用辽宁省博物馆藏王羲之一门《万岁通天帖》的字体来对比的话，这几个字或许就是王羲之写的。王羲之的楷书非常罕见，古人说王羲之草书十行相当于行书一个字，行书十行相当于楷书一个字，《快雪时晴帖》里这么多行楷，确实是弥足珍贵了。

其实王羲之的真迹已经不存于世了，《快雪时晴帖》是唐代的双钩摹本，也就是复制品。但唐代的摹本也是非常厉害了，

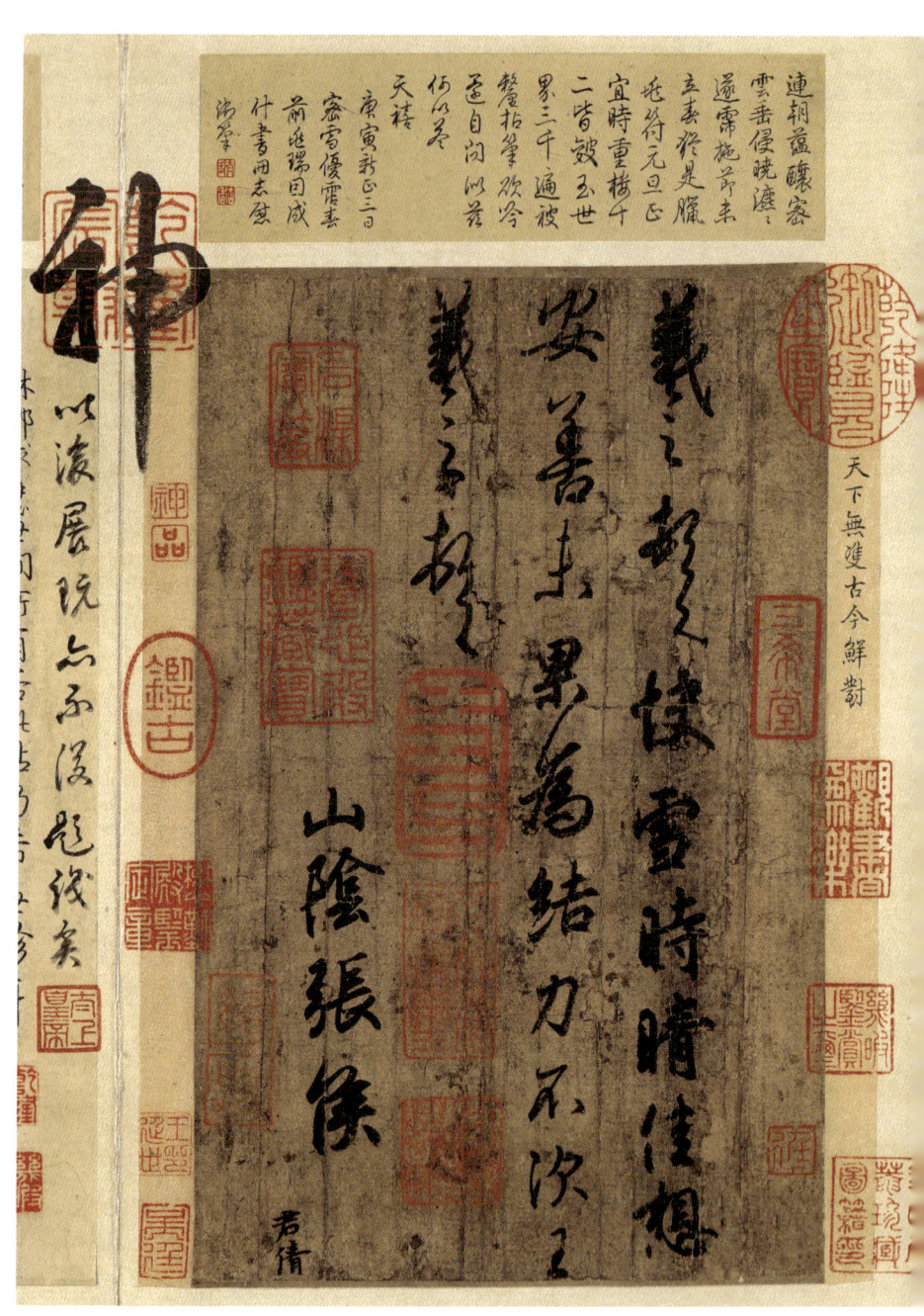

图 12.1-1　东晋　王羲之　《快雪时晴帖》唐摹本　台北故宫博物院藏

和今天影印出来的效果差不多。古人在摹帖之前，先在纸上涂蜡，用石碾光滑，让纸看着有点透明，大晴天在黑暗的屋子里，把书法和拓纸覆在窗户上，这样书法笔迹在强光下可以看得很清楚，然后用描边的方法将字迹复制下来，再一点点填墨。好的摹本，能连真迹上的墨痕浓淡，乃至于毛笔的飞白，全部都摹下来，和手写的一样。这是唐代独有的复制技术，宋代以后会用刻本复印，资料传播更广，但是再也无法做到唐代那样和真迹几乎一样的效果了。

《快雪时晴帖》作为唐摹本，能看到作者运笔的过程，上面好几个字看起来都是毛笔墨干了写出来的飞白，只有把高清图放大了才能发现描边的痕迹，古人没有放大镜看不出来，就以为是真迹了。《快雪时晴帖》历代流传有序，最早的收藏印来自唐初的书法家褚遂良，距今快1400年了。古人收藏字画，往往喜欢盖印和题字，但是也经常会被后代裁掉。史书记载北宋书法家米芾曾在《快雪时晴帖》后面题写跋文，可惜现在已经看不到了，褚遂良的印由于是盖在书法的核心部分，无法裁掉，这才能留存下来。通过对印章的研究，我们知道这个帖子是历朝珍重的宝物，进过南宋皇宫和元代皇宫，还曾经被很多权臣收藏。元仁宗对《快雪时晴帖》非常欣赏，认为是书圣真迹，当时官居一品的大书法家赵孟頫奉旨题跋，说这是"历代宝藏""今乃得见真迹，臣不胜欣幸之至"。这段跋文是在皇帝面前评论书圣墨迹，所以写得格外认真，堪称是赵孟頫楷书代表作。后来赵孟頫对《快雪时晴帖》念念不忘，亲题"快雪时晴"四个大字，赠予"元四家"之首、

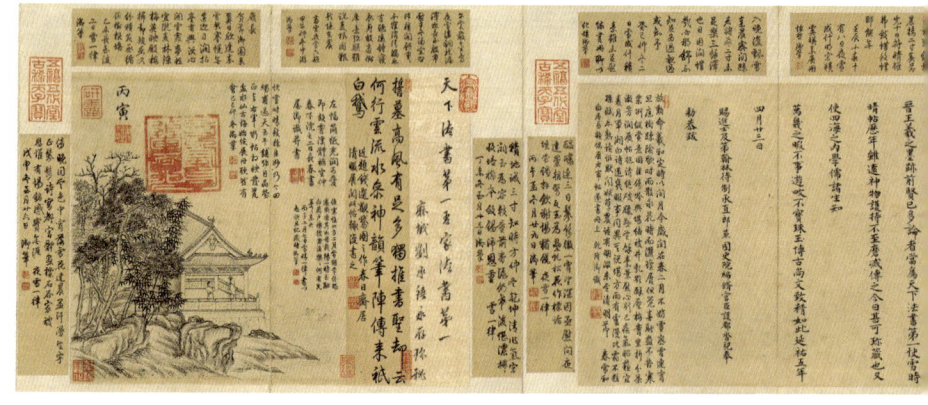

图 12.1-2　东晋　王羲之　《快雪时晴帖》唐摹本（展开题跋）　台北故宫博物院藏

《富春山居图》的作者黄公望。黄公望很认真地在赵孟頫题字后面画了一幅《快雪时晴图》长卷，现在是北京故宫博物院的名宝。

《快雪时晴帖》于康熙十八年（1679）进入清宫，后来成为乾隆皇帝的头号收藏。古代皇帝经常要批改大量奏章，楷书一个字一个字写着累，草书又怕信息传递会出现差错，所以行楷是最合适的字体，乾隆看到历朝公认的书圣的行楷真迹，一下子就爱上了，揣摩苦练。所以，乾隆的书法虽然主要是学赵孟頫，但也有《快雪时晴帖》的影子。人们对乾隆书法评价不高，这其实多少是因为他题字过多，让人有点看腻了，几乎出名的古字画上面都有乾隆御笔题诗，乾隆的诗水平不高，于是字也就跟着"不堪入目"起来。客观来说，乾隆字写得很工整，他善于在一小块地方整整齐齐地写上一大堆字，虽字体缺乏变化，称不上书法家，但在历代皇帝里算是写得还可以的。

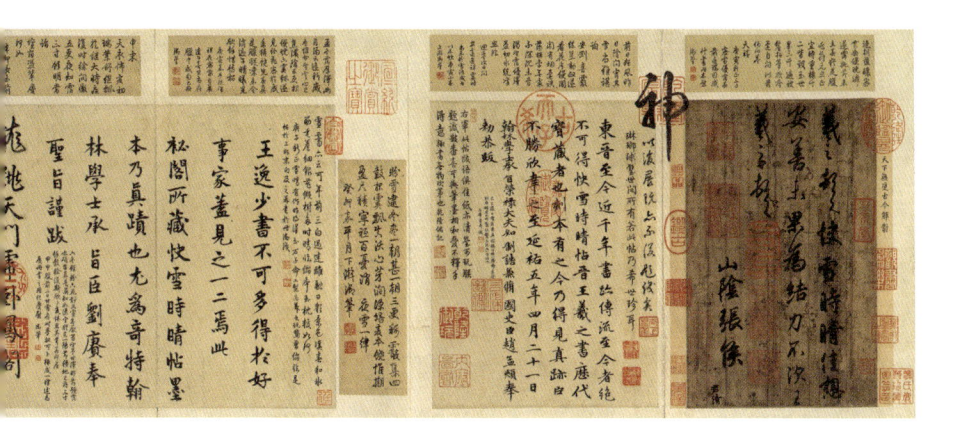

乾隆皇帝最喜欢《快雪时晴帖》，奉其为天下第一宝物，那自然少不了题跋。他在 50 年间写的题跋有 70 多处，其中还有很多咏雪诗，后人根据这些题跋，甚至能摸索出乾隆一生的宫廷生活和治国心态来，可见其内容之丰富。乾隆不光题字，还要画画，他发现《快雪时晴帖》后面有一张宋代茧纸，光润可爱，于是模仿元代画家钱选笔意，在上面画了一幅《王羲之观鹅图》。画上面有一颗宋代的倒印，是南宋丞相韩侂胄的，估计原来是正的，为了方便乾隆画画构图，只好倒过来了。这个图画得不错，远远超过乾隆的水平，应该是找人代笔的。

从现代人的角度来看，乾隆在古代书画上到处题字盖章，颇为不堪。但是，就古代人的角度而言，这些书画都是乾隆皇帝的私藏，他愿意如何处置都是他的自由。另外，古人收藏书画，题字盖章随着时代推移会越来越多，这是一个趋势，因为大量古代题跋和印章都会被后人裁掉，题盖少了，自己的名字或许根本无法留下来，明代项子京曾在唐代怀素《自叙帖》上盖了70多方印，算是乾隆的先行者了。

今人看东西和古人总是有区别的，《快雪时晴帖》是历朝奉为书圣真迹的至宝，但现在我们通过研究得知，这非但不是书圣真迹，甚至可能连真迹的摹本都不是。《快雪时晴帖》上有两个小字"君倩"，是南朝时鉴帖人或摹帖人写下的，唐代给一起摹了下来。通过和其他王羲之书法摹本的比对，《快雪时晴帖》里有几个字写得不好，结构上中宫不紧，笔画上缺乏变化，而且有几个字的笔画看起来像是南朝晚期的风格，所以《快雪时晴帖》的底本大概率是南朝的复制品，唐代的摹帖技术虽然水平很高，但是底本已经丢失了一些王羲之书法的神韵了。现代学者很少会把《快雪时晴帖》当作重要的作品，倒是这次特展下半期展出的唐摹王羲之草书《远宦帖》会得到更高的评价，认为它展现了晋人书法特点，笔法精妙。不过笔者倒是认为，《快雪时晴帖》毕竟是1400年间流传有序的宝物，它长期被当作人间至宝，是中国古代文物收藏和文化传承的象征，这份价值是无与伦比的。而且，古人的审美本身也是一种文化，连米芾和赵孟頫这样的书法大宗师都对《快雪时晴帖》里的行楷赞叹不已，我们也应该对它怀有更多一点的敬意才是。

我们现在的研究水平高于古人，一些自古流传的真迹被发现并非真迹，而一些过去评价不高的，现在也许会被重新评价。"国宝的形成"特展第一期的限展作品《秋塘双雁》就是一个典型例子（图12.2）。《秋塘双雁》是一幅双绢拼成的大画，画心高170厘米、宽167厘米，画面上有一公一母两只鹅（古人雁和鹅是不分的）在郊野的池塘里，此时荷叶已经枯萎，香蒲的花期也过了，是一片深秋的景象。这幅画是左右两幅画拼在一起的，作者是同一个人，本来可能是室内的障祄屏风。

《秋塘双雁》原来被认为是比较普通的作品，因为上面没有款识和题字，只有一方不知来自何人的残印，整体上属于来路不明。而且自明代董其昌以后，中国绘画一直推崇文人画而轻视工笔花鸟，导致这种题材的古画不受重视。《秋塘双雁》在清代《石渠宝笈》里被列为次等，不那么重要。后来台北故宫博物院的研究人员发现，有两幅名画和《秋塘双雁》很像：北宋徽宗的《红蓼白鹅》和《秋塘双雁》上的母鹅画的一样；（传）北宋崔白的《芦花义爱》和《秋塘双雁》上的公鹅画的一样。有学者研究了三幅画之间的关系，发现《秋塘双雁》才是最早的母本。

现在我们知道，《秋塘双雁》是北宋徽宗时花鸟画中的精品。画家在画面上展现了深厚的功力，两只大鹅的尺寸和真鹅一样，比例准确，鹅身上的羽毛一根根条理分明，母鹅回首导致胸前的羽毛都张开了，看上去和拍照片没啥区别。宋人注重"格物致知"，对事物观察细致入微，画动物是按照动物学的要求来的，这一点明清的画家无法做到。左边画面里的母鹅躲在一丛植物后面梳理羽毛，这非常不好画，画家这么画摆明了就是要炫技。水面上的荷叶在入秋之后已经枯萎碎裂了，连破碎残叶的沫沫都画得清清楚楚，这是北宋院体画特有的一丝不苟，给皇帝画的，马虎不得。

图 12.2 北宋 《秋塘双雁图》 台北故宫博物院藏

这幅画尺寸巨大，年代高古，画工又如此精湛，非常难得。所以尽管没有画家姓名，但还是于 1992 年被台北故宫博物院列入了限展文物，这也代表了现代研究者对古人艺术成就的重新认识和肯定。

人类的知识是不断进步的，任何研究都是一个过程而不是结果。很多原来的观点会被推翻，然后又被再推翻。这并非不靠谱的表现，而是一种进步。中国的高古书画，也就是晋唐宋元的书画作品，从来就是一笔糊涂账，因为历代都在摹拓前朝的名作，然后还有各种作伪。甚至连真迹也会被不断改动，有各种修补裁切，还有后代的重描。所以目前对高古画的研究还在不断摸索中，不知何时就可能会推翻原来的认识。

这次特展上有一幅著名的作品叫《唐人宫乐图》（图12.3），它高约 50 厘米、宽约 70 厘米，画面上是一群唐代宫廷里的胖姑娘在喝茶奏乐。清代人不认识唐宫模样，看画面上人物胖胖的好似蒙古人，就定这幅画为元代宫廷画。台北故宫博物院在 20 世纪 80 年代发现这幅画上风貌物件都是唐代的，于是重新定为《唐人宫乐图》。

笔者第一次看到这幅画的时候，非常惊叹，因为能感到唐代的气息扑面而来。画面上人物的妆容非常符合唐代元和时期的风貌，额头、鼻梁、下巴三处涂白，这叫"三白法"。有些人的发髻歪向一边，这是唐代流行的"坠马髻"。一个奏乐者横抱的四弦曲颈琵琶，和日本奈良正仓院的琵琶在细节上高度相似，奏乐者用拨子弹奏，也是唐代的奏乐方式。还有图上的家具和桌上的

图 12.3 《唐人宫乐图》 台北故宫博物院藏

餐具，也都像极了日本正仓院的器物，绝非宋代以后的东西。

这幅画的风格也和后代不同，作者似乎完全不懂比例。我们看一个东西，总是近大远小，而画上的桌子居然是近小远大。这是一种古老的绘画视角，属于散点透视，观画者有全视角能力，上下左右都能看清楚，桌子上的东西能全部看到，桌子下面的狗和蚊子也能看到。桌子对面有一个头戴花冠的女子，地位应该比较高，从她的视角看，就是桌子对面会更大。总之这种画法在重视写生的宋代是不会出现的，所以很多专家都认为这幅画就是唐代的原作。然而现在研究越来越深入，通过对画面材质和笔法的对比，一些专家提出了新的观点，认为这幅画是北宋的摹本。底本是唐代的没错，摹者很认真，画的和原作几乎一模一样，只是在细节上略有不足而已。这些说法不无道理，也许这幅画过几年就要被改成《北宋摹唐人宫乐图》了。

当然了，并不是每件作品的年代都会有争议，有很多高古书画没有争议，但一样值得深入研究，好比说特展第一期的限展作品：南宋时期大理国张胜温的《画梵像》（图12.4）。

大理国（937—1254）是中国古代云南地区的一个政权，在历史上资料极少，这幅张胜温《画梵像》是给大理皇帝段智兴（金庸小说《射雕英雄传》里的南帝一灯大师）画的，绘制于1172至1175年间，卷长16米有余，上面画了皇帝礼佛图和无数佛菩萨画像，内容丰富，工艺精湛，堪称皇皇巨制。笔者认为这幅图是绝世神作：它是大理国文化独一无二的精彩见证，这叫绝世；上面工笔绘制无数神佛，绚烂华丽，这叫神作。

由于《画梵像》实在太长，台北故宫博物院里最长的展柜也放不下，所以只好从后面题跋展起，到前面的十六罗汉为止，最前面的皇帝礼佛图看不到，很是可惜。那幅礼佛图上人物衣饰华丽，段智兴穿着大理国特有的皇冠龙袍，是珍贵的历史图像资料。礼佛图上有榜题"利贞皇帝（白票）信画"，利贞皇帝就是段智兴，（白票）信是大理语言里的陛下，所以那是大理皇帝段智兴的御笔画。本次展出的画面上有榜题"奉为皇帝（白票）信画"，

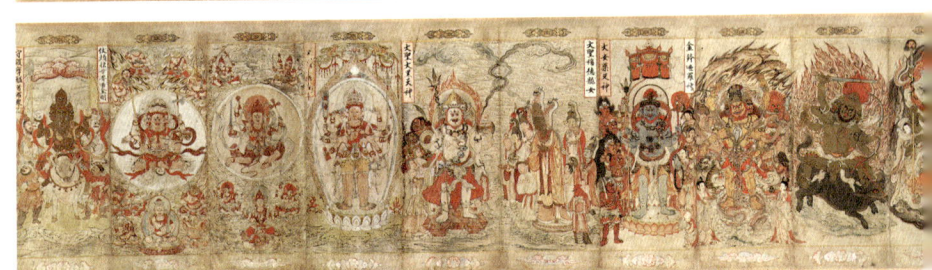

图 12.4　大理国　张胜温　《画梵像》局部　台北故宫博物院藏

意思是张胜温给皇帝画的，不过画面上人物风格不一，笔法也有差异，不像是一个人画的，或许是张胜温团队的集体作品。

《画梵像》本来是册页，共有 129 页佛菩萨图，多数是一个佛菩萨一页，后来改装成了卷轴，展开来华丽无比，再现了大理"妙香佛国"的景象。佛教的神佛菩萨有一套复杂的系统，而且不同宗派会衍生出不同的佛菩萨，极为难认，幸好有些画面上有标题，能明确地知道画的是谁。笔者看到很多没见过的菩萨，如"建国观世音""易长观世音""大安药叉神"之类，都是大理独有的信仰。有一个"真身观世音"是大理国特有的阿嵯耶观音，在云南出土的大理观音像多数就是这位。除了当地菩萨之外，画上还有很多来自汉地的画像，好比说十六罗汉和禅宗七祖等，这都是唐代风格，我们后世叫十八罗汉和禅宗六祖。

《画梵像》保留了很多唐代传统，这是非常难得的。笔者在日本醍醐寺见过公元 10 世纪的如意轮观音像，精美异常，唐韵十足。这次在《画梵像》上也看到了如意轮观音，和醍醐寺的一模一样，可见都是从唐朝传播出去的信仰。有些唐代的传统在大理也有变化，《画梵像》的后段有密宗的五大明王像，画的十分精彩，但似乎和日本传承的唐代密宗明王有区别。由于没有标题，笔者观摩良久，只认出降三世、军荼利和大威德三个明王，剩下两个是不是金刚夜叉和不动明王就不好说了。总之，《画梵像》是一件毫无争议的作品，但是它里面有太多的难解之处，还需要学者不断地深入研究。

分辨国宝

"国宝的形成"特展上半期展出了9件限展作品，基本都是传世名作，好比说王羲之的《快雪时晴帖》、宋徽宗的《秾芳诗帖》（图12.5）、北宋文同的《墨竹图》、大理张胜温的《画梵像》等，都是艺术史上大名鼎鼎的重宝，目的大概就是让观众看看顶级真迹是什么样子。然而到了下期，展示的风格变了，出阵的11件限展作品名气不大，而且有些还颇具争议。为何要安排这样的展示呢？笔者问了书画部的工作人员，得知是因为文物保护极为严格，有些珍贵文物多年不拿出来，莫说观众看不到，甚至连学者也难以对其进行研究，所以"国宝的形成"特展下期集中了一批极少展出的限展书画，目的是让学者们能直接看到它们，从而有更深刻的研究和认识。笔者在现场仔细观摩了许久，发现这些文物非常精彩，但也极具争议性，可以说是一场对学者们的考验了。

书画研究的一个核心目标，在于辨伪。台北故宫博物院的限展作品都是清宫遗宝，不可能是当代作伪，但具体的时代划分依然是个难点。中国历代都在重新摹画古代作品，而且明代还盛行

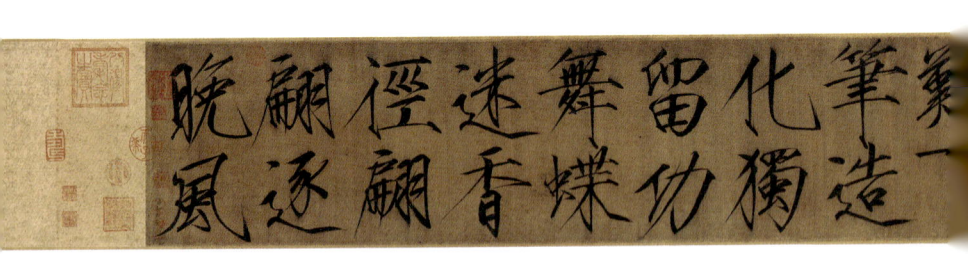

图12.5 北宋 宋徽宗 《秾芳诗帖》 台北故宫博物院藏

造假，这就让确定创作时间变成了一个很难的事情。由于古画太珍贵，暂时还没办法从上面取一块下来做科学测年，所以通用的鉴定方法就是"看"，通过学者的眼界以及和其他东西的比对，来测定文物年代。这种方法在大多数情况下是行得通的，好比说这次特展上有唐代名家韩干的《牧马图》，上面有宋徽宗亲自题写的："韩干真迹"字样，按理说是唐代作品无疑，但是现在通过对用笔方法的比对研究，可以确认这是宋代的摹本。宋徽宗曾经凭着自己的喜好，改绘过不少高古名作，给后代研究带去不小困难。

在一些情况下，单凭眼睛去鉴赏文物，会看得云里雾里。这次特展下期著名的作品有北宋宋徽宗的《文会图》（图12.6），它高1.84米、宽1.24米，是绢本大画，画的是唐太宗十八学士在喝茶吃东西，上面还有宋徽宗和宰相蔡京的诗文。学界对这个作品的评价两极分化，要不然说这是彻头彻尾的明代假货，要不然说这是不折不扣的宋代神品。笔者仔细看了许久，认为这幅画是神品。

唐太宗十八学士主题的古画，台北故宫博物院一共有三幅，

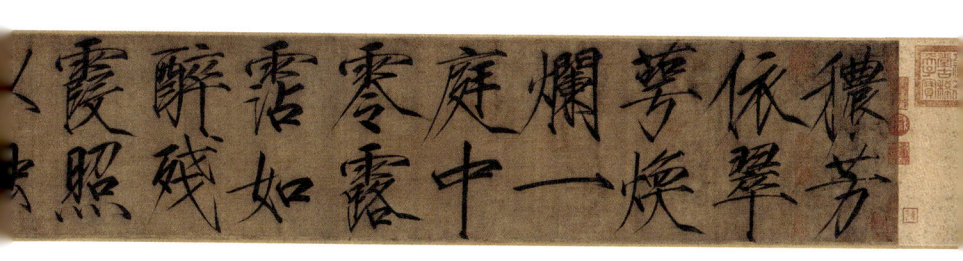

儒林华国古今同，吟咏飞毫醒醉中。
多士作新知入彀，画图犹喜见文雄。

——题和进

白泉谨依韵和进

明时不与有唐同，八表人归大道中。
可笑当年十八士，经纶谁是出群雄。

图12.6　北宋　宋徽宗　《文会图》　台北故宫博物院藏

全都号称是宋徽宗画的，其中两幅是明代的仿品，只有《文会图》是北宋真迹，因为它画得太精美了，仿制品到不了这个水准。《文会图》上有20个人物，个个面目栩栩如生、神态鲜明，纱帽还呈半透明状，极尽精妙之能事。树木草石工整精细，一笔一画一丝不苟，竹子用双钩绘制，是典型的北宋画法。尤其是背景的梭罗树上那么多叶子，每一片的根部都用深色罩染，让每片叶子写生动人，这应该是画家皇帝对画院高手的亲自指导和特殊要求，不然没人会这么去画。

那么问题在哪里呢？首先就是画上的题诗。宰相蔡京赋诗一首："明时不与有唐同，八表人归大道中。可笑当年十八士，经纶谁是出群雄。"诗写得很好，才气盎然，问题是字写得有些弱了。蔡京是大书法家，北宋四大家"苏黄米蔡"里的"蔡"就是他，这个排序是按照出场顺序来的，蔡京最后一个登上历史舞台，所以排在苏轼、黄庭坚、米芾之后。北宋灭亡后，蔡京成了大奸臣，于是"蔡"后来就变成了比苏轼还早的蔡襄。奸臣的书法是没人留的，所以现在能看到的蔡京书法都是书画题跋，一个个笔力雄健、气韵超俗。《文会图》上蔡京的题诗笔力不足，加之宋徽宗的题诗也是笔力偏弱，所以难怪有专家会认为这是假的。笔者认为这个问题并不严重，因为题字又高又大，写出的效果受到作者的书写习惯和用笔方法的制约，发挥略有不佳也是正常的。

笔者觉得真正让人疑惑不解的是茶具的颜色。有台湾学者提出，图上有个人捧着的大盘是元代之后才有的青花瓷，但实际上没问题，那就是个玳瑁大盘，北宋完全可以做出来。还有学者提出，餐桌上一排排的小盘子是宋代女人乞巧用的，笔者看了之后发现，小盘子里是分餐的食物，只不过颜色掉了很多，以至于看起来有点莫名其妙。真正有问题的是茶具的上色，这个图上画的虽然是唐代故事，但是器物都是北宋的，喝茶方法也是宋代的点茶，类似日本抹茶。点茶在明代初年被朱元璋禁了，所以在中国失传，不过史料一直都在，还能知道以前的风俗（参见本书"美秀美术馆龙光院展"章节）。宋徽宗在《大观茶论》中写道"盏色贵青黑"，意思是喝茶要用黑色的茶盏。然而问题在于：《文会图》上的茶盏都是白色的，没法用于斗茶，和宋徽宗追求艺术完美的性格完全不符。再仔细观察，只见图上茶具上色均匀，黑色盏托的颜色形状都是对的，只有茶盏本身是白色的，周围还描着金边，颜料和工笔俱佳，看起来是故意这么画的。不过，使用白色茶盏的宋代绘画也不止《文会图》这一幅，之后我们会介绍"国宝再现"特展上的《萧翼赚兰亭图》，那幅画上的茶盏也是白色的。有一种可能是，这两幅画都是宋人画的唐朝故事，会不会是作者想要表现唐朝人使用定窑白瓷喝茶呢？这就要留待以后的研究了。

和《文会图》一样有争议的，还有一幅《江帆山市图》（图12.7）。这是一幅纸本小画，宽28.6厘米、长44.1厘米。专家们对这个作品的评价也是两极分化，要不然说它是彻头彻尾的明代假货，要不然就是不折不扣的宋代神品。笔者在看到这幅作品之前，听到的都是负面评价，然而自己仔细看了半天之后，认为这幅画是北宋风俗画里的精品。

图 12.7　北宋　《江帆山市图》　台北故宫博物院藏

　　《江帆山市图》的争议，在于它是纸本，这在文人画还没有兴起的宋代比较少见，而且它是册页改成的卷轴，装裱形式多见于明代，再加上保存状态极好，不像是宋代之物，所以有专家觉得这是明代的作品。不过这些都不是问题，北宋燕文贵的名作《江山楼观图》也是纸本卷轴。《江帆山市图》应该是被裁过，改成册页之后再重新装裱成卷轴。至于保存状态优质，那无非运气好，在流传的过程中气候环境不错，而且打开的次数比较少。

　　《江帆山市图》的画面细致严谨，明代的治学和工艺都比较粗糙，号称"粗大明"，做假很难到这个程度。画上建筑皆为宋代风格，还有北宋典型的道教洞天草庐，最明确的是山道上的骆驼，那是南宋没有的动物。画面上几艘小船工笔细致，连窗户上的装饰都画出来了，桅杆上挂着衣服，还被风吹起来一点，船顶养着鸡笼，应该是报时所用。船头、船尾、桅杆等部件，都画的一丝不苟，体现了宋人重视"格物"的时代精神。

《江帆山市图》上一个字也没有，不知道主题是什么。有一个官员反复出现，他一会儿站在船顶上看风景，一会儿在山道上对着一行行鸿雁吟诗，应该是画里的主人公。这幅画应该是个故事连环画长卷，画的左侧还有接纸的痕迹，后世剪裁之后只剩下一小段，说的是什么就难以考证了。再细看作者笔法，可以看到山和北宋燕文贵《江山楼观图》里的一座山几乎一模一样，画山石用的皴法有点近似于北宋范宽的雨点皴，所以很可能是北宋中期的作品，时间在宋徽宗之前，这样的话，此画的历史价值就非常高了。

有时候鉴古并不一定涉及作伪，但依然众说纷纭。这次特展上有一幅巨大的佛画《如来说法图》就是如此（图 12.8）。画为大幅绢本，高 1.88 米、宽 1.11 米，来自乾清宫的旧藏。绘画内容是佛祖释迦牟尼高座莲台，座侧有两位天王、两位供养菩萨以及阿难、伽叶二尊者。这幅画为浅设色，佛衣淡绿，火光是纯墨的青焰，笔墨极为有力，人物神情逼真，是顶尖高手的作品。

这幅画确定是明代以前的高古作品，但其难点依然在于断代：究竟是北宋初年的原作还是元代的摹本？由于画上面一个字没写，一切鉴定就都只能是推测了。崇古的专家说它年代早，疑古的专家说它年代晚。中国的高古画是一笔糊涂账，在这里得到了充分体现。

图 12.8　北宋　侯翌　《如来说法图》　台北故宫博物院藏

《如来说法图》最早的年代记录，来自边角处加盖的宣和五玺。但是疑古的专家对此并不赞同，因为这幅画年代久远，以前被折叠起来收藏，边缘都烂掉了，断裂成24段，尽管后来重新修补过，边角上的北宋印章虽真，但由于是完全断裂开的，也有可能是从其他作品上裁下来的，所以无法当作证据。再者，《如来说法图》虽然气韵高古，有晚唐到宋初的风格特色，但鉴定必须用最晚的时间点而不是最早的，画中一些衣褶的样子常见于元代，而且鼻子上肉嘟嘟的画法和日本京都国立博物馆所藏元代《白衣观音像》很近似，所以这幅应该是元代作品。

　　笔者认为《如来说法图》是北宋初年佛画。这幅画虽然经过修补，但画上的北宋印是真的，中国自古没有收藏佛画的风气，谁会费力去找好几块盖着宣和御印的古绢来给这幅佛画作伪呢？而且绢的颜色质地都一样，那是很难找的。再仔细观察《如来说法图》的画法，可以看到作者用笔功力深厚，但是线条种类很少，这是早期人物画的特点。至于鼻子的画法，《如来说法图》上面的人物样貌生动自然，有很强的原创性，而京都的《白衣观音像》明显是可以模仿，毫无生机可言，估计是元代的画师看到古代佛画，照葫芦画瓢，强行在鼻子上多画了几笔。据台北故宫博物院李玉珉的研究，宋徽宗的《宣和画谱》里有个画家叫侯翌，在北宋初年间画释道人物是一绝，据说他"落墨清骏，行笔劲峻，峭拔而秀，绚丽而雅，亦画家之绝艺也"，这些词用来形容《如来说法图》非常贴切。根据《宣和画谱》的记录，宋徽宗收藏了一幅侯翌的《释迦像》，或许就是这幅《如来说法图》以前的名字。

中国自古缺乏收藏宗教画的传统，现在留下的主要是敦煌等地的考古出土和日本寺庙里世代供奉的中国古画。《如来说法图》这样精彩的巨制，从北宋到清朝都是皇家珍藏，其艺术价值和历史意义都是非同寻常的。

如果说《文会图》《江帆山市图》《如来说法图》还不够令人迷惑，那么《秋林群鹿图》一定是可以的。因为后者是中国绘画史上最神秘的作品之一了。台北故宫博物院收藏有两幅古画《丹枫呦鹿图》和《秋林群鹿图》，都是限制展出的作品，它们题材一样，都是秋林里的鹿群，尺寸一样，都是118厘米×64厘米，画法也一样，应该是同一个作者画的一组画，现在只留下了这两幅。两幅画上都钤有元文宗的"奎章"和"天历"半印，是元朝的宫廷收藏，笔者在2016年台北故宫博物院"公主的雅集"特展上看到了《丹枫呦鹿图》，"国宝的形成"下半期展出的是《秋林群鹿图》。

我们先来看《丹枫呦鹿图》（图12.9），画面上鹿头都是朝向左望去，似乎那边有什么响动，大角公鹿站在鹿群最前方，似乎准备迎敌。前景茂密的植被中有一道水口，坡岸以及坡石的画法中采用了中原常见的皴法，但又用了中原没有的染法，风格混搭。《秋林群鹿图》的远景更加绵密（图12.10），作者用细密的勾线画出枝杈，再用层层积粉堆出大片密林，鹿群之后红叶黄叶交错，又隐约透出一点绿叶，尽显秋林美色。和《丹枫呦鹿图》不一样，《秋林群鹿图》一部分鹿群望向右方，而左侧的公鹿做出了战斗的姿态，正准备往左侧冲，这个细节说明左右两边应该

图 12.9 辽代（契丹） 《丹枫呦鹿图》 台北故宫博物院藏

图12.10-1　辽代（契丹）　《秋林群鹿图》　台北故宫博物院藏

图 12.10-2 《秋林群鹿图》局部

有其他的画面。

笔者之所以说这两幅画神秘，是因为中国绘画史有自己的体系：山水、花鸟、人物、风俗等，每个系列都有画法、代表作和历代的变迁过程，然而这两幅鹿图的画法和谁都不像；画得极好，却无法被放进中国绘画史的任何一个分类，可以说完全不知道从何而来。其实很多画都无法放进中国绘画史，好比说达·芬奇的《蒙娜丽莎》就不行，但那些是外国画，而这两幅鹿图是用毛笔画在绢上的，是中国画无疑，却又和所有传统绘画的风格都不一样。中国画自古讲究"留白"，那是从书法里过继来的传统，画画不能画满，然而这两幅鹿图画得不能再满了，繁密的枫林色彩缤纷，布满整个画面，足够华丽，却再无人这么画过。

这两幅鹿图不是尝试性的作品，而是大宗师的妙笔生花，画法缥缈，气韵神异。作者举重若轻地把群鹿的神态乃至于肌肉感全部画出来，这是无数次对鹿群的细致观察和反复写生才能做到的。画鹿时先淡勾轮廓，再施以墨色多层渲染，积墨中运用了很多点粉和点色的方式，通过粉和色的淤积上色，表现出鹿的皮毛在光线掩映下变化斑斓的质感，浅色臀部用的是没骨画法，高光加留白。这些画法在中国传统的绘画里也能见到，但运用方式是颠覆性的。画植物也是如此，植物枝叶有勾边，而画出来的效果近乎没骨。树干或者填墨，或者用粉白，不用皴法，而且直接从其他的枝叶甚至鹿身上画过去，现在粉白掉了许多，留下树木轮廓，看上去鹿似乎躲在透明的树后，效果非常奇幻，诗意十足。

《秋林群鹿图》的画法是独一无二的，千锤百炼，技法成熟，就是不知道源于何处，一上来就是参天大树。考察这画的来历，能看到清宫的标注为五代人画，不知道是怎么判断的。台北故宫博物院李霖灿先生在北宋郭若虚的《图画见闻志》里找到这样的记载："皇朝与大辽国驰礼，于今仅七十载。继好息民之美，旷古未有。庆历（1041—1048）中，其主以五幅缣画《千角鹿图》为献，旁题年月日御画。上命张图于太清楼下，召近臣纵览。"据此推断，《丹枫呦鹿图》和《秋林群鹿图》应该是辽兴宗耶律宗真赠予宋仁宗的五幅《千角鹿图》中的两幅，由于两幅内容不相连，又都没有题记，所以应该是第二幅和第四幅。

现在学术界普遍同意《丹枫呦鹿图》和《秋林群鹿图》就是辽代（宋仁宗庆历年间叫大契丹国）名作，因为画上的鹿是北国秋猎常见的动物，树木植被也和内蒙古的树林风貌接近，绘画工具、材料、景色都对的上，画绢也是10世纪到11世纪的。至于独特的风格，应该是受了西亚甚至欧洲的影响，大契丹国疆域广阔，商贸使节远通西亚，到现在俄语等语言里依然管中国叫契丹。如果当时西亚哪个番邦的画家，如清代时期意大利人郎世宁一样来到中国学画，结果开创了一个前无古人后无来者的画派，也是有可能的。从时代背景来看，契丹皇帝给宋朝皇帝送国礼，用这画实在太合适了，因为是自己国家的独特风光，主题很和平，但绘画水平又高又特殊，宋人看得瞠目结舌，想学着画也画不出来，只有惊叹的份儿，这多有面子。

《秋林群鹿图》提醒了我们一个事实：中国历史绵长，战乱频繁，有很多艺术成就都在历史中丢失了。笔者在日本看到过正仓院的螺钿紫檀五弦琵琶、法隆寺的四骑狮子纹锦，还有静嘉堂文库的曜变天目茶盏，都是古代传入日本的宝物，在中国失传已久。《秋林群鹿图》画风成熟，背后应该是有一个绘画流派，但是辽国灭亡垂千年，留下的文物少、资料少，艺术记载更少，等于是一片森林砍得只剩下一棵参天大树，让人看着摸不着头脑。类似像《秋林群鹿图》这样绝世独立的画作还有其他的例子，上海博物馆有一幅宋画《雪竹图》，旧传为五代徐熙所绘，也是风格前所未见，一出手就是大作。这些特殊的作品在提醒我们：中国的艺术史其实比我们所知道的要复杂得多。有些高古的作品和边疆的画派，只怕都取得过令人咋舌的成就，但是我们再也没有机会看到了，因为它们已经消失在历史中了。人类总会有比历史记载更艰辛的经历、更不堪的苦难，也有更不为人知的辉煌。

国宝再现

在"国宝的形成"特展成功举办的第二年，台北故宫博物院又举办了一场主题相同的特展"国宝再现"（展期：2018年10月4日至2018年12月25日），分A、B两期展出了26件国宝书画，其中13件是限展书画，晋唐宋元的赫赫名作济济一堂，真是文化盛事。

"国宝再现"顾名思义，就是一次大规模晒宝活动的下半场，上半场是2017年的"国宝的形成"特展。书画的高古，讲的是晋唐宋元，因为再早基本留不下来。"国宝的形成"开篇是唐摹

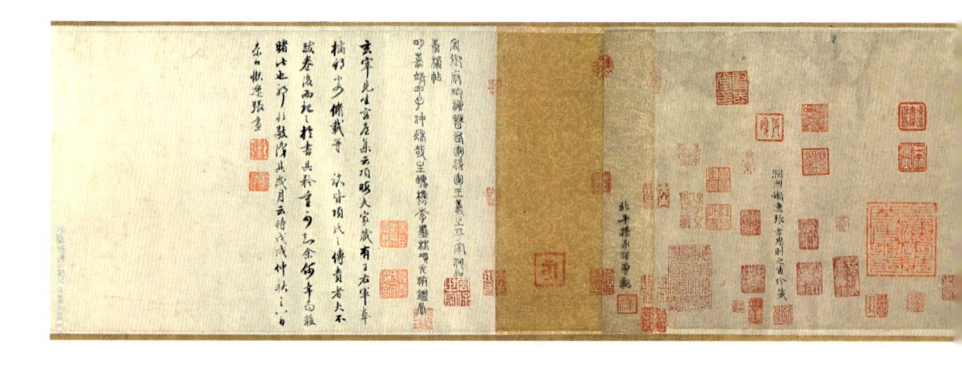

东晋王羲之的《快雪时晴帖》，"国宝再现"的开篇也是王羲之的唐摹名作《平安何如奉橘帖》（图 12.11）。

《平安何如奉橘帖》其实是《平安帖》《何如帖》《奉橘帖》三帖的合称。《说文解字》说"帖，帛书署也"，将汉字写在帛上叫帖，后来引申为古人的书法。《平安何如奉橘帖》并非写在绢帛上的，它长 24.7 厘米、宽 46.8 厘米，写在硬黄纸上，是"下真迹一等"的唐代摹本。

好的唐摹本能反映出原帖上的飞白乃至虫蛀破损。飞白就是字写快了墨有些跟不上，《平安何如奉橘帖》写的比较平稳，这种笔触比较少，但是《何如帖》第二行的"迟"字，第三笔能看到明显的淡漠描痕，就是有意模拟飞白。原迹的虫蛀破损也能看到，是用细墨线描出来的，《平安帖》右下的"僧权"押署、《何如帖》第一行"羲"字、《奉橘帖》最后一个"得"字，都能看到这样的痕迹。至于笔画之间的牵丝映带，那更是唐代摹拓师的拿手技能，如《平安帖》第一行的"来"字，三横画为连笔，第

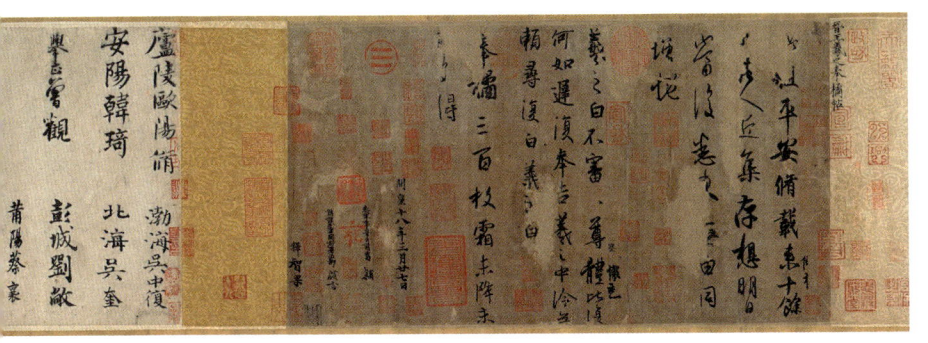

图 12.11　东晋　王羲之　《平安何如奉橘帖》唐摹本　台北故宫博物院藏

三笔上勾接竖画，末两笔逆锋而起，转右点挫锋内收，看着和放笔直书没什么区别。还有第二行的"明日"两字连写，笔画间勾连转折的细线一清二楚，真是神乎其技。最有趣的是第一行最后的"餘"字，王羲之一开始写错了，后来补了一个竖勾加一点，摹拓的工匠认认真真地把书圣写错的字也复原了出来。

《平安帖》，顾名思义，就是给友人报平安的，里面提到王羲之的堂兄王耆之来了十几天，具体的文意不是很清晰，历代断句也不同。此帖运笔在真草之间，提按顿挫变化很多，极是耐看。《何如帖》是问候友人的信，可能是草稿，结字端整，笔势比较平和。《奉橘帖》是《何如帖》后面的一个补充说明，写的是"奉橘三百枚，霜未降，未可多得"。唐代诗人韦应物喜欢这个帖，赋诗云"书后欲题三百颗，洞庭更待满林霜"，北宋人喜欢韦应物的诗，于是将《奉橘帖》单独做成一帖。在长期的流传中，《平安帖》失去最后两行，三帖在明代合为一卷，然后不知道从哪里移来了一段有欧阳修、蔡襄等北宋人签名的观款附在后面，成了今天我们看到的样子。

王羲之所在的时代还没有桌椅，他是坐在地上，一手持纸，一手写字，这种写字法来自书写竹简。王羲之喜欢用劲健的笔毫，书写时高执笔，笔杆稍斜，写出字来清丽健朗。王羲之最反对"直过"，即没有起伏的平拖过去。所以我们在读帖的时候，会发现他的字在起伏欹侧之间韵律十足。《何如帖》上有三个"羲之"的签名，每个写的都不一样，各有韵味。不过，如果签名会因为书法艺术而显得千姿百态，那也就不能作为鉴别真伪的证据了，所以古人很重视形态固定的印章和花押，那才是通用的防伪标识。王羲之的书法在东晋就是贵重之物了，公元334年他写信给征西将军庾亮，庾亮看到字写得很好，于是邀请弟弟庾翼一起观赏。庾翼看到书信后感慨万分，说当年自己收藏了东汉张芝的10张草书，在颠沛逃难的时候丢失了，以为再也看不到那么好的字了，没想到看到这样的书信，"焕若神明，顿还旧观"。

南朝梁武帝极爱王羲之，认为他的字是"龙跳天门，虎卧凤阁"，并且开始鉴藏王羲之书法。梁朝著名的鉴赏家徐僧权和唐怀充的签名押署，还可以在《平安何如奉橘帖》上看到。《平安何如奉橘帖》的一个难得之处，是上面原样摹拓了南梁到隋代诸位鉴赏家的押署，这是唐代以前皇室书画鉴藏的历史，我们居然还能看到，真的是奇迹了。另一个奇迹来自对押署的摹拓，很多都是不到半厘米的蝇头小字，依然是复制得清清楚楚。如隋代开皇十八年咨议参军开府学士柳顾言的签名，"咨议"二字每个横画入笔的形态都不一样，实在是技艺精湛。柳顾言是隋炀帝杨广手下的鉴定师，杨广极爱王羲之书法，到处寻觅收藏，后来他的表侄唐太宗李世民继承了这个爱好，大量收集王羲之书法，并集字写成《大唐三藏圣教序》，其中有些字就来自《平安何如奉橘帖》。

《平安何如奉橘帖》是历代珍藏的宝物，从北宋开始流传有序，不过这幅字前面的宋徽宗题字和宣和内府印都是假的，也不见于《宣和书谱》的记载，大概是明代时候有人想给这幅作品卖个好价钱，于是画蛇添足。清朝时候这幅字进了皇宫，但是由于笔锋锐利，没有《快雪时晴帖》那种温润古雅，所以乾隆皇帝并不喜欢，在《石渠宝笈》里位列次等。人们的审美一直在变，不同的时代，不同的人，喜欢的东西都不一样，唐代张怀说王羲之"有女郎才，无丈夫气"，真是毒舌到家了。现代的艺术鉴赏家一般认为，王羲之的《平安何如奉橘帖》是他顶级的作品，和北京故宫博物院的《兰亭集序》以及日本皇宫的《丧乱帖》一起成为王羲之书法的代表。

王羲之的几件代表作都是唐摹本，唐代书画流传至今的极为罕见，"国宝再现"特展上除了《平安何如奉橘帖》之外，还有三件号称唐代的限展作品，但未必都真的来自唐代。

第一件号称唐代的作品是传阎立本所作的《萧翼赚兰亭图》（图12.12）。这件作品描绘了一个很出名的故事，唐太宗想要求取王羲之的《兰亭集序》，但是护宝的辩才和尚不愿意将之拿出，谎称已经丢失，于是唐太宗派监察御史萧翼去巧取。萧翼化妆成过路客商，和辩才和尚套近乎，说自己祖先是王羲之书法的

传人，然后拿出各种从宫里带来的王羲之真迹向辩才炫耀，辩才受到刺激，于是从梁上拿下《兰亭集序》的真迹跟他炫耀。最后萧翼看准了机会，趁辩才不备，偷走了《兰亭集序》。这个故事来自唐代何延之的《兰亭记》，是辩才的徒弟玄素在92岁的时候亲自和他说的，各种史料证据齐备，应该是真实无误的。但是，这幅画不可能是阎立本的，"赚"就是骗的意思，阎立本是唐太宗时候的人，说当朝皇帝骗人，那是找死的行为。唐太宗后来赐给辩才织物3000段、谷物2000石，也是不想让自己留下不好的名声。

这幅《萧翼赚兰亭图》画上有5个人，辩才手持麈尾，坐在胡床上和萧翼聊天，两人中间有个和尚，大概就是玄素。辩才

图 12.12 （传）唐代 阎立本 《萧翼赚兰亭图》 台北故宫博物院藏

后面还有两个煮茶人。这幅画的来历争议极大，《宣和画谱》上记载五代南唐顾德谦有一幅《画萧翼赚兰亭图》，有人认为就是这幅。《萧翼赚兰亭图》传世有两幅，还有一幅在辽宁省博物馆，台北故宫博物院的《萧翼赚兰亭图》颇有古意，但也不见得是五代真迹，上面用的是铁线描，线条较弱，有些衣褶画的很不合理，尤其是辩才和萧翼中间的和尚，似站似坐，头重脚轻，看起来相当怪异。笔者认为这幅画或许是根据古代作品绘制的摹本，保留了很多原作的精妙之处，古意盎然，颇有可观，由于上面有南宋人沈揆于1192年题写的观款，所以至少是个宋代摹本。

第二件唐代作品来头很大，是唐玄宗李隆基留存人世的唯一墨宝《鹡鸰颂》（图12.13）。鹡鸰是燕雀目鹡鸰科的鸟类，飞

图 12.13　唐代　唐玄宗　《鹡鸰颂》　台北故宫博物院藏

行和行走时会相互联系、彼此照应，在《诗经·小雅》里是兄弟友爱的象征。开元九年（721年）九月十二日，唐玄宗在大明宫麟德殿看到上千只鹡鸰聚集，人走过也不散，于是招来长史魏光乘作赋记录，然后自己和韵作《鹡鸰颂》，并亲书此卷，以歌颂兄弟5人的手足之情。

唐代前期，国家虽强，但政权争夺十分凶狠。唐玄宗李隆基是嫡三子，能得皇位是因为他的长兄宋王李成器怎么也不愿意当皇太子。李成器之所以不愿意当皇太子，是因为自李世民在玄武门之变中杀死太子李建成之后，初唐太子几乎无一善终。李隆基当了太子之后，要面对姑姑太平公主的压力和挑衅，一度也不想当皇太子了，甚至当了皇帝后还要发动政变才能铲除太平公主的势力，这种经历必然会让李隆基对皇室内部充满警惕。

李隆基掌权之后，首要的工作就是管制宗室外戚，尤其是李姓诸王，就算当御史也不能参与实际政务，和群臣结交更是不可触碰的禁区。然而一味高压也不是办法，所以他要借用各种机会展现兄友弟恭，来平衡宗室之间的关系，《鹡鸰颂》就是这个环境下的产物。《鹡鸰颂》记载的故事在《新唐书》中没有记载事件发生时间，但通过《鹡鸰颂》的内容，我们可以确认具体的年月日，可见这件墨宝史料价值很高。

《鹡鸰颂》的内容毫无问题，但它是不是唐玄宗的亲笔真迹，那就见仁见智了。《鹡鸰颂》是四张纸裱起来的长卷，高24.5厘米、宽184.9厘米，每张纸的边缘都有骑缝残印，可见原来是册页，后来裱成了长卷。尤其值得注意的是第四纸的左下方，残留的是宋徽宗的"宣和"连珠玺，用的印泥是"水调朱印"，可见其一定是北宋宣和内府的收藏。《鹡鸰颂》在北宋流传有序，欧阳修曾经在敕使黄元吉处见过此卷，把玩了很久，后来《宣和书谱》也有记载。清代《三希堂法帖》里面有一段《鹡鸰颂》的跋文（今不存），说宋徽宗时有鹡鸰上万，聚集于皇宫龙翔池，于是宋徽宗把这卷给蔡京蔡卞兄弟观看，两个人在后面写了题跋。蔡京蔡卞兄弟的题跋留下来了，但是笔力比较弱，蔡京甚至写自己名字时都出现笔误，是否是真迹有争议，不过内容是没问题的，最次也是个高仿的临本。

真正奇怪的是《鹡鸰颂》本身。这卷是手写本，不是摹本。唐人说唐玄宗的书法"风骨巨丽"，这卷是符合的，字壮而不媚，行笔多不藏锋，注重提按转折，尤其是最后的一个精彩的大"敕"字和玄宗花押，看的令人振奋。唐玄宗的书法上承王羲之，很多字几乎是照着临的，如"集"字，和王羲之《平安帖》里的"集"字基本一样。这卷的书法类似玄宗于724年书写的《常道观敕》，年代也接近，书风没有问题。

那问题在哪里呢？《鹡鸰颂》虽然是行书，但是全篇无一处上下连笔，用笔忽轻忽重，线条忽轻忽细，字体忽大忽小，间距忽近忽远。整体不连贯，非但没有一气呵成的感觉，字之间离得近了还会打架，有几个字居然有补笔，没写好，又去描一描。通篇看来像是集字而成，不像是放笔直书的作品。笔者认为这卷要不然是唐代临本，要不然是玄宗那时候天天临写集字而成的《圣教序》，结果自己写出来也是一副集字的样子。总之，是罕见的唐代宝物不假。

第三件唐代作品,是传徐浩的《朱巨川告身》(图12.14)。"告身"是古人接受政府奖励或者官职的凭证,分"册授""制授""敕授"三种,本件作品高27厘米、宽185.8厘米,书写于公元768年,授予朱巨川(725—783)大理评事兼钟离(今安徽凤阳)县令,六品官,属于敕授。这卷作品格式清晰,在新职务和年月上盖有"尚书吏部告身之印",一共44方,是珍贵的唐代原始文献资料。唐代选文官和后代不同,要考察相貌言辞,所以敕文里说朱巨川"气质端和,艺理优畅"。后面还写了当时三省官员的名字,连郎中和令史都有,但唯独书令史下面是空着的,所以不知道是谁写的。令史叫袁琳,是原迹上最低级别的办事官吏,或许就是他写的。

徐浩是中唐的大书法家,受到唐肃宗的重用,写了很多诏令,对官方书法有很大影响。本幅作品书法在行楷之间,多用藏锋,线条饱满丰厚。横画轻,竖画重,横画写到右端经常压成点然后收笔。本幅书法字体偏长,斜抬右肩,看着有欧阳询的遗风。考察徐浩的代表作《不空和尚碑》,会发现徐浩写字宽扁,两件作品并非一人所写,但是用笔是一样的肥厚,可见那是中唐的书写风气。这卷作品自北宋以来流传有序,是宋徽宗宣和内府的收藏,但是宣和装已经没了,卷头接缝盖着一方元代八思巴文的官印,是刑部的司籍所印,可见《朱巨川告身》留的是元代的装裱,而且是某个倒霉家伙犯了事,被刑部抄家籍没,才盖上了这方大印。

台北故宫收藏的宋代作品里,有一个历史价值很高的门类,

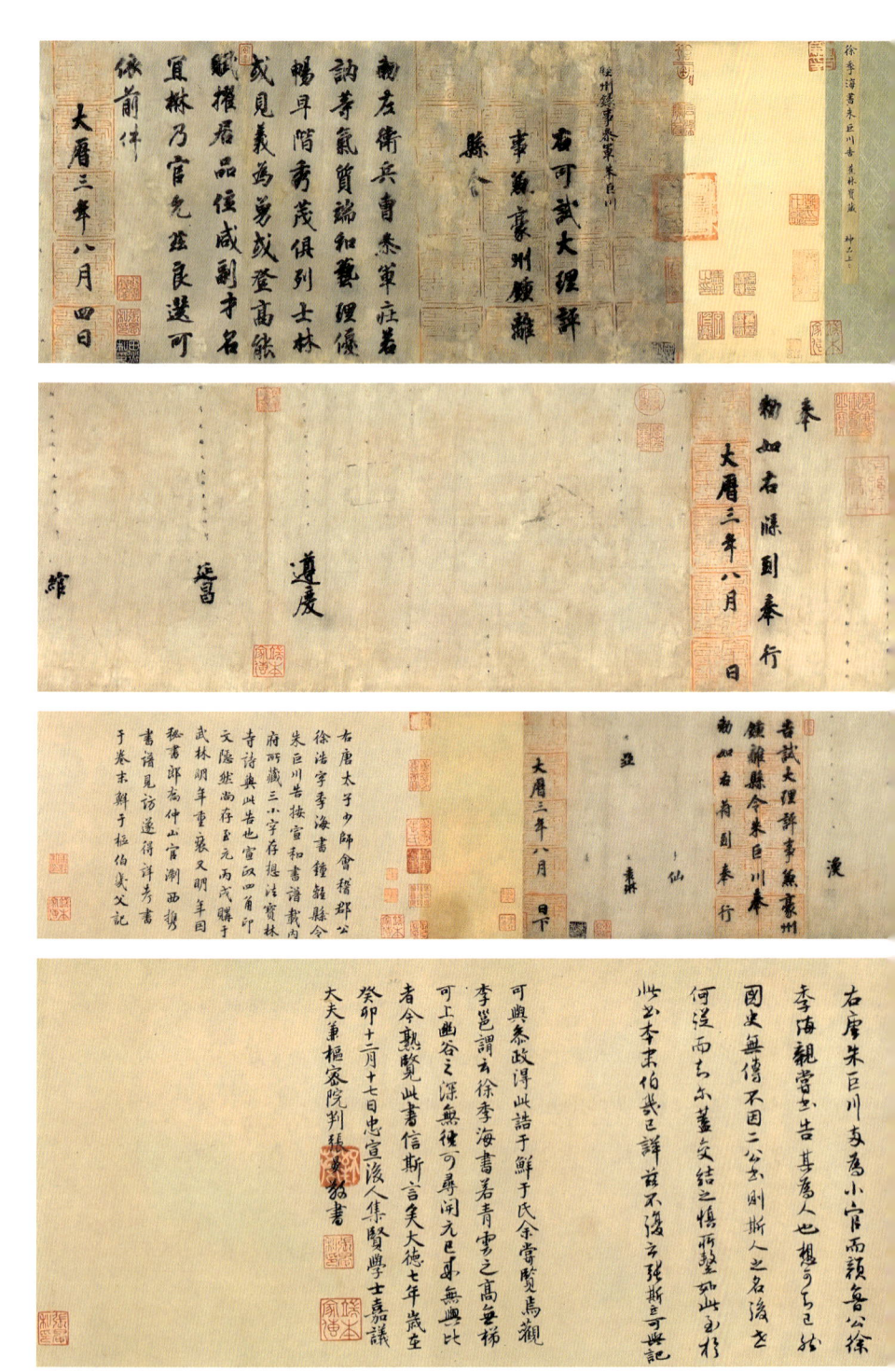

图 12.14　（传）唐代　徐浩　《朱巨川告身》　台北故宫博物院藏

图 12.15 北宋
《宋太祖像》
台北故宫博物院藏

那就是帝后的"御容"肖像画,这次也有展出。中国历代王朝都注重收集古代帝王的肖像,清代时候古代帝王画像都存放于故宫南薰殿,乾隆皇帝曾在《南薰殿奉藏图像记》里说,这些画像"以示帝统相承,道脉斯在"。蒋介石运文物到台湾,将故宫明代以前的帝后肖像都带了去,只有清代帝后的大幅肖像还留在大陆。

本次特展,进门第一幅大作就是宋太祖赵匡胤的坐像(图12.15)。这幅像高达1.91米,宋太祖坐着比一般人站着都高,气势非凡。画史上记载,曾有王霭、牟谷、僧道辉三人画过宋太祖御容,这幅是谁的作品无从得知。不过如此巨大的一幅作品,短时间内根本无法完成,应该是先画一幅小的肖像画,把皇帝面部特征描绘下来,然后根据小画来完成大画。这幅画像大概是元世祖灭南宋后在临安收缴的，但绘制时间应该是在北宋初年。北宋的帝后画像并不只在开封有，南方也会有御容殿。如公元1053年，宋仁宗下令在淮南的滁州兴建端命殿，让宰相庞籍奉太祖像前去供奉，还让百官在都门外践行，声势浩大。所以，南宋建立后，在南方也可以直接收集到北宋的官方帝后画像，这些御容留到今天，自然成了宋代人物画像的巅峰翘楚。

这幅御容上的宋太祖身着圆领大袖宽衫，腰系红色玉束带，头戴展脚幞头，仪态威严。这幅画像并非皇帝礼服像，而是常服像，当年应该是有过礼服像，但是时间过去1000年了，能留下来常服像就很不错了。赵匡胤身上的衣服并不是"黄袍加身"的赭黄袍，而是褪色之后显着很白的淡黄袍，赭黄袍比淡黄袍高级一点，而淡黄袍比红袍要高级一点。

《宋太祖像》由于是常服像，所以看着很素，但是画得极好。所谓好与不好，一定是来自标准。画皇帝御容，除了要画的像本人之外，一个很重要的目的，是传达皇帝的威严。宋太祖相貌威严，不怒自威，这其实是有很高明的画法在里面的。他的身体很大，像个山一样，如果身体很瘦弱，看的人就不会觉得有多威严。宋太祖的身体比较对称，甚至连衣褶都对称，如果完全对称，人像就会呆板，于是画家做了一点点侧身的处理。侧身除了让画面生动，还有一个好处，就是画鼻子不用画正面，可以画出高度，整个人的空间感也形象起来了。

宋太祖的身体比例是调整过的，上半身特别大，脚小得异乎寻常，这样就让人容易往上看。宋太祖全身皆素，唯独面部发黑，明暗对比很强。人的眼睛喜欢看对比强的东西，一团白中看一点黑，一团黑中看一点白，所以任何人看到这幅画，一上来就会被宋太祖的面容神情所吸引，而这个面庞是典型的"方面大耳"，正是宋人心目中的帝王样貌。方面大耳可能是宋太祖的真实长相，因为《宋史》中记载了宋太祖说过的一段话，大意是：天命是注定的，当年周世宗最喜欢杀方面大耳的人，而我天天待在他身边也没事。宋太祖的面部就算没加太多滤镜，依然还是能看到精巧的艺术设计。古人说："写照传神，正在阿堵中"，意思是眼睛是人物画传神的关键。宋太祖的眼皮稍微往下垂，遮住了一部分虹膜，如果想象一下他眼皮完全睁开的情景，那会发现虹膜是椭圆形的，不是正圆的，而且瞳孔不是在虹膜的正中间，而是中间偏下。这种反常的处理，让宋太祖有了一种居高临下俯视臣民的感觉。我们说过，评价艺术品水平的高低，就看它创造和使用的非约定符号是否恰当地表达了艺术家想表达的东西，也就是艺术的主旨，《宋太祖像》用极为精妙的手法，出色地传达了艺术家的意图，不愧是杰出的艺术品。

2017—2018年两次国宝特展的经典作品实在太多，本文只能说到一小部分。其他的赫赫巨迹，如北宋易元吉的《猴猫图》、南宋夏圭《溪山清远》、金代武元直《赤壁图》、元代赵孟頫《鹊华秋色图》等，笔者都专门写过文章。在这些年的书画展里，唯一能和北京故宫博物院"石渠宝笈"特展相媲美的，大概就是台北故宫博物院的这两次国宝展了。

道教影响下的中国绘画：
何处是蓬莱 / 杏林春暖 / 伪好物

2018 年 台北故宫博物院

道教艺术和道教历史

台北故宫博物院举办的特展，不一定都是大规模专题特展，有时候也会用一些中等规模特展进行联合展览，但它们中间往往会有暗线穿插。2018 年夏季，台北故宫博物院举办了三个古画特展："何处是蓬莱——仙山图特展"（展期：2018 年 7 月 1 日至 2018 年 9 月 25 日）、"杏林春暖——养生医疗趣味书画展"（展期：2018 年 7 月 1 日至 2018 年 9 月 25 日）、"伪好物——16—18 世纪'苏州片'及其影响"（展期：2018 年 4 月 1 日至 9 月 25 日）。这三个特展的主题分别是仙山、医药和古代书画造假，但是其实背后有一个共同的背景：道教。仙山是修道的地方，丹药是修道的手段，而青绿重彩的"苏州片"是道教影响下的绘画，所以这三个特展实际上是近年来关于道教艺术的一次重要展示。

宗教是古代艺术史上最常见的主题，中外皆是如此。不过中国古代的绘画，似乎佛教主题的比较多，道教主题的相对少见，比较著名的有宋代武宗元的《朝元仙仗图》和山西运城永乐宫的元代《朝元图》壁画等。实际上，道教绘画保留下来的数量并不少，只是大多数看起来不像佛教那样主题明确，含义隐晦的居多，如藏于北京故宫博物院的北宋王希孟《千里江山图》，还有分藏海峡两岸的元代黄公望《富春山居图》，都是典型的道教绘画，然而它们看上去又似乎只是山水风景，这是怎么回事呢？

实际上，宗教画有两种：第一种是明确为宗教组织服务的绘画，好比三清四御、五老六司，那是要供起来的道教神像，一眼就能看出宗教主题。还有第二种，上面的宗教印记不明显，好比说山水啊、人物啊，但是它的艺术目的是被宗教的教义所指定的，甚至具有一定宗教功能，这也是宗教画。"何处是蓬莱"和"伪好物"两个特展上有很多山水画，它们和《千里江山图》一样，都是有道教背景的山水画。

古人相信"天人合一"，并不认为大自然是个客观存在，所以自然风光也不是纯粹的风景，而是思想的表达。从艺术史上看，中国山水画从一开始就是和道教思想高度绑定的，中国最早的山水画专论是东晋画家顾恺之的《画云台山记》，文章里说得很清楚，绘画的主题是东汉五斗米道的创始人张道陵（也就是道教创始人之一的张天师）带着弟子在山中修行的故事，可见中国山水画从一开始就是在表现修道的环境。后来南朝画家宗炳在《画山水序》里提出"山水以形媚道"的主张，意思是山水画是在"媚道",就是去贴近道教的理念和想法,通过画面来表现出对仙山仙境的向往。

说到这里,必须要讲一下道教的来历。很多人认为道教就是战国时期的道家,其实不是。道教的起源不会早于东汉顺帝时期(125—144),当时有个叫宫崇的人,献出了一本《太平青领书》,也称《太平经》,说这本书是他老师于吉得到的。朝廷认为此书妖妄荒唐,便藏在宫中。后来有两个人也得到了《太平经》的传承,一个就是黄巾起义的首领大贤良师张角,他创立了太平道,用一场起义开启了三国时代的序幕。另一个是汉中的军阀张鲁,他的祖父张道陵就是道教的张天师。张鲁的教派叫天师道,由于入教或看病要交五斗米,所以也叫五斗米道。张鲁投降曹操后,天师道慢慢发展起来,也收编了太平道,成了早期道教的基本盘。天师道有本经书叫《老子想尔注》,"想尔"就是神仙的意思,相传是张道陵所作,但学界多认为是张鲁所写。这本书通过注释,将老子的《道德经》改造成了道教经典,把道家和长生神仙的说法融为一体,让老子成了太上老君。

成仙之路:何处是蓬莱?

宗教都有超乎现实的目的,佛教的目的是涅槃,道教的目的是成仙。"成仙"好处很多,可以长生不老,可以腾云驾雾,甚至能"一人得道,鸡犬升天"。"何处是蓬莱"特展上有明末崔子忠的《云中鸡犬图》(图13.1),画的是东晋道教净明派教祖

图13.1　明代　崔子忠　《云中鸡犬图》　台北故宫博物院藏

图13.2 （传）五代 董源 《洞天山堂图》 台北故宫博物院藏

许逊。相传，许逊修道到136岁时，玉皇大帝封他成仙，授予他"九州都仙太史高明大使"一职，于是许逊带着家人弟子，连同家中的鸡犬一起上天成仙。这幅画的特点是：如果观者不知道情节，根本想象不出这是神仙故事，因为画面上只能看到一行人在山路上行走。主人公的衣服上施加了含水银的朱砂（道教喜欢用水银炼仙丹），再骑上一头青牛，这对古人而言就已经是再清楚不过的道教主题了。但是，在现代人看来就太隐晦了。

不是每个人都能修炼到136岁，那怎么办呢？道教还有一个通关的捷径，就是去仙山。中国人自古相信山里有神仙，海上更是有仙山。《史记》上说，海上的仙山远远望之如云，到了之后会反而在水下，根本到不了，而有幸到达的人会得到黄金、宝玉和长生不老药。从战国开始，齐燕等国就不断派出寻找海上仙山的队伍，顶峰是秦始皇派徐福带着几千童男童女入海，寻找蓬莱、方丈（也称方壶）、瀛台三大仙山。"何处是蓬莱"特展上有明代文伯仁（1502—1575）的《方壶图》，上面画的就是古人心目中的海上仙山，仙山上下都是海，中间云雾缭绕，宫殿重叠，相当于道教中的"天堂"了。

海上仙山太难去，根本没人能成功，于是从南北朝开始，道士们逐渐神化地图上真实的山川，形成福地洞天之说，从而让仙境有了真实性。道士们可以去山中开辟洞府修行，采药炼丹，机缘到了还可以遇仙甚至飞升。

"何处是蓬莱"特展上展出了台北故宫博物院的限展作品，相传为五代董源的《洞天山堂图》（图13.2）。这是中国洞天画

图 13.3　元代　方从义
《神岳琼林图》　台北故宫博物院藏

中的极品之作，高 1.83 米、宽 1.21 米，绢本设色，画上一片大山耸立，山中白云缭绕，山上矶头点点，山体以董源的长披麻皴加短点相间，再用浓墨敷染，气势雄浑苍郁。下方近景左侧是殿堂建筑，右侧是瀑布流水和桥梁行人。画上无款，后人题跋定为董源所作，但从绘画风格来说，其年代肯定晚于北宋，所以不是董源真迹。台北故宫博物院的专家发现这幅画的风格和元初名家高克恭的《云横秀岭图》接近，推测其可能是元代初年的作品。

《洞天山堂图》看起来并不像一幅宗教画，因为和一般山水画没什么区别，但是如果仔细看，会发现白云间有几个山洞，那就是修仙的洞府。怎么知道是洞府呢？一般的山洞都是黑的，但这几个山洞看起来很亮，那是日月精华聚集在其中的表现。通过和明代《名山图》的对比，可以确定画面上的山是江苏茅山，建筑是茅山的道观，是符箓派里上清派的大本营。图画左下角的小桥叫遇仙桥，桥上有个笼袖抱手的老者，是北宋的上清三景法师刘混康（1036—1108）。画上角落里有个小印"清虚府"，应为道观之名，可见这幅画是上清派道府的收藏。

"何处是蓬莱"特展上展出的另一件台北故宫博物院限展作品，元代道士方从义（约 1302—1393）的《神岳琼林图》（图 13.3），也是一幅看起来和山水画没什么区别的道教绘画。这幅画纸本设色，上有危峰耸立，气势磅礴。近景坡岸延伸，杂树丛生，几条小溪汇聚成潭，坡后屋宇隐伏。山腰云气氤氲，隐约可见一条山径盘绕而上。图上自题："岁在旃蒙大荒落三月十一日，鬼谷山人方方壶为南溟真人作神岳琼林图"。可知该画是元顺帝至正二十五年（1365）为龙虎山上清宫程元翼真人所作。

方从义，字方壶，是天师道龙虎山道士，师从元代道教领袖金蓬头，是黄公望的师弟。金蓬头兼修内丹派南北两宗，在龙虎山还有弟子，说明道教的几个流派在元代是和谐共处的，它们的艺术风格也很一致，就是用水墨来画山水，顶多加一点点淡色。《神岳琼林图》是粗笔水墨，水分淋漓，除了画山用披麻皴外，树木房屋桥梁，乃至山径上的士人童仆，都是用大小不等的点和小线条点缀出来的，非常奔放，展现了元代金蓬头一脉的艺术气

图13.4 （传）南宋 李唐 《仙岩采药图》 台北故宫博物院藏

息。古人评价方从义，常认为他是仙人画家，而他画的"神岳"，明显也是一座仙山。

道教有很强的仙山信仰，认为世上有十大洞天、三十六小洞天和七十二福地，在这些洞天里会发生什么呢？"何处是蓬莱"特展中一幅传为南宋燕文贵的《三仙授简图》给了答案，只见画上有一个修道之人，在洞府里遇到了两个神仙，被传以修仙之法，于是也成了仙。如果遇不到仙怎么办呢？那还可以去采食仙药，一幅传为南宋李唐的《仙岩采药图》团扇（图13.4），上面就画了一个人在山里采药的场景。在一些道教人士的观念里，如果仙药服食得法，就算不能长生不老，活个两三百年还是有可能的。

外丹和内丹，从长生不老到延年益寿

如果遇不到仙人，仙药也采不到，该怎么办？还有一个方法：自己炼仙丹。道教两大分支之一的"丹鼎派"，也叫"金丹道教"，修炼的主题就是用炉鼎炼丹。炼丹和化学有关，有一定的科技含量，所以中国古代的化学成就很多跟炼丹有关。特展"杏林春暖——养生医疗趣味书画展"的主题之一就是炼丹，向我们展示了古代道教炼丹的手段和场景。要注意的是：所谓丹药不仅仅是药丸，它是古代一切丸散膏丹的总称，魏晋流行的五石散也是一种丹药。丹药的起源是战国两汉时期流行的仙丹信仰，人们希望吃了之后长生不老。东汉末年魏伯阳写下了《周易参同契》，以《易经》爻象来论述炼丹之法，主张以乾坤为鼎器，以阴阳为堤防，以水火为化机，以五行为辅助，阐述了炼丹的原理和方法。这本《周易参同契》和《太平青领书》《老子想尔注》一起成了道教起源的三大经书，也让《易经》成了道教的重要经典。

古人炼丹，当然要用古人信赖的药物。丹就是红，也叫丹砂或者朱砂，化学上叫硫化汞，是一种含有水银的矿物质颜料。古人发现朱砂可以安神，于是经常药用，皇宫王府里谁精神不好就喝一副，喝多了会汞中毒，一个个精神萎靡，沾床就睡，还以为是药物神奇。古人认为玉石类矿物集天地灵气，是绝对的好东西，汉代的《神农本草经》上品开篇就是玉石，各种吃了会中毒的矿物赫然在目，尤其朱砂被认为是仙药的主料："久服，通神明，不老。"

朱砂能有这么高地位，主要是因为化学性质特殊。一般事物遇火会烧成灰烬，但是朱砂遇火却能分解出滴溜溜的水银，继续烧下去，水银又和空气中的氧结合成氧化汞，也是一种红色粉末，仿佛又重新变成了朱砂。这种在烈火中循环再生的能力太神奇了，丹鼎派的术士们相信里面一定蕴藏了死而复生的玄妙法门，把这个实验做了无数遍，到唐朝时候已经达到了定量分析的程度。他们把水银称重后，与硫黄一起加热，合成丹砂。再把丹砂用更高的温度加热，就重新分解成水银。水银浴火重生之后，一点也没少，仿佛拥有了第二次生命。

古代炼丹师为求长生，把这个实验做得出神入化。他们把水银和丹砂之间的转化叫作"转"，仙丹用"转"来评级，最高可以到九转，就是让水银与丹砂来回转化9次而一点不少，最后炼出来的，就是传说中的"九转金丹"，或者叫"九转大还丹"。"杏林春暖"特展上有传为明代仇英的《玉洞烧丹图》（图13.5），画面上展现了古代道士炼九转金丹的场景。按照丹鼎派的说法，一转的仙丹，服用后三年成仙，九转的仙丹，服用后三天成仙，甚至人死未满三日，灌下仙丹也能复活。我们今天知道，人体对水银等矿物的耐受性很低，如果服食不当，真的有可能"成仙"，从东晋到清代，都有皇帝因服食仙丹而驾崩。不过，从另一个方面说，古代道士的炼丹也导致了化学技术的进步，中国四大发明之一的黑火药就是丹鼎派的贡献。

然而真正可惜的是，中国的炼丹师们没有能从这个精妙的实验里发现世界的奥秘。《玉洞烧丹图》里道士做的炼丹工作，其实和1774年法国化学家拉瓦锡做的试验非常相似。拉瓦锡在曲

图13.5　（传）明代　仇英　《玉洞烧丹图》局部　台北故宫博物院藏

道教影响下的中国绘画：何处是蓬莱／杏林春暖／伪好物　2018年 台北故宫博物院　243

颈瓶里加热水银和空气,发现一些水银转化成了红色粉末(氧化汞),而空气也耗去了部分体积(消耗了氧气)。给红色粉末称重后,用更高的温度密闭加热,粉末又转化成了水银,并且放出一种能够支持燃烧的空气,也就是氧气。综合一系列实验,拉瓦锡推翻了燃素说和古希腊的水火土气四元素论,提出了现代元素论,确定是空气中的氧气支持了燃烧,氧化了金属,维持了呼吸,还奠基了化学反应的物料守恒律,让现代科学前进了一大步。

然而中国的炼丹师们囿于成仙的信仰,完全没想过理论可能是错误的,反而一个劲地想去弥补,甚至在仙丹里加入了铅丹和雄黄,也就是四氧化三铅和四硫化四砷,从而凑足"五行"。这样的仙丹吃死了一个又一个皇帝,而且炼制成本高昂,让人们逐渐意识到了服食仙丹的风险。唐代道士孙思邈最早发现了这些矿物材料的风险,极力主张废除五石散。为了避免炼丹的高投入和高风险,唐代以后内丹派兴起,用朱砂炼仙丹的就叫作外丹派。内丹派主张把人体想象成炉鼎,把炼气想象成炼丹,把采气想象成服食丹药,我们知道的"气功""采天地之灵气"等,就来自内丹派的思想。内丹派的一个重要经典是《黄庭经》,相传为晋代紫虚元君魏华存所著,书圣王羲之曾经认真用小楷抄写了一遍,向山阴道士换取白鹅。后代流传的《黄庭经》,是宋代摹刻的拓本,到今天还是学习小楷的临写范本。"杏林春暖"特展上有明代祝允明临写的《黄庭经》,小楷精绝,法度严谨,不愧是名家的真迹。

伪好物

《黄庭经》为晋人所著，但在北宋却出现了三国时期锺繇《黄庭经》，北宋书法家米芾就曾经得到过这样一件作品，他鉴赏之后，说这件作品虽然是伪作，但是写得极好，于是称之为"伪好物"，肯定了赝品的艺术价值。继"何处是蓬莱"和"杏林春暖"之后，台北故宫博物院同期举办的第三个书画大展就叫"伪好物"，展出了 16 世纪至 18 世纪（明代后期到清代中期）制作的一批水准较高的商业书画作品。这类作品经常冠有历代书画名家的头衔，以假乱真，而且与苏州地区的作画风格相关，在近代被统称为"苏州片"。

很多人以为"苏州片"就是假货赝品，其实不然。片是照片的片，"苏州片"的本体是商品画。16 世纪后期，由于气候转暖，社会安定，农业生产出现大量剩余，明朝经济日益繁荣，于是人们对精致生活有了更多的需求，古董行业也就活跃了起来。古董是一种奢侈商品，经济学认为，奢侈商品供给越少，消费意愿反而增强，而且拥有者会拿出来炫耀。我们会在很多古书画上看到后人题跋，那往往就是炫耀性展示的结果。古董数量有限，剩余的经济消费就会流向当代艺术家的作品，但当代艺术品的数量也是有限的，很多人有文化上的消费需求，却又无法购买古董或者真货，于是商品书画和假货也就出现了，这就是"苏州片"。"苏州片"不一定是假货，就算是用于骗人的赝品，里面也有工艺极佳的大作，更何况晚明到现在 400 多年了，当年的假古董也成了真的"伪好物"。

"苏州片"是面向市场的商品，种类丰富，风格多样，山水人物花鸟都有，很多"苏州片"会运用青绿山水做主题和布景，这其实是道教思想的体现，也是"苏州片"的突出特征。青绿山水是中国古代典型的艺术风格，最广为人知的是北京故宫博物院的《千里江山图》，但实际上，中国高古的绘画都是以红黑二色为基调，称为"丹青"，主要颜料是朱砂和墨。青绿的主要颜料是青金石和绿松石，以蓝绿色为基调的绘画，最早出现在新疆的克孜尔石窟，所以中央美院邵彦教授等学者认为青绿是从中亚传入中原的审美情趣。青绿山水这个名称出现的非常晚，元人庄肃在《画继补遗》里首次提到南宋初年的画家赵伯驹"善青绿山水"，说明青绿山水的概念要到13世纪晚期才正式出现，更早的时期管青绿山水叫"着色山水"或者"布色山水"。

有学者指出，道教徒很早就关注到了青绿审美，因为道教认为青是一种有神性的颜色，和青天一样，暗示着飞升成仙的可能。道教举行斋醮仪式时，献给上天的奏章就叫"青词"，用朱砂写在青藤纸上。明世宗嘉靖皇帝抑佛崇道，选宰相都按写青词的水平来定，以至出现了好几个青词宰相。

按照中国艺术史的传统说法，青绿山水最早的名家是唐代的大小李将军，也就是李思训、李昭道父子。这二人是唐朝宗室，笃信道教。《历代名画记》记载李思训说"其画山水树石，云霞缥缈，时睹神仙之事"，画的就是仙山。大小李将军的真迹早已不存，但是台北故宫博物院有一件传为李昭道的名作：《明皇幸蜀图》（图 13.6），是现存中国青绿山水的开山之作，也是"伪好物"特展的主打作品。这幅图绢本设色，纵 55.9 厘米、横 81 厘米。画面上是崇山峻岭，云雾隐映，有一些行旅在前进或休息。左下角的画面是一队人前进至一小桥，打头的红衣男子勒马观看。有学者根据画史记录考证，认为这是在描绘 756 年"安史之乱"中唐玄宗逃难入蜀的场面，所以定名为《明皇幸蜀图》。画面上的山石空勾无皴，是唐代风格的画法，仕女头饰和马匹的造型也都出自唐代，在唐代壁画和出土的三彩陶甬上都可以看到相同的造型。这幅画虽然是宋代摹本，但应该是根据唐代原稿复制的，乾隆皇帝在题诗里说这幅画"年陈失姓氏，北宋近乎唐"，是很专业的判断。

也有学者指出这幅画的主题不是"安史之乱"，因为唐明皇入蜀是秋季，而画面上满是春天盛开的桃花，更可能是画史上记录春游场景的《明皇踏锦图》。这幅图中间偏右部分，是北京故宫博物院所藏的元代胡廷晖《春山泛舟图》的原稿，也说明这幅画是春景图。笔者还是认同这件作品就应该叫《明皇幸蜀图》，因为这是一件不完整的摹本，花卉季节和原作不一定一模一样。美国弗利尔美术馆有一件明代仇英的《蜀山佳丽图》，是《明皇幸蜀图》原件的完整摹本，画面中间偏左多了一组群山，一个老者佝偻着在马上前行，可能他才是真正的唐明皇。翁子扬教授通过对画面上的山水栈道等特征的研究，发现画面描绘的地点是从陕西散关到四川剑阁，正好是唐明皇入蜀的路径。

《明皇幸蜀图》虽然不是完整的摹本，但至少是相同题材里

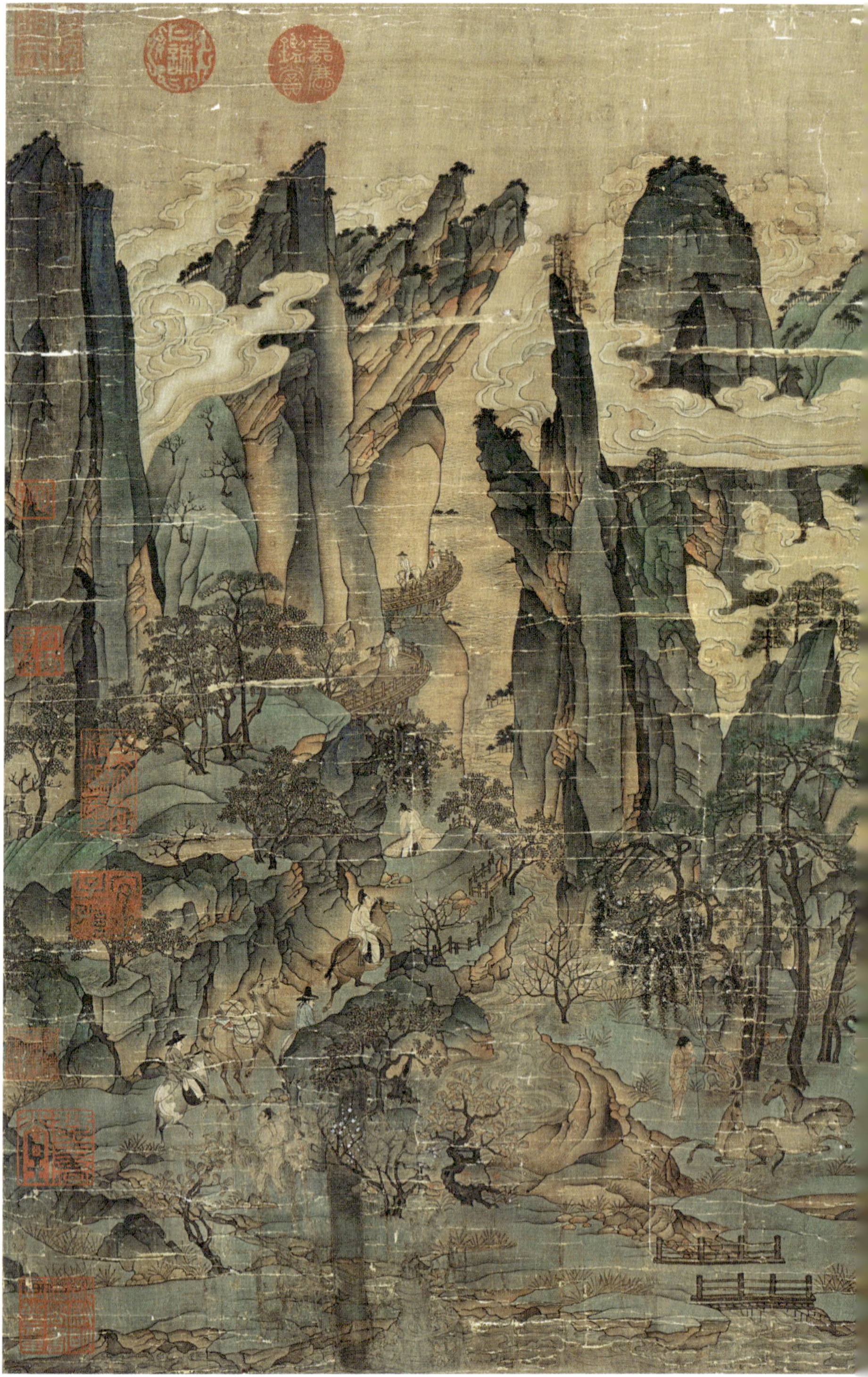

图 13.6 （传）唐代 李昭道 《明皇幸蜀图》 台北故宫博物院藏

鉴古雅集

图 13.7　明代　仇英　《汉宫春晓图》局部　台北故宫博物院藏

图 13.8　明代　仇英
《仙山楼阁图》
台北故宫博物院藏

年代最早的，和《千里江山图》一样，都是早期青绿的代表作品。这些作品有强烈的丹鼎派影响，山川都是玉石之色，中间雾气升腾，云霞明灭，仿佛到处都是炼丹的原料和遇仙的机缘。宋代的青绿山水往往和道教关系密切，《明皇幸蜀图》应该是从扁方形屏风上拆下来的，原本可能是给道观或者道教信徒家中绘制的装饰画，《千里江山图》甚至是皇家道观的壁画稿本。

到了明代，"苏州片"的作坊大量制作青绿山水，而且大多就是明确的道教主题，如"伪好物"特展上的《王母宴瑶池图》《瑶池高会图》《群仙会祝图》《蟠桃仙会图》《瑶岛仙真图》等，青绿山水之间满是神仙。道教主题如此直白，除了市场需求之外，也和"苏州片"想要模仿的一位道教艺术名家有关，他就是"明四家"中的仇英（约1498—1552）。

"明四家"里最会画青绿山水的就是仇英，他自号十洲仙史，是虔诚的道教徒。仇英生长于"好谈神仙之术"的江苏吴地，早年是一个画匠，擅长绘制宫观壁画，后来被画家周臣收为弟子，终成一代宗师。他自号中的"十洲"，出自道教文学《海内十洲记》，指大海中神仙栖息的仙岛胜境，所以仇英画青绿山水有明确的成仙目的。

"伪好物"特展上有三件仇英的真迹：第一件《汉宫春晓图》是中国古代宫廷仕女图的巅峰之作（图13.7），画的是西汉王昭君的故事；第二件是临摹宋元山水；第三件是他的青绿山水代表作《仙山楼阁图》（图13.8）。《仙山楼阁图》上有陆师道题写的《仙山赋》，讲述仙境种种不可思议的景色，下面画的是仙山和宫殿。仇英作画非常克制，只有仙山的顶部使用了青绿，山水楼阁都是绵里藏针，一看就是游刃有余的状态，这也体现了他对仙境山水的理解：不张扬不显露，灵石只在最高处。

仇英是克制的，然而到了"苏州片"的时代，青绿山水就不再克制了，为了迎合客户的喜好，竞相绽放色彩，满幅的青绿尽可能的鲜艳，仙气越来越重的同时，也显得更加媚俗，和真正的仇英反而拉开了距离。然而商品社会在重金之下，不时也会有一等一的出色作品脱颖而出，如"伪好物"特展上的《上林羽猎图》（图 13.9）和《群仙会祝图》（图 13.10）。

仇英生前最著名的作品，就是画西汉的上林苑。江苏昆山的巨富周凤来为庆祝母亲八十大寿，请仇英绘制《子虚上林图》作

图 13.9　（传）元代　佚名　《上林羽猎图》　台北故宫博物院藏

图 13.10 （传）明代 仇英 《群仙会祝图》 台北故宫博物院藏

为礼品。于是，仇英根据西汉司马相如的《子虚上林赋》，花费了数年时间，画就了长达10余米的巨幅《子虚上林图》。画面上青绿山水之间有各种人物、鸟兽、楼阁、军队，场面浩繁，气势宏大，堪称一代巨制。这幅画由于画得太好，成了"苏州片"的重点模仿对象，复制了很多幅，光是台北故宫博物院就有三件。"伪好物"特展在展厅中间的大展柜里把三件《子虚上林图》一字排开，每件展三分之一，分三个展期展示作品的不同部位。这三件作品都是浓墨重彩，光成本可能就要上百两银子，其中有两件托名为仇英所作，最后一件《上林羽猎图》画得极精，人物生动，山水活泼，连装饰细节都一丝不苟，天子的旌旗仪仗非常华丽，是"苏州片"中最上乘的作品，肯定是给富商巨贾定制的，托名为元代人所作，大概也是为了多赚点银子。

《群仙会祝图》是一幅托名仇英的作品，高约1米、宽约1.5米，主题是群仙共赴蟠桃大会给王母娘娘祝寿，应该也是给某个富豪的老母亲祝寿的贺礼。这幅画虽然不是仇英真迹，但是似乎没有成本限制，找了顶级高手精雕细琢，山水松云皆尽精妙，神仙们面目生动，让人感觉仿佛在参加真实的盛宴。天空中太上老君骑着白鹿乘云而降，右下角铁拐李骑着张果老的驴横冲直撞，但是元神已经飞到天上去见老君了，也提醒观众这是神仙绘画。画上仙宫雕梁画栋，每根柱子上的装饰都不一样，非常耐看。这幅画由于是明代晚期的，一些道教元素和今天有比较大的差异，例如宫殿前面有和合二仙，手里拿着太极图，但上面的图案不是我们熟知的阴阳鱼太极图，而是相传来自北宋学者周敦颐的《今本周氏太极图》。阴阳鱼太极图是明代后期的易学家章潢命名的，直到清朝才流行起来，《群仙会祝图》保留了明代流行的道教信仰风貌，有珍贵的历史价值。

"苏州片"出产的"伪好物"数量很多，对中国艺术史也有很大影响。它一方面让"以形媚道"的山水画越来越商品化、世俗化，离宗教情趣越来越远；另一方面也改变了很多道教画家在历史上的地位。像仇英出身工匠，纵使画功一流，也根本无法和沈周、文徵明这样的文人大宗师相提并论，但是在"苏州片"的商业推崇下被奉为"明四家"之一。还有唐代的大小李将军、宋代的赵伯驹等宗室名家，虽然成名已久，却被"苏州片"连累着受到贬低。因为他们以擅长道教山水画而闻名于世，于是被"苏州片"的工坊大量托名造假，色彩浓重艳丽，后来董其昌提出绘画南北二宗论，将大小李将军以来的青绿山水归为北宗，加以贬低，有可能就是受了"苏州片"那些"伪好物"的影响。

正仓院展

2015—2019 年 奈良国立博物馆

九州国立博物馆

正仓院

在笔者看来，日本最值得关注的文物收藏机构，莫过于位于奈良东大寺的宫内厅正仓院事务所了。正仓院是古代丝路文化的宝库，也是盛唐气象在海外的骄傲，可惜在国内知者寥寥，直到2019年的两次大展，才有了一些报道和知名度。

首先要介绍一下正仓院的由来。正仓院位于奈良东大寺大佛殿西北，院落里面的主要建筑"正仓"是8世纪中叶建造的一座木构建筑，论年代比中国最古老的木构建筑——五台山南禅寺大殿还要早约30年。正仓是唐代仓廪系统的六仓之一，日本学习唐朝，以前也曾设立了不少正仓，东大寺的正仓是其中保留最好的。东大寺把正仓及周围地域设成了寺辖的院，于是就叫正仓院。

从外观看，正仓院的正仓是一座朴素无华但规模宏大的木构仓库，它坐西朝东，正面宽33.1米，进深9.3米，总高14米，

图 14.1　正仓院外观

仓库下方架空，底部离地高 2.7 米，下面由 40 根直径 60 厘米的柱子撑着。正仓内部被分隔为北、中、南三个仓，中间互不相通。北仓和南仓都用三角形的巨木垒成墙壁，中仓是用木板做的墙壁。每个仓里面都是两层，以前存放着很多柜子，收藏了大量皇室和贵族供奉的宝物。由于正仓年代高古且保存完好，1997 年成为日本国宝建筑，1998 年随东大寺一起被联合国指定为世界遗产（图 14.1）。

真正让正仓院名扬四海的，是其中收藏的古代珍宝。正仓院北仓收藏着圣武天皇（701—756）的遗物，中仓和南仓里存放着东大寺的法器仪仗和皇室贵族献纳的宝物，时代从奈良时代（710—794）到平安时代初期的都有，相当于中国的盛唐到五代，距今最少也有 1000 多年了。古代社会动荡不安、战乱频出，1000 多年前的东西留到今天非常不易。我们在博物馆里看到的千年以前的古物，几乎都是考古发掘所得，人间流传的凤毛麟角。而考古发掘的文物，由于文物长期入土，挖出来后会有各种残损，铜铁制品尚且会锈迹斑斑，其余木制、丝质、纸质的文物就更加难以保存了。正仓院的一个无与伦比之处，就是它的文物从来没有入过土，遭受的破坏也少，而且一直有人维护，所以保存状态特别好，尤其是有机质文物，很多都是孤品。

一座宝库正大光明地摆在那里 1000 多年，居然没被抢掠过，这种例子在世界历史上也是绝无仅有的。正仓院只在设立早期有过一些文物流失，大批刀剑刚入库不久就在战乱中被取走使用，9 世纪初有权臣用重金购买了王羲之等众多名家的书法，所幸后来就再也没有遭遇过严重损失。东大寺大佛殿在历史上被战乱烧毁过两回，但是正仓院没被烧过也没被抢过，日本古代的实际统治者都知道这里有个宝库，路过奈良的时候还会来参观，却没人想拿走什么。宝库内文物的管理权属于日本天皇，在 15 世纪至 16 世纪的日本战国时代，日本皇室由于战乱而穷困不堪，老天皇驾崩了没钱下葬，新天皇穷得没钱登基，甚至天皇还要靠贩卖御笔书法来维持生计，然而纵使如此窘迫，皇室也没有变卖正仓院宝物，终于让它们近乎完整地保留了下来，成了世界考古史上独一无二的奇迹。

正仓院文物对于中国唐代文化研究而言意义重大，正仓院三仓现存文物 9000 余件，其中有数百件从中国唐朝漂洋过海来到日本的艺术珍品，其中大部分都是世上仅存的孤品。而且，当时日本正全力向唐朝学习，所以即便是日本本土的制品，也带有浓郁的唐风，可以不夸张地说：正仓院就是一座唐代的艺术宝库。

尤为难得的是：正仓院宝物和国内出土的唐代文物形成了极好的互补关系。陕西何家村和法门寺出土了大量唐代珍宝，主要是金银器、玉器、瓷器等，而正仓院收藏的主要是乐器、仪仗、刀兵、衣饰等，极大地填补了唐代的文物空白。民国时期古典文学研究家傅芸子先生曾于20世纪30年代赴日讲学，他在考察了正仓院后，写下了《正仓院考古记》一书，书中说："吾尝谓苟能置身正仓院一观所藏各物，不啻身在盛唐之世！"

中国当代学者在20世纪90年代就注意到了正仓院文物。原陕西历史博物馆馆长王仁波是唐史的专家，他最早开始收集正仓院的图录资料并将之介绍给中国学界。那时候，中国还没有人能够研究正仓院，连了解也只是粗浅的，但已经有人意识到，研究唐代文化艺术必须要参考正仓院的宝物。近年来，不断有中国学者前往日本现场考察正仓院宝物，韩升和扬之水等学者还出版了关于正仓院的介绍书籍，不过中国学术界对正仓院的研究，整体而言还处于起步阶段。

正仓院为什么会有这么多和盛唐相关的宝物呢？这必须要从时代背景说起。日本是个多山的岛国，地理环境决定了日本很难成为强大的统一国家，早期的天皇（当时叫大王）其实就是最大的诸侯而已。7世纪，隋唐作为统一的大帝国强势崛起，让日本君主惊羡不已，他们决心学习中国的文化制度，让日本变成一个外儒内法的"律令国家"，在天皇的统治下实现真正的统一，于是就有了遣隋使和遣唐使。8世纪中期，圣武天皇时代，唐朝正值全盛，日本全力输入盛唐文化，派遣了两次大规模的遣唐使团，一次是是733年到734年，另一次是752到754年，鉴真东渡（753）也是在那个时候。今天，中日之间的旅行非常简单，但在唐朝可绝非如此，派出遣唐使是日本举全国之力才得以实行的。要想打造一条不漏水的船，禁得住风浪暴雨，可以在海上航行一个月甚至几个月，在当时的技术条件下非常困难，能不能成功往返，经常要看天意。遣唐使一次有四条船，能回来两条就算成功了。从唐朝去日本也是一样，鉴真东渡六次，失败五次，到日本的时候眼睛都瞎了。唐太宗曾经派刺史高表仁去日本，结果在海上漂流了好几个月，回来之后谈虎色变，《册府元龟》记载说他在东海上亲眼看到了地狱之门，上面有翠绿色的烟火，门内有捶打嚎叫的声音。在举国体制的帮助和地狱难度的压力下，生死都可以置之度外的遣唐使到了唐朝，根本不在乎花钱，看到什么好东西会不计成本地买，在这样的时代背景下，日本的宫廷里自然会有大量来自盛唐的宝物。

公元756年5月2日，圣武天皇驾崩，在其"七七"忌日的6月21日，圣武天皇的妻子光明皇后将先帝遗物捐献给了奈良东大寺。圣武天皇和光明皇后都是佛教徒，捐献宝物对于佛教徒而言是有价值的，按照佛教的说法叫"喜舍"——欢喜地舍弃，也就是把自己拥有的东西捐献给佛、供养给佛，降低对物质的执着，从而减少自己的烦恼，这是佛教的一种修行方法。

在捐献宝物的时候，光明皇后命人写了一个《国家珍宝帐》，也叫《东大寺献物帐》（编号：北仓158），东京国立博物馆曾在"正仓院的世界"特展上展出了这件宝物（展期：2019年10月14日至2019年11月4日）。《国家珍宝帐》长达14.74米，是由18张顶级的唐代的白麻纸拼接而成的，上面记载了捐献宝物的原因和宝物的名称及数量，为了防止篡改，上面整整齐齐地盖满了印文为"天皇御玺"的大印，一共有489个印，看起来十分壮观。《国家珍宝帐》上记载的宝物有袈裟、宝镜、刀剑、屏风、家具、文书等，种类繁多，一共有600多件，有些宝物，如王羲之书法等，在当时就已经是珍贵的古董了。在记载完宝物之后，光明皇后写道："右件皆是先帝玩弄之珍，内司供拟之物，追感畴昔，触目崩摧。谨以奉献卢舍那佛，伏愿用此善目，奉资冥助，早游十圣，普济三途，然后鸣銮花藏之宫，驻跸涅槃之岸。"意思是，这些宝物都是先帝遗物，让人看着就忍不住难过，希望通过给佛的捐献，让先帝早日前往卢舍那佛的花藏世界，达到涅槃的彼岸。

光明皇后很喜欢"喜舍"，自756年到758年，她一共给东大寺正仓院捐献了5次宝物，留下了5件帐单，《国家珍宝帐》是其中最重要的。这些皇家宝物都存放在正仓院的北仓，所以北仓从一开始就是皇室直属的"敕封仓"，非天皇敕令不得开启。后来中仓和南仓也变成了皇室的敕封仓，一般人不得开启，这种严防死守的保存制度是正仓院得以保留下来的重要条件。

二战以后，正仓院宝物由皇室直属变成了日本国有财产，由宫内厅正仓院事务所管理，但是天皇敕封的制度一直维持了下来。现在正仓的东南和西南各有一个现代化的仓库建筑，分别叫东宝库和西宝库，文物主要收藏在西宝库。西宝库平时不开放，每年秋天天皇会派敕使来开仓，用两个月的时间检点宝物，其间会挑选出约60件宝物在奈良国立博物馆举办为期两周的特展，时间一般是10月底到11月初，个别时候还会去其他博物馆，两个月之后再封仓。

一篇文章不可能说清正仓院的方方面面，这里介绍一下2015年到2019年的7次正仓院特展上展出的唐朝至宝。分别是五弦和琵琶（2015年的两次特展）、丝路宝物和大唐宝箱（2016—2018年的正仓院展）、两场纪念新天皇即位的正仓院展（2019年正仓院展）。

五弦和琵琶，2015年的两次特展

笔者2015年10月第一次为了看展而出国旅行，是被一件绝世宝物给吸引去的，它就是海外唐代文物的翘楚、正仓院的螺钿紫檀五弦琵琶。看到这件文物是笔者的人生梦想之一，之前关注好几年了，看到会展出，果断决定前往日本福冈，去参观九州国立博物馆开馆10周年的特展"美之国日本"（展期：2015年10月18日至2015年11月29日，正仓院宝物展出到11月3日为止）。

螺钿紫檀五弦琵琶（编号：北仓29）是一件华丽到让人一看就感觉欢欣鼓舞的宝物（图14.2），据说近代明治时期清点正仓院文物的时候，工作人员发现这面五弦琵琶，一个个欢喜得手舞足蹈。五弦琵琶长1.08米，上面有五个调弦的转手，其实它

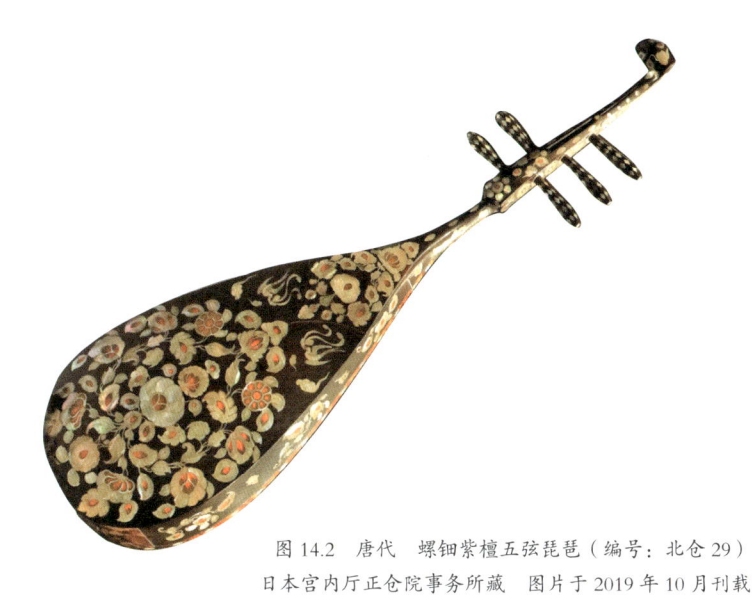

图 14.2　唐代　螺钿紫檀五弦琵琶（编号：北仓 29）
日本宫内厅正仓院事务所藏　图片于 2019 年 10 月刊载

的乐器本名就叫五弦，在《国家珍宝帐》里被记载为"螺钿紫檀五弦"，由于形似琵琶，所以被称作五弦琵琶。琵琶的背面叫"槽"，用整块紫檀做成，上面用南海夜光贝镶嵌出大片的宝相花，花心是玳瑁做的，下面涂有朱砂，看着娇艳欲滴。宝相花也叫唐宝花，源于萨珊波斯，五弦上的宝相花和西安碑林石台孝经上的雕刻有相近之处，说明可能是唐玄宗开元末年到天宝初年的作品。

紫檀的音效很弱，所以正面面板的选木非常重要。五弦正面的木板是产于陕西四川等地的象蜡木，上面有音穴，工艺精巧。弹奏的地方叫捍拨，是一大片玳瑁做的，上面用南海夜光贝镶嵌出椰子树和胡人骑骆驼弹四弦琵琶的景象，其中有一块夜光贝特别大，是目前为止发现的最大的唐代螺钿。

根据明治时期的记载来看，五弦琵琶被发现时破损得十分严重，很多螺钿都没了，绑琵琶弦的转手和覆手也没了，琵琶底部的覆带更是破了一大块，所以进行了大量的修理。怎么看出琵琶的哪部分是原始的，哪部分是后修的呢？很简单，看夜光贝上面的刻痕，唐代刻痕里面都有墨线，而明治时代重修的部分没有加墨线。至于琵琶底部的覆带，用玳瑁修补过，但还是一眼能看出问题，所以展示时都会用一个黑色的东西遮住，让人看不到破损。五弦琵琶虽然大修过，但依然是正仓院的代表性文物，它是世界上最精美的唐代文物，也是古代音乐史上的活化石，傅芸子称它是"天壤间之瑰宝"。

传世唯一的五弦琵琶和五弦乐谱都在日本，但日本学者并没有把它们理所当然地看成是日本文物，经过认真分析，他们发现五弦琵琶用的是日本没有的珍稀材料，工艺又纯熟圆润，于是判断这件绝世宝物来自中国盛唐，这种实事求是的学术精神非常值得称赞。至于网上传言这面琵琶是杨贵妃用过的，那是纯粹的猜测。

从人类音乐发展史来看，无论是琵琶、吉他还是阿拉伯乌德琴，都起源于西亚的两河流域。琵琶早在汉代就已经传入中国，东汉学者刘熙在《释名》中记载"批把本出于胡中，马上所鼓也。推手前曰批，引手却曰把"，意思是琵琶本名叫"批把"，名称来源于乐器的演奏方法。更有人指出，批和把就是现代琵琶的基本演奏技巧"扫"和"拂"。但这其实是个附会，因为无论琵琶还是批把，都是音译于波斯语的"比勒巴"，就是西亚对这种乐器的叫法。汉代琵琶有自己的发展，解忧公主曾经把琵琶带到西域，当地称之为汉琵琶。"竹林七贤"中的阮咸擅长演奏琵琶，以致后来将他使用的四弦十四柱琵琶称为"阮咸"。正仓院有一面螺钿紫檀阮咸，也是圣武天皇的遗物，是目前保存最好的唐代汉式琵琶。

唐代以后的梨形琵琶，包括五弦在内，都来自印度，是十六国到南北朝时期传入中国的新型琵琶。在唐代，琵琶和五弦是两种不同乐器，琵琶是四弦曲颈，头上是弯折的，而五弦是直颈的，外观上有比较明显的区别。在印度国家博物馆有收藏公元2、3世纪的石刻浮雕，上面已经有了五弦的身影。目前，中国能找到的最早的五弦图像来自山西大同出土的北魏司马金龙墓，年代约为公元484年。司马金龙墓里出土了石棺床和石柱础，石棺床侧面的浮雕上就有伎乐天人弹奏琵琶和五弦的景象，石柱础上也有一个弹奏五弦的伎乐童子。这说明五弦在北魏时代就已经流行起来了。到了6世纪，五弦的图像非常丰富，如新疆克孜尔石窟的第14窟和第69窟、敦煌的第290窟、山西的徐显秀墓壁画，乃至于北齐范粹墓出土的扁壶上，都能看到五弦的身影。到了唐代，五弦更加流行，除敦煌外，在陕西出土陵墓壁画里也可以看到五弦和其他乐器合奏的场面。唐代的宫廷音乐有一种叫"十部伎"，其中有六部（天竺伎、高丽伎、龟兹伎、安国伎、疏勒伎、高昌伎）演奏异域音乐，都配有五弦。《旧唐书·礼乐志》记载："琵琶、五弦及歌舞伎，自文襄以来皆所爱好，至河清以后，传来尤盛。"可惜的是：经过唐末的藩镇割据和五代十国的乱世，五弦到宋代就失传了，在1000多年之间，五弦只是史书上或者古代文集中只言片语的记载，再也没人听过五弦的演奏，直到正仓院螺钿紫檀五弦琵琶的面世，这个乐器才被重新复原。

现在网络上有人弹奏五弦琵琶，用其模仿从吉他到冬不拉等一切拨弦乐器的声音，看起来神乎其技，实际上古代的五弦琵琶做不到。网上空手弹奏的五弦琵琶，是在当代四线琵琶的基础上加了一根金属弦而已，效果确实不错，不过古代的五弦琵琶并不是空手弹的，弦也是蚕丝做的而非金属。古人弹琵琶和五弦，用的是"拨子"。2019年东京国立博物馆"正仓院的世界"特展上展出了唐代的"红牙拨镂拨"（编号：北仓28），它是象牙做的，染成红色，所以叫"红牙"，在红牙上雕刻出花纹的工艺技法，就叫"拨镂"。红牙拨镂拨的正面花纹，是莲花上站着一只独角马头的怪鸟，它名叫"万岁之禽"，是晋唐时期道教信仰中的长寿鸟。这个象牙拨子长达20厘米，非常大，弹奏的时候快不起来，今天抡指弹琵琶的效果，古人用拨子无论如何也做不到的。笔者在日本听过复原的唐代五弦音乐演出，发现当时的乐曲都很舒缓，调子远没有今天音乐这么快。展厅现场也会循环播放10秒左右的五弦琵琶音效，格调非常古雅。

螺钿紫檀五弦琵琶的华丽，说得上是举世无双，在古代音乐复原上也意义重大。不过笔者倒是觉得，这件宝物的装饰性可能远远大于实用性，原因就在于它实在太华丽了，满身镶嵌着奇珍异宝，就算不是华而不实，至少弹奏起来也没人敢纵情肆意。圣武天皇的遗物里有不少乐器，都很华丽，五弦琵琶是其中的佼佼者,圣武天皇究竟是精通十八般乐器呢?还是喜欢用华丽宝物来做装饰呢?笔者认为应该是后者。另外,五弦的捍拨,也就是腹部用于拨弦的地方,看不到什么磨损痕迹,说明确实没怎么用过。

笔者前后去过几十次九州国立博物馆,就是以这次看五弦琵琶的经历最为印象深刻。当时笔者写了一首古体诗《正仓院盛唐五弦琵琶歌》来纪念,抄录如下:

世人皆知《琵琶行》,惜哉不见琵琶形。
幸得东海正仓院,人间重响琵琶鸣。
五弦琵琶奏五音,金声玉振起风云。
云间七彩出仙子,手把芙蓉转锦裙。
五弦身形天下奇,繁花螺钿胜罗衣。
西番胜景槽中绘,驼铃声伴子规啼。
五弦出自开元世,渡海正当天宝时。
动地渔阳鼙鼓至,羽衣散落华清池。
五弦律,从此失。
玉音寂,何迟迟!
今朝我见琵琶太宰府,一片清音传上古。
既是人间真神物,何处流传皆唐土。

实际上,正仓院收藏的琵琶不止一件,除了螺钿紫檀五弦琵琶之外,还有五面真正的唐琵琶,也就是四弦折颈琵琶。螺钿紫檀五弦琵琶在九州国立博物馆展示的同时,奈良国立博物馆

图 14.3 唐代 紫檀木画槽琵琶（编号：南仓 13）
日本宫内厅正仓院事务所藏 图片于 2015 年 11 月刊载

的第 67 回正仓院展（展期：2015 年 10 月 24 日至 2015 年 11 月 9 日）上展出了四弦的紫檀木画槽琵琶（编号：南仓 13）（图 14.3）。这面琵琶长 98.5 厘米，颈部弯折，也叫曲颈琵琶。它出自南仓，属于 8 世纪日本贵族献纳之物，但一样精美异常。展方并未说明这件琵琶产自哪里，笔者和奈良国立博物馆的研究员私下探讨时，都认为这应该是唐朝制作的宝物。

紫檀木画槽琵琶的正面没有螺钿镶嵌，只有一幅丹青山水画，主要用红色和青色绘制，再涂上加了氧化铅的油，这叫密陀绘。画上是高山流水，两个文士临流而坐，其中一人手持纸笔，似乎正要写诗。由于年深日久，这幅古画已经颇为残破，看技法应该是唐代绘制，还带着南北朝时期的古风，非常高雅。这面琵琶最突出的特点是背面纹样，深色的紫檀槽上镶嵌着一个个圆形和方形的木画图案，排列方式和视觉效果和法国奢侈品牌路易威登（LV）的标志性老花装饰非常相似，这是一次跨越时空的设计巧合，是美学逻辑导致的殊途同归。网络上有人说LV抄袭唐代琵琶，这是想多了，紫檀木画槽琵琶背后有三种花纹，而LV老花有四种，每种的样子毫无相似之处，只是在循环排列的方式上有一样的布局而已。这种布局是四方连续中最简单的排列之一，元素相近效果就会相近。LV老花设计于1896年，那时欧洲还没有人知道正仓院是什么，所谓抄袭之说并没有任何根据。人类技术虽然会随着时间推移不断进步，但是审美情趣和艺术创造力未必是一代高于一代，不同时代的设计高手异曲同工，其实挺正常的。木画是唐代的一种木料镶嵌技术，紫檀木画琵琶背面的木画图案叫小宝相花，是用黄杨、鹿角、象牙、柿子木、紫檀等多种珍贵材质拼成的，工艺复杂之极，是现存唐代艺术品中登峰造极的存在。

笔者看到这个琵琶，想起了《日本三代实录》记载的一个往事。唐文宗开成三年（838），日本最后一次派遣遣唐使团来到长安，官员藤原贞敏到开元寺跟随琵琶名家廉承武学艺，并与其女成婚。在离开唐朝的时候，岳父赠送了两件琵琶"青山"和"玄象"，藤原贞敏回日本后献给了朝廷。笔者看紫檀木画槽琵琶的捍拨绘画是青山之景，不知道当年的青山琵琶会不会也是这个样子的。

正仓院很多珍贵文物都来自唐朝，但不能一概而论。正仓院的琵琶大多都是在唐朝制造，然后被商人或者遣唐使带回日本的，不过 2023 年第 75 回正仓院展上的一面"枫苏芳染螺钿槽琵琶"（编号：南仓 101）很可能是奈良时代日本制作的。这面琵琶最

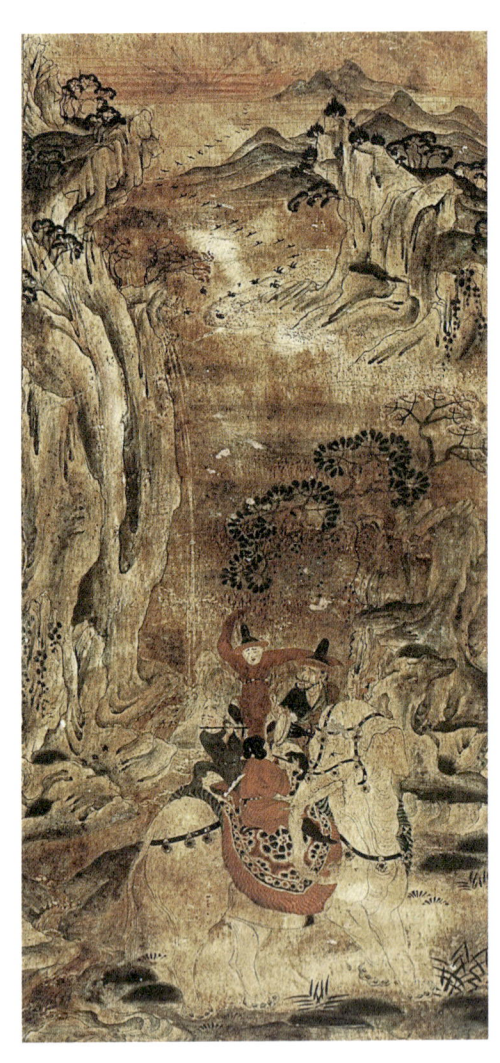

图 14.4　8 世纪　日本奈良时代或中国唐代　枫苏芳染螺钿槽琵琶的捍拨画（编号：南仓 101）日本宫内厅正仓院事务所藏图片于 2023 年 10 月刊载

大的特点,是它捍拨处的绘画非常具有唐风,且丝路气息浓郁。只见山谷中有一白象,上有一组歌舞乐伎,击羯鼓者是虬髯尖帽的胡人,吹笛的是髡发契丹人,吹筚篥的是梳总角的汉人,还有一个头戴高尖胡帽的舞者(图14.4)。这一定是唐代才有的图像,中国出土过两个唐玄宗开元年间的三彩骆驼载乐俑,都是大骆驼上有一个乐队,和枫苏芳染螺钿槽琵琶捍拨上白象载乐伎的形象非常类似,所以日本的研究者本来也认为这面琵琶应该是唐朝文物,或许和"玄象"琵琶有所关联,但是深入研究后发现并非如此。

问题主要出在颜料上,唐代的白色颜料主要是铅白,也就是碱式碳酸铅,而日本用的是氯化铅和硫化铅,这个琵琶绘画颜料用是日本常用的氯化铅。再看其他的方面,这个琵琶背面"槽"的材料不是唐代高级琵琶常用的紫檀,而是日本盛产的枫木,用苏芳染色后假装紫檀。琵琶背面镶嵌的螺钿主要也不是唐代琵琶常用的南海夜光贝,有七成是鲍鱼壳。细看工艺,这面琵琶和其他的唐代螺钿琵琶也有较大差距。综合判断下来,这件琵琶很是日本本土生产的。至于丝路风格的绘画,可能是在中国学过绘画的日本画师绘制的,甚至可能是在日本的中国画师绘制的。不过这个判断依然只是猜测,这面琵琶用了极少量的紫檀和南海夜光贝,也不能完全排除是价格比较便宜的唐代琵琶的可能。

所以说,对于正仓院文物产地的判断,必须基于严格的材料分析,才能作出一个大致判断。而且就算推测出一件文物是唐代或日本奈良时代制造的,由于没有确凿的文字记录,也很难完全排除其他的可能性。

不过，无论这面琵琶原产地是哪里，它都是唐代艺术的珍贵载体，因为即使是日本同时期的奈良时代制造的文物，也尽可能忠实地再现了唐朝的文化艺术风貌，这也是正仓院文物对于唐代文化研究的重要性所在。

丝路宝物和大唐宝箱

每年10月底到11月，奈良国立博物馆都会举办为期两周的正仓院展。正仓院展每次只会展出约60件展品，其中总会有几件主打的文物来自唐朝。在第68回正仓院展（展期：2016年10月22日至2016年11月7日）上，有三把唐朝制作的象牙梳子（编号：中仓123），它们看上去平平无奇，但工艺极为高超（图14.5）。每个梳子长约10厘米，有120多个梳齿，一厘米的宽度内就要有十几根，每根梳齿只有0.5毫米粗，制作的时候只要断掉一根，整个梳子就废了。要达到这个工艺程度，这不光需要有大量象牙给工匠练手，还需要有足够时间的技术积累。日本古代只有木梳，而中国从4000多年前新石器晚期的大汶口文化就开始制作象牙梳，历朝不曾间断，在唐代出现如此高超的象牙制

图14.5 唐代 象牙梳子（编号：中仓123）
日本宫内厅正仓院事务所藏 图片于2016年10月刊载

作工艺，靠的是一代代工匠的千锤百炼。不过，能把这出神入化的宝物完好地留到今天的，也只有正仓院了。

第 68 回正仓院展的主打展品叫"漆胡瓶"（编号：北仓43），高 41.3 厘米，是圣武天皇的遗物（图 14.6）。在"丝路之魂"章节里讲过李贤墓出土的巴克特里亚胡瓶，上面的主题是特洛伊战争故事。这个漆胡瓶要更加精美，瓶盖呈鸟头形，瓶身上用银片表现原野景致，植物繁茂，鹿儿奔跑，小鸟蝴蝶四散飞翔。有个雁鸭嘴里衔着一只昆虫，看样子是蝴蝶，让人想起中唐诗人王建的《戴胜词》"紫冠采采褐羽斑，衔得蜻蜓飞过屋"，看着赏

图 14.6 唐代 漆胡瓶（编号：北仓 43）
日本宫内厅正仓院事务所藏 图片于 2019 年 11 月刊载

正仓院展 2015—2019 年 奈良国立博物馆 九州国立博物馆 275

心悦目。

漆胡瓶的装饰是典型的盛唐风格，工艺十分复杂，先要用卷胎技术，用很薄的木板一圈圈垒起一个波斯胡瓶的形状，之后在瓶身上贴很多精细剪切过的银片，然后髹漆数层，待漆干后，把有银片纹饰的地方剥掉一层，使银片隐现于漆膜之下。这种工艺叫作"平脱"，由于成本高，属于盛唐时期的高级奢侈品，在"安史之乱"后被官府明令禁止，此后这种工艺也失传了，想要再找一个这样的瓶子，恐怕是不可能了。

这个漆胡瓶有没有可能是日本仿制的呢？可能性非常低。第一，平脱工艺和瓶子上的雕工"蹴雕"，都是高水平的唐代工艺，日本工匠就算学了也做不到这么精湛；第二，科学鉴定发现瓶子上的铜产自中国，日本制作的话用本地的铜更为合理。实际上，日本也有平脱工艺，第68回正仓院展上的"笙"（编号：南仓109）就是日本造的平脱产品，样式和唐代一模一样，只是工艺差了一截，精美度不够高，雕工是日本常见的"毛雕"，连笙上的竹子也是在模仿中国斑竹，斑纹是画上去的。这些工艺细节，往往就能帮助我们判断文物的来历。

有时候，日本制作的古代文物一样也是唐代艺术的珍贵见证。例如第69回正仓院展（展期：2017年10月28日至2017年11月13日）上展出一件著名的宝物"羊木臈缬屏风"（编号：北仓44）（图14.7），上面的题记是"天平胜宝三年十月"，确定是公元751年之后在日本制作的，但展现的还是盛唐气象和丝路文明。

图 14.7　8 世纪
日本奈良时代
羊木蜡染屏风（编号：北仓 44）
日本宫内厅正仓院事务所藏
图片于 2017 年 10 月刊载

臈缬是蜡染的唐代说法，所以也可以叫它"羊木蜡染屏风"。正仓院原有蜡染屏风十面，有四面流传至今，其中以羊木蜡染屏风最为精美。这个屏风高 1.63 米，染成黄色后上蜡，然后再染红色，这样上蜡的部分就形成了图案：一株大树下站着一只卷角羊。卷角羊原产于伊朗，当时的日本人是不可能见到的，那这个屏风是怎么设计的呢？很显然，中间的关键环节就是唐朝。

笔者在乌兹别克斯坦的世界遗产古城撒马尔罕，去过一处名叫 Afrasiyab 的遗址，那里有很多唐朝时期的壁画。撒马尔罕古称康国，是唐朝在西域的重要属国，壁画里国王穿的就是唐代的衣冠。笔者在 Afrasiyab 遗址的壁画里见到过和正仓院羊木蜡染屏风上几乎一模一样的卷角羊，连身上几何纹都是一样的。

卷角羊如何漂洋过海的呢？首先是康国居民粟特人的经商活动。粟特人是古代丝绸之路上的商业民族，生意从地中海一直做到太平洋，他们把波斯的卷角羊图案带到了中国。羊木蜡染屏风上除了卷角羊之外，还有非常中国式的山岳和树木图案，说明其原图的设计应该是在唐朝完成的。喜欢胡风的唐人把卷角羊纳入了屏风的设计（当时叫粉本），再由日本的遣唐使将其带回本国。日本奈良时代的国策，是力图完全原样拷贝唐代的一切，他们严格按照唐人的设计和工艺做出了屏风，连"臈缬"这个唐代名字都原封不动地保留下来，所以我们今天看到的羊木蜡染屏风，虽然是日本制作的珍品，但反映出来的还是唐代的西域风情。

第 69 回正仓院展的主打文物是来自唐朝的"绿琉璃十二曲长杯"（编号：中仓 72）（图 14.8）。这是一件椭圆形的绿色

图 14.8　唐代　绿琉璃十二曲长杯（编号：中仓 72）
日本宫内厅正仓院事务所藏　图片于 2017 年 10 月刊载

玻璃杯，样子更类似于拉长的碗，高 5 厘米、宽 22.5 厘米，杯口做十二曲波纹状，杯身上刻有兔子和植物的纹样。这种长杯是东欧和西亚盛行的酒杯，丝路沿线都有出土，西安何家村的唐代宝藏里就出土过玉制的八曲长杯。这类长杯顶级的是十二曲杯，全世界只有两件，用珍贵的绿琉璃制成的更是仅此一件，是典型的无价之宝。从玻璃中的含铅比率来看，这个绿琉璃十二曲长杯是在唐朝制造的，之所以会发绿，是因为含铜量很高。估计和其他的正仓院唐代珍品一样，这个绿琉璃十二曲长杯是被遣唐使带回本国的。

第 68 回和第 69 回正仓院展都和丝路文化高度相关，而第 70 回正仓院展（2018 年 10 月 27 日至 2018 年 11 月 12 日）的主打是宝箱，最重要的展品叫"玳瑁螺钿八角箱"（编号：中仓 146），直径约 40 厘米，是个大盒子。八角箱内部为木制，外贴玳瑁，也就是一种海龟壳，玳瑁下涂有黄色和褐色，以增加色彩的丰富性。玳瑁上镶嵌有大量的螺钿，用淀粉粘牢，箱子顶面的中心是唐宝花纹样，花心用缅甸琥珀装饰，下涂朱红。侧面的花纹是鸳鸯，莲花上立着雌鸟，莲叶上立着雄鸟，样式华丽。这件作品的螺钿风格和螺钿紫檀五弦琵琶及螺钿紫檀阮咸如出一辙，推测也是盛唐的文物。这个箱子是中仓之物，应该是用来装盛献给东大寺大佛的贡品用的，是什么贡品不可考了，不过箱子都如此奢华，里面的东西肯定也差不了。

玳瑁螺钿八角箱在明治时期修复的时候，工匠制作了两个复制品，现在一个在日本的大和文华馆，另一个在阿联酋阿布扎比的卢浮宫分馆。卢浮宫分馆说他们的八角箱是唐代的，其实只是买了日本近代的复制品。

正仓院有两个工艺水平超一流的献物箱，除了玳瑁螺钿八

图 14.9　唐代　沉香木画箱（编号：中仓 142）
日本宫内厅正仓院事务所藏　图片于 2018 年 11 月刊载

角箱外，还有一个是"沉香木画箱"（编号：中仓142）（图14.9）。这件宝物长33厘米、宽12厘米，看起来是个盒子。其内部为杉木打底，外面贴了种种珍贵木材，拼接出花纹，技法名为"木画"。沉香木画箱外面贴的是沉香木，用紫檀为框，区分出内外区，内区用金泥画水波，外区用金泥画山岳，奢华至极。盒子外面镶有11块彩绘水晶板，画有麒麟、鹿、花鸟、山岳等内容。盒子下部是象牙透雕的台座，雕刻有葡萄唐草和狮子飞鸟。

奈良国立博物馆的策展人和笔者交流的时候，表示认为沉香木画箱是日本制品，理由是其金泥绘画的风格可以在其他奈良时代的工艺品上见到。笔者则认为这件作品来自唐朝。原因有几点：第一，当年遣唐使里有大量技术工人，包括画师，他们学习唐代绘画之后带回日本，所以日本奈良时代和唐朝的绘画系出同源，不能用绘画风格证明这是奈良时代的作品；第二，这件作品的材质奢华，沉香、紫檀、象牙等都并非产自日本，史料记载，只有唐朝会从南洋大量进口这些珍贵材料。哪怕日本有了这些材料，也需要熟练工人精工细作，而熟练工人需要长期磨炼，也就是说日本要大量长期进口那些珍贵材料，才有可能做出这种程度的宝物。从成本角度而言，最便宜的方式是购买，而不是自己去制作。实际上，正仓院里很多顶级宝物都是昙花一现的，遣唐使停止之后，其工艺再也没有出现，应该就是直接进口，而不是日本本土的产品。

第70回正仓院展上还有一件顶级珍宝，日本学界也普遍认为其来自中国，那就是"犀角如意"（编号：南仓51）（图

图 14.10　唐代　犀角如意（编号：南仓 51）
日本宫内厅正仓院事务所藏　图片于 2018 年 11 月刊载

14.10）。这件如意长 58 厘米，相传是 781 年光仁太上天皇驾崩之时施舍给东大寺的。由于其使用了犀角、象牙、紫檀、黑檀、水晶等奢华材料，并运用了透雕、木画、拨镂等复杂工艺，简直是神乎其技，明显是奈良时代日本做不出来的东西。中国古代的宫廷玩物，只有故宫留下了一些清代的珍品，更早的作品我们看不到了，也不知道其工艺水平能到什么地步，而正仓院的宝物给了我们一个机会去窥见唐代的技术巅峰，实在是中国艺术史的幸事。

两场纪念新天皇即位的正仓院展

　　日本是世界上仅存的使用汉式年号的国家，2019 年日本新老天皇交替，所以既是平成 31 年，又是令和元年。正仓院作为日本宫内厅下属的文物收藏单位，和皇室关系密切，自然要举办盛大的展览来庆祝一下。于是当年秋季，在东京国立博物馆举办了特展"正仓院的世界"（展期：2019 年 10 月 14 日至 2019 年

11月24日），又在奈良国立博物馆如期举办了"御即位纪念，第71回正仓院展"（展期：2019年10月26日至2019年11月14日），无论是文物数量还是精品文物的等级，都是空前的。2019年也是中国媒体曝光正仓院最多的一年，光是正仓院的讲座，笔者就做了十几次，内容实在太多，这里只能介绍一下两个特展的主打展品：黄熟香和金银平纹琴。

东京国立博物馆"正仓院的世界"特展上，请出了日本的传国之宝，一根从唐朝输入日本的木头，它就是世上第一名香，日本最高统治者的象征物：黄熟香（编号：中仓135）（图14.11）。

佛教非常重视香，在佛前焚香，历来就是最上等的供养之一。在寺院重要的法会上，都会使用贵重的香木，法会结束后会把剩下的香木保留在仓库里。正仓院中仓有一块特别大的黄熟香，长1.56米，空心，重11.6千克，是沉香属的植物，树脂和精油充分沉淀，外面呈黑褐色，内部呈黄褐色。精油在空气中挥发，人们就可以闻到香味，如果切下一小片投入火中焚烧，挥发更多，

图14.11 黄熟香（编号：中仓135） 日本宫内厅正仓院事务所藏
图片于2019年11月刊载

香气就会更强。

通过植物分析，黄熟香的产地应该是今天越南老挝一带，唐朝时候当地是安南都护府的辖地，也不排除从更南方的林邑国进口的可能，但总之应该是从中国出口到日本的。唐代曾经有过大量沉香木材，长安兴庆宫中曾经有沉香亭，是唐玄宗为杨贵妃兴建的，不过这些奇迹早都烧成灰了，只有传到日本的黄熟香留了下来。

黄熟香被日本人雅称为"兰（蘭）奢待"，因为这三个字里面包含了"东（東）大寺"三个字。它的声名鹊起是在香道盛行的室町时代。据说，在圣武天皇之后第一个切下黄熟香品鉴的，是统一日本的幕府将军足利义满。后来，室町幕府第八代将军足利义政也切过黄熟香，并且在香上留下了记号。在当时，黄熟香地位崇高至极，人们认为只有最高统治者才有资格去品它的香气。后来日本进入战国时代，天下大乱，时间长达100多年。日本最强大的军阀织田信长奠定了日本重新统一的基础，1574年，织田信长要求东大寺交出黄熟香，以证明他统治天下的资格。东大寺面对强权，居然拒绝交出黄熟香，说必须要有天皇的敕封才能打开正仓院，而织田信长也遵守了规矩，派人去皇宫拿到敕封，然后开仓品香。现在黄熟香上还能看到织田信长留下的切香记号。最后一个切香的是近代的明治天皇，1877年，明治天皇下敕令切香焚烧，据记载称，当一小片香被投入火中的时候，整个行宫香气弥漫，人们纷纷称赞说不愧是天下的名香。笔者在展厅现场的时候，试图贴近展柜，想闻一闻黄熟香的气味，可惜密封得太好了,什么也闻不到。

由于黄熟香有独特的文化地位,所以对它的保护措施也是特殊的,装盛的箱子是定制的大尺寸唐柜。唐柜不一定是唐朝生产的,只是说柜子的形制来自唐朝,唐柜的底部是离地的,而日本式的"和柜"则是柜子底部贴地。正仓院的宝物很多都存放于唐柜之中,可以隔绝地面的湿气和虫害,经过科学检测,唐柜内的湿度常年稳定,基本不受外界变化影响,正仓院宝物能跨越千年传承至今,唐柜是居功至伟的。

最后,我们来看一下奈良国立博物馆第71回正仓院展的主打文物:唐代的金银平文琴(图14.12)。

正仓院展一般会展出60件文物,而第71回正仓院展只展出了42件文物,仅为平时的三分之二,但是文物质量是历史上最高的。赤漆文欟木御厨子、鸟毛立女屏风、金银山水八卦背八角镜、紫檀金钿柄香炉、赤鸟䩞御礼履等绝世宝物纷纷亮相,其中最引人注目的,是"金银平文琴"(编号:北仓6)。

这是一把华丽到令人难以置信的古琴,它被陈列在展厅的正中,展柜下面是镜子,让人能看到琴的底部。琴身是桐木所制,

图14.12 唐代 金银平文琴(编号:北仓6)
日本宫内厅正仓院事务所藏 图片于2019年11月刊载

临岳和龙尾是紫檀做的。通体髹红漆,用金银装饰。琴项有一个金框(图14.13),里面用黄金片做出树下高士图,应该是竹林七贤,只见阮咸持汉式琵琶(汉式琵琶也叫阮或阮咸)、嵇康抚琴、刘伶饮酒,都是典型的高士做派。刘伶喝酒用的是西域来通角杯,但喝酒的方式是从角根而不是从角尖,是中原人的喝酒样子。三人前面是一只舞蹈孔雀,天上还有两个持节骑凤的仙人,场景高雅华美。

图 14.13　金银平文琴(局部)

高士图背面的琴底是用白银书写的后汉李尤《琴铭》："琴之在音，荡涤耶心，虽有正性，其感亦深，存雅却郑，浮佻是禁，条畅和正，乐而不淫。"琴铭下面是两条银龙装饰的"龙池"和两只银凤装饰的"凤沼"。凤沼内部有"乙亥之年季春造"的墨书，记载了琴的制造时间。日本学者认为金银平文琴是唐玄宗开元乙亥年（735）所做，琴的装饰风格也符合当时的样貌，不过郑珉中等中国学者认为这把琴是日本人做的。

不认同金银平文琴是唐琴的理由，首先在于"平文"这个词不见中国古籍记载。中国古籍里只有平脱，但平文比平脱技术要难得多，平脱是揭取金属片上面的漆膜，而平文是用碳对器物整体研磨，最后让金银纹饰完全显露，甚至高于漆面，这样金银纹饰边角锐利，整体效果比平脱要强不少。如此高超华丽的技术，中国历史上并未记载，考古也没有发现，所以部分学者认为应该是日本独有的。笔者觉得这个逻辑并不合理，如果奈良时代日本技术高于唐朝，为什么要拼着举国之力，一次次的派遣唐使来中国学习呢？中国古代工匠地位平平，一些神乎其技的工艺在史书上留不下名字，并不是罕见之事，考古挖掘出来的文物和工艺，经常会找不到史书上对应的名字。奈良时代的日本人注重工艺，记录下了"平文"这个明显是中文的技术名称，我们应该认可才是。实际上《国家珍宝帐》中记载了一个"银平文琴"，墨书题记是"韦家造"，连商家名号都有了，说明这种平文琴就是唐朝的产品。

然而另外一种质疑是有道理的，就是从乐器的角度看，金银平文琴不适合演奏。第一，古琴在弹奏的过程中，必须用手按弦，并在琴面上来回滑动出声，这就要求琴面光滑素洁，但这张琴太华丽，表面都是密密麻麻凹凸起伏的金银纹饰。第二，琴尾部的龙尾（也叫龙龈）非常窄，琴弦不易张开，音响效果差。第三，这把琴的形制不对，传世唐琴一般弧度圆厚，金银平文琴比较扁，是宋代形制，其他的琴额、徽记等，都和已知的唐琴不符，所以郑珉中等学者主张它不是唐琴。其实这些质疑也很容易回答，正仓院的原始记录非常完整，金银平文琴进仓的时间是817年5月27日，而宋朝要到960年才建立，所以它不可能是宋代的。而且传世唐琴总共只有十几把，根本不可能完整地展现唐代古琴文化的风貌。最重要的是：其他的唐琴都是用于演奏的素琴，只有金银平文琴是早已失传的宝装琴，它就是纯粹用于观赏的。中国古代的琴并不是都需要演奏的，东晋陶渊明说"但识琴中趣，何劳弦上声"，《晋书》和《宋书》都记载陶渊明有一把没有弦徽的无弦琴，可以"以寄其意"。自南北朝以来，有琴不弹也是一种风雅，做成富丽堂皇的宫廷装饰自然非常合适。金银平文琴的华丽工艺在唐朝"安史之乱"以后就被禁止制作了，工艺也失传了，考古没发现过，只在文献中偶有记载。所以金银平文琴作为宝装琴的传世孤品，虽然保存在日本，但是依然见证了中国盛唐时期的繁华气象。

正仓院的宝物展出之后，一般要10年后才会再度拿出来。只有螺钿紫檀五弦琵琶作为正仓院的招牌，大概每隔四五年就要高调亮相一次。2020年到2022年，笔者没有前往日本，每年秋季通过网络看到新展出的盛唐宝物，都会忍不住心痒难挠。不过，人生还有时间，总还是有机会能看到的。

国宝——京都国立博物馆开馆 120 周年纪念特别展览会

2017 年 京都国立博物馆

在笔者看来，2017 年全世界范围内最重要的展览之一，是日本的"国宝——京都国立博物馆开馆 120 周年纪念特别展览会"（展期：2017 年 10 月 3 日至 2017 年 11 月 26 日）。这场展览的缘起，是为了纪念两件事：120 年前的 1897 年，日本颁布了第一部总合性的文物保护法律《古社寺保存法》，并在此基础上确立了"国宝"这一文物分级的最高标准[1]；同年，用于保存和展示珍贵文物的京都国立博物馆成立。这两件事，让 1897 年成为日本文保历史上具有里程碑性质的一年。这场以"国宝"为名的展览把日本各地博物馆、寺院乃至于个人收藏的顶级文物汇聚

---

[1] 日本国宝包括不可移动的古建筑和可移动的美术工艺品。从 1951 年 6 月 9 日开始，日本政府基于《文化财保护法》，将之前指定的六千余件国宝改称为"重要文化财"，并从中优选精品，重新评定为"国宝"。截止到 2023 年 1 月，日本共有 1132 件国宝，包括 230 件古建筑和 902 件美术工艺品。

一堂，就是要展示 120 年来日本文物收藏和整理的成果。

特展以两周为一期，分 4 期展示 210 件日本国宝文物，数量接近日本美术工艺品类国宝总数的四分之一。如此大规模晒宝的展览，在世界博物馆展览的历史上也极为罕见，日本上一次举办还是在 41 年前。由于机会难得，笔者前后反复去看了十几次，对展览水平之高深感震撼，不光很多文物难得一见，而且和中国文化关联极深。展览上来自中国或者与中国高度相关的文物，足以让人写出好几本专著了。

说起日本的中国文物，可能大部分人会认为都是近代以来流失出去的，其实并不尽然。日本收藏的很多重要的中国文物是 19 世纪以前出售甚至是赏赐过去的，如正仓院收藏的唐代宝物就是被遣唐使带回日本的。日本美术工艺品类的国宝中大约有 250 件来自中国，绝大多数都是古代传入日本的。日本国宝里也有来自朝鲜半岛、印度和欧洲的文物，但加起来不到 10 件。中国文物在日本国宝里占比如此之大，说明古代日本对中国有强烈的文化依赖性。之所以说日本是中华文明圈里的一分子，要是因为日本从国家草创时期开始，就长期输入中国文化，结果不光使得以汉字为典型代表的中国元素成了日本文化的核心，也让很多珍贵文物在日本保存了下来。接下来，笔者就按照文物自身的时代顺序来讲述一下。

东汉金印和日本的起源

"国宝"特展的展线是按照文物类型来设计的,分为佛画、绘卷和装饰经书、肖像画、中世绘画、近世绘画、中国绘画、雕刻、金工、陶瓷、染织、漆工、书迹、考古共13大类。精彩展品众多,几乎涵盖了整个日本的历史和美术史。〔注:日本新石器时代以来的历史被划分为绳文时代(约公元前11000—前400)、弥生时代(约公元前400—公元3世纪中期)、古坟时代(公元3世纪中期—592)、飞鸟时代(593—710)、奈良时代(710—794)、平安时代(794—1192)、镰仓时代(1192—1333)、室町时代(1336—1573)、安土桃山时代(1573—1603)、江户时代(1603—1868),之后是日本的近现代。〕

自汉代以来,中国一直和日本有文化上的交流,而且经常接受日本的朝贡,日本最古老的文字记录就是中国人留下的。公元前108年,汉武帝在今朝鲜平壤设立了乐浪郡。朝鲜再往东就是日本,所以西汉就知道海外岛上有倭人,他们没有统一,分为100多个小国,按照人类学的新进化论[1]来看,估计还处在部落和酋邦的阶段。到了东汉,日本开始出现早期国家,当时向中国朝贡的倭人国家有30多个,有的大国还被赐予国王金印。《后汉书·东夷传》是这样记录的:"建武中元二年(57),倭奴国奉贡朝贺,使人自称大夫,倭国之极南界也,光武赐以印绶。"

---

[1] 名词解释参见本书 P46,"丝路之魂"章节。

图 15.1-1 东汉 "汉委奴国王"金印 图 15.1-2 金印印文（背面）
（正面） 福冈市博物馆藏

汉光武帝赐的印现在还能看到，它就是福冈市博物馆收藏的国宝文物"金印"（图 15.1）（展期：2017 年 10 月 31 日至 2017 年 11 月 12 日）。

日本江户时代的天明四年（1784）2 月 23 日，九州福冈志贺岛的农民甚兵卫在翻田时发现了一颗金印。这颗金印不是被埋起来的，是三块大石围成一个框，上面再压一块大石，做成一个石龛，金印就供在里面。金印被送给了福冈的藩主黑田家，然后由儒家学者龟井南冥（1743—1814）进行鉴定。龟井南冥看到印文是"汉委奴国王"，印为蛇钮，阴文，篆体奇古，于是引用《后汉书·东夷传》，判定这枚金印来自东汉，是汉光武帝赐给倭奴国王的金印。金印被福冈历代藩主奉为至宝，1931 年被日本指定为国宝文物，1978 年由黑田家捐赠给福冈市政府，1990 年开始在福冈市博物馆展出。

金印在日本是非常有名的文物，因为它是日本最早的文字记录。但是，争议也一直没有平息，原因是在福冈并没有发现其他的同时期文物，所以很多人指责这个印是伪造的。为了鉴定金印，日本采取了很多科学测量方法。1966年，日本通商产业省工业技术院计量研究所发表了金印的测量数据，印面边长平均为2.347厘米，印台平均高0.887厘米，总高2.236厘米，重108.729克，体积6.0625立方厘米。其边长和汉代的一寸（约2.3厘米）基本一致，很可能是在汉代制作的。1994年，日本又对金印做了X射线分析，发现其含金量是95%、含银量4.5%、含铜量0.5%，和中国出土的东汉金器有基本一致的合金配比，可以确认这个金印日本江户时代根本无法仿制，就是中国东汉时期的作品。

实际上，考古学家在对金印进行严密测量之前，就已经知道金印必然是真品了，原因在于中国出土了相似的文物。1956年，中国云南省晋宁县石寨山古墓遗址群被科考发掘，6号墓出土了一枚印文为"滇王之印"的金印。根据《史记·西南夷列传》的记载，汉武帝元封二年（前109）曾经下赐滇王金印。这枚滇王之印比"汉委奴国王"金印稍小，但是印钮都是蛇钮，边长也基本一致，这是根据简牍的尺寸设计的。当时的文书还不用纸张，用的是竹简，重要的竹简文件为了保密，上面会用泥来做封，封好了湿泥后盖印，泥干了之后就成了封印，打开文书会破坏封印，相当于是保密措施。滇王之印的出土，确证了汉代赐给边疆民族的印信模式，也确证了日本的"汉委奴国王"金印就是真品。不过，"汉委奴国王"金印的印钮和印文工艺极精，而滇王之印工艺很糙，所以有专家认为，滇王之印是某位滇王为了陪葬而制作的仿印，并非真正汉武帝下赐的金印。现在滇王之印是我国禁止出境文物，"汉委奴国王"金印的文物价值就可想而知了。

1982年2月，另一个珍贵的汉代金印出土了。江苏邗江甘泉山2号东汉广陵王墓出土了一枚"广陵王玺"金印，这枚金印和"汉委奴国王"金印虽然文字和印钮不同，但是两者在尺寸、重量、花纹、雕法和字体上均如出一辙，且史料记载的时间只相差一年（分别为公元57年和58年），有专家认为两枚金印是同一人制作。广陵王玺的出土，确证了日本的金印非但是真迹，而且可能和广陵王玺出自同一个宫廷作坊，原产地可能就在当时的首都河南洛阳。原本金印上还会配有紫色的绶带，但是应该已经腐朽，所以没有出土，古人将印放在衣服之内，绶带外露，就可以通过颜色来表明身份等级了。

讲到这里，你可能发现一个问题：汉代管日本人叫倭人，为什么印上会写着"委奴"？笔者认为，委和倭是个异体字的问题，唐代以前中国管日本叫"倭"，但是在古籍里有三种写法，念法也不同。最早的汉代考古资料，也就是汉光武帝赐的金印，上面写的是"委"字。另一个汉代的考古资料是安徽亳州博物馆收藏的第74号楔形墓砖，它出土于东汉末年曹氏家族墓群中的元宝坑1号墓，上面刻着"有委人以时盟"字样，有人认为这个"委"字是有残损的"倭"，但从字体看来很可能就是"委"。根据目前所知的考古资料，汉代应该是管日本人叫"委人"，后来才变成"倭人"。委的本意有顺从之意，或许是因为他们主动来汉朝朝贡，所以得了这个名字。笔者觉得还有个可能，委这个字是禾、女两个字构成的，禾就是稻米，这是在说他们也是种稻米的民族。为了方便表述，本文还是用更常见的"倭"。

倭奴也不是一个词，它是两个词，完整的说法是"倭人的奴国"，因为来中国朝贡的是奴国的使者。再进一步说，光武帝也不是要给奴国的国王一个金印当礼物，而是对奴国统治者赐予"国王"这一官爵，让其成为汉朝的官员，金印就是官爵的凭证。汉朝给周边少数民族统治者的赐印，印文往往有特定的格式，就是按照国家、民族、部落、官职的顺序来写。例如日本藤井有邻馆收藏有一颗"汉匈奴恶适尸逐王"鎏金铜印，国家是汉朝，民族是匈奴，部落是恶适，官职是尸逐王。"汉委奴国王"金印也是如此，国家是汉朝，民族是委（倭），也就是日本人，政权名称叫奴，官爵是国王。国王低于皇帝，在古代是极尊贵的官爵，通常只会赐给比较重要的诸侯王或者边疆少数民族的统治者。奴国在日本九州北部，根据《三国志·东夷传》的记载，其人口有两万户之多，对比一下，北京一带在汉代也只有两万户。奴国人口众多，可匹敌中原郡国，这才能被封为国王。

那日本这个称呼又是怎么来的呢？其实日本这个词本来也不是指今天的日本国，而是古代中国人对整个东方海滨地区的称呼，连朝鲜半岛也叫日本。飞鸟时代的倭国朝廷决心汉化，要起个中国名字，于是就选了汉语词语"日本"当对外的国名，对内自称"八大洲"，后来就统称日本了。公元701年，日本正式采用新国名，第二年派使者前往中国朝贡，向武则天汇报改换国名之事，并获得同意，此后汉语里的日本也成了专有名词了。

日本的唐物

日本的飞鸟时代、奈良时代和平安时代前期，对应着中国的隋唐时期（公元6世纪后期到10世纪早期）。那时候日本的统治者为了让国家尽快律令化，倾国力派出大量使者来中国求学，并带回大量货物。海路艰险，船只返回概率也就一半多。"唐物"的获得极为不易，所以日本历代都对中国的舶来品非常重视，很多人遇到灾难时宁可牺牲性命也要把宝物保存下来。

日本人的刻意保存，让很多隋唐时代珍贵文物，尤其是有机质文物留了下来，而且多是孤品。中国人传统上对前朝文物往往不用心保留，结果中国收藏隋唐时代的精品文物大多是考古出土，有机物难以在地下长期保留，于是我们要看这类精品的话反而要去日本。除了正仓院，日本还有很多寺院和博物馆收藏有唐代文物。此次"国宝"特展上，来自各个收藏机构的隋唐文物有十几件，有些甚至几十年没有展出过了，非常难得。

最令笔者惊叹的是"染织"类的文物，如唐锦中的极品"四骑狮子狩纹样锦"（展期：2017年10月3日至2017年10月29日），这是1884年在奈良法隆寺梦殿里发现的，发现之前可能有上千年没人动过了。它长约2.5米、宽1.35米，锦上的纹样是一个个大联珠纹团窠，团窠直径约45厘米，里面是一株花树，周围有四个骑翼马的骑士回身射狮子。团窠的周围是忍冬和唐草纹样，花团锦簇，华丽异常。这个回头射狮的风格明显来自波斯萨珊王朝的国王狩猎图，而联珠纹来自继承了嚈哒文化的粟特人，由于马身上绣有汉字，确认是中国作品，大概来自7世纪前期的隋末唐初时代。如此巨大的尺寸和高度细密的工艺，在传世的唐锦里绝无仅有，加之其风格是古代丝绸之路文化交流的第一手见证，堪称是绝世宝物。

在"四骑狮子狩纹样锦"旁边的几件织物，则是有极高的历史意义，因为它们是入唐求法僧人请回的祖师法物。日本学习中国的时候，正好赶上中土佛教大兴，所以日本从一开始就是儒佛并学，日本佛教各派的开祖基本也都是在唐朝留学过的僧人。日本天台宗的开祖，传教大师最澄（767—822）于公元804年跟随遣唐使团入唐求法，到天台山师从行满和尚，回到日本之后传法延历寺。古代僧人的传承，要以"衣钵"为证物，也就是祖师爷穿过的衣服和用过的钵盂。最澄从唐朝请回的两件衣物就来自中国思想史上两个极为重要的高僧：智者大师智顗（538—597）和荆溪大师湛然（711—782）。

智顗是陈隋时期的高僧，天台宗的开创者。在南北朝时期，由于官方的大力支持，丝路上的佛教流派纷纷传入中国，但人们深入学习之后，惊讶地发现大乘、小乘、空宗、有宗都存在着严重分歧，大家不知道如何分辨，结果只好各门各派各讲各的，南北方的佛教也有了不小差异。智顗为了整合佛教，想出了一个巧妙的解决办法，就是去"判教"，把佛教经律论三藏进行系统的批判整理，目的在于说明经典中没有矛盾，看似自相矛盾的地方其实都是佛祖针对不同听众做不同时机的说教。结果就做出了中国思想史上著名的"五时八教"理论，给当时佛教的各个宗派都做了安排，说有的是给普通人的教法，有的是给专业人士的教法，最高级的当然是他自己的法华涅槃时圆教。后来其他宗派也纷纷提出了自己的判教准则，如禅宗的顿悟和渐悟，就是一种著名的判教，后来一直影响到董其昌的南北宗画论。智𫖮不但融合了南北佛教，而且符合了当时隋朝统一南北的政治现实，于是被隋朝官方高度推崇，成了中国思想史上一代承前启后的重要人物。智𫖮的衣服叫"刺衲衣"（展期：2017年10月3日至2017年10月29日），三层缝制，两个袖子已经没了，只剩下一些中心部分，很难还原当年的样子，但是隋代大宗师穿过的衣服现在还能看到，本身就已经是奇迹了。

湛然是唐代中期的天台高僧，也是最澄的师祖，他的观点是后来明代王阳明心学思想的重要来源之一。唐朝佛教的一个大问题是佛性，也就是成佛的可能性。当时人们非常关心的问题是：人此生能不能成佛？动物能不能成佛？草木瓦石能不能成佛？唐玄奘为了获得这些问题的答案，不惜冒着生命危险去西天取经，最后创立了法相宗。湛然对这个问题回答得很坚决，就是"无情有性"，意思是草木瓦石都可以成佛，不光是人和动物，什么东西都可以去极乐世界，后来王阳明主张草木瓦石也有人的良知，就是继承了湛然的思路。湛然留下的衣物是七条刺衲袈裟（展期：2017年10月3日至2017年10月29日），袈裟是佛家的衣服，古印度早期佛教的僧侣都是不持金钱的，只靠乞讨为生，身上穿破布缝制成的百衲衣，称为"粪扫袈裟"。后来佛教大兴于中土，寺院也不穷了，但是祖师传下的规矩不能坏，于是就出现了新型

图 15.2　唐代　七条缀织袈裟　东寺藏　图片于 2017 年 10 月刊载

的粪扫袈裟，就是特意用一些破布来缝制出庄严的袈裟。七条刺衲袈裟就是这样的粪扫袈裟，它长 2.6 米、宽 1.32 米，竖着分为七条。这个袈裟有个专属名字，叫"枲纳"，意思是剥取麻的茎皮做的。它的田相部用浅红、茶、白等各色麻布纤维织成，还散落着紫色的小麻布片，虽然是特制的，但保持了粪扫的本色。袈裟上缘有"荆溪和尚纳"的墨书题记，可能是湛然仅存的书法真迹。最澄归国之前，师父行满和尚把师祖湛然的袈裟传给他带回去，是衣钵法脉传承的见证。天台宗后来在中国逐渐衰微，法华信仰也归了净土，但是日本的天台宗极为兴旺，对日本文化产生极大影响，并一路传承至今。

其实唐代很多义理深刻的佛教宗派，在中国都逐渐失传了，包括最兴旺的唐代密宗和唐玄奘的法相宗，都是在日本保留下来的。和最澄一起来中国的，还有一个重要的僧人，就是弘法大师空海（774—835），他把密宗传到了日本，之后会专门有一章节，是关于他和密宗的"东寺"特展。"国宝"特展上请出了一件空海从唐朝请回的密宗绝世宝物，京都东寺珍藏的"七条缀织袈裟"（图15.2）（展期：2017年10月3日至2017年10月29日）。这件袈裟也叫犍陀谷丝袈裟，是空海师父惠果的遗物，惠果是大唐国师，当然不能真穿破布纤维织成的粪扫，那就只能用高级的工艺，故意把袈裟纹路织得看上去是破布一样。

七条缀织袈裟虽然名义上也是粪扫，但是材质工艺已经到了登峰造极的地步，工匠用最复杂的工艺，把最上乘的丝料做成了百衲衣的样子。袈裟上一块块看似由撕碎破布拼接成的田相，其实都是用通经断纬的缂丝模拟出来的。缂丝是中国古代最高级的织造工艺，以本色丝线为经，彩色丝线作纬，各色纬线的分布一点点也不能错。这个袈裟为了做出破布头褪晕的效果，设计得极为精巧，而且一根线头都没有错的，堪称鬼斧神工。据笔者所知，在传世的唐代丝织品里，这件是上乘的了。笔者专门请教过缂丝的工匠，人家说这件袈裟手艺太高，现在复制不出来。以前日本皇宫里每到新年会有"后七日御修法"，祈祷新的一年国泰民安，这件袈裟就会被请出来用于仪式，是护佑国家的法器。

"国宝"特展上还有一件用于护佑国家的法器，那就是展览的天字第一号文物《麻布着色吉祥天像》（图15.3）（展期：2017年10月3日至2017年10月15日），它高53厘米、宽31.7厘米，是一幅古画。明治初年在奈良药师寺的镇守休冈八幡宫被发现，现在每年新年会被请出来用于药师寺"吉祥悔过会"的祈福仪式。

十六国时期北凉昙无谶翻译了《金光明最胜王经》，其中有

图 15.3　8 世纪　麻布着色吉祥天像　药师寺藏

女神名叫吉祥天，应该源自印度神话里毗湿奴大神的妻子拉克希米女神。吉祥天的样子是15岁的少女，这幅画上的女子身穿唐代盛装，工笔重彩，连薄绢都画出了唐代织物"纭繝彩色"效果，眉目是典型盛唐时期的"蛾眉丰颊"，华贵美丽，不可方物。中国古画一般都是在纸或者绢上画，只有隋唐盛行在麻布上绘制佛画，敦煌就曾经出土过很多精美的麻布佛画。这幅吉祥天像是工笔仕女，绘画之精犹在敦煌古画之上，传世唐风仕女画只有辽宁省博物馆的《簪花仕女图》可以与之相比，但是《麻布着色吉祥天像》的年代是8世纪中期，比《簪花仕女图》要早至少一两百年。

日本学者大多认为《麻布着色吉祥天像》是公元771年左右日本奈良时代的作品，因为当时奈良药师寺开始举办吉祥悔过会。这幅画的工艺风格展现了唐代工笔仕女的最高水平，可能是中国渡日的画师或者跟随遣唐使在中国学习过的画师所制。笔者仔细观察此画之后，觉得更大的可能是在中国绘制，然后由遣唐使带回日本的。因为日本没有麻布画的技术积累，而这幅画和史书记载唐代画家周昉的工笔仕女极为接近，年代也符合。当时日本以中国为师，皇宫里最珍贵的宝物大多是从中国直接进口的，日本佛教以中国为祖庭，尊崇唐物的现象更为明显。吉祥天像在当时是圣物，是官方用于祈求消除罪孽、护佑国家用的，如此重要的东西，从奈良时代日本人的角度看来，只怕还是从中国请来的会更加灵验。

《麻布着色吉祥天像》无论是工艺风格还是时代背景，都是唐代的无疑。但它没有任何的题记，说是渡日的唐代画师或者日本高手匠人学习唐代的作品，也不能说没有可能。真相如何，可能需要对颜料做化学分析才能确认，现在唯一确定的是：这幅画是传世最精美的唐风佛画之一，也是那个时代中日文化交流的珍贵见证。

"国宝"特展上还有一套极为重要的唐代密宗绘画《两界曼荼罗》，我们之后在介绍"东寺"特展的时候再说。这里先说一下书法作品。东大寺正仓院本来有圣武天皇珍藏的王羲之真草书法20卷，公元820年被权臣买走了。这些作品不是书圣真迹，而是临本或者是双钩拓本，还有"同羲之书"，就是水平相近的他人作品。这20卷目前至少留下了3件，最著名的是唐摹王羲之的《丧乱帖》，现存日本宫内厅三之丸尚藏馆。"国宝"特展展出了另外两件，1件是前田育德会收藏的唐摹王羲之《孔侍中帖》（展期：2017年11月7日至2017年11月12日），上面是《频有哀祸帖》《孔侍中帖》《忧悬帖》三帖合装，前后9行，书法精妙流畅，在日本是仅次于《丧乱帖》的书圣作品。

还有1件是私人收藏的智永《真草千字文》（图15.4）（展期：2017年10月31日至2017年11月5日），它在正仓院《国家珍宝帐》上的记录是"同羲之书卷第五十一真草千字文二百三行"。学术界主流认同这件作品是智永亲笔，作者运笔的起承转折都在墨色的浓淡之间，比摹拓要精妙许多。如果它确实是智永真迹，那在全世界现存的中国古代书法作品里，大概是数一数二的至宝了。

智永是王羲之七世孙，生活在公元6世纪南朝梁、陈到隋代

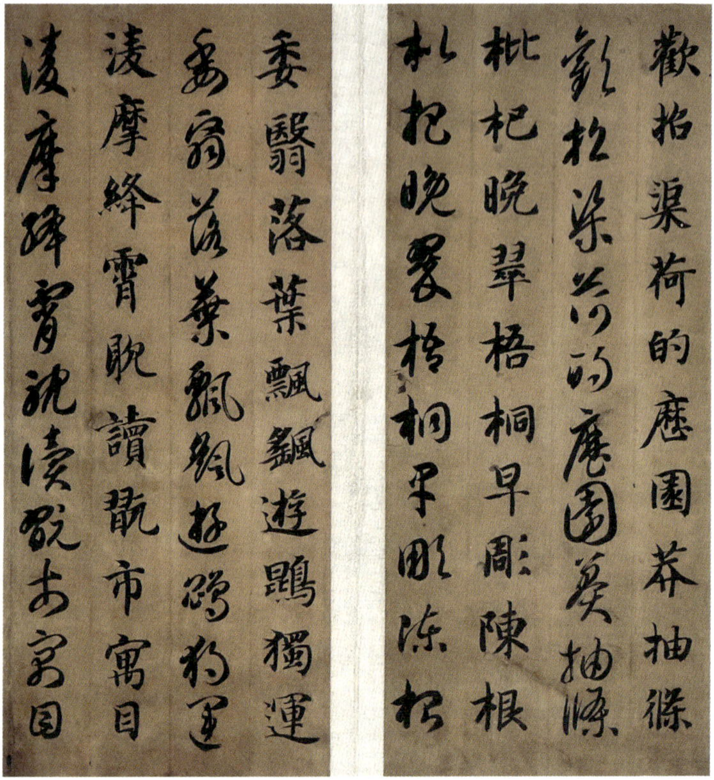

图 15.4　南朝　智永　《真草千字文》

之间，和智者大师智顗是同代。智永少年时跟随梁朝书法家萧子云学习，遍览宫廷密藏书法名迹，然后发奋苦练，终于成了一代宗师。他的书法上接魏晋时期钟繇、王羲之的正统，下传唐初名家虞世南，是书法史上承前启后的关键性人物。智永最著名的作品就是《真草千字文》，梁代学者周兴嗣用了1000个不同的汉字创作了千字文，是中国历史上最经典的识字读本，《真草千字文》

就是写一遍楷书（也叫真书），然后写一遍行草，把每个字都用两种字体写出来。智永是僧人，他曾誊写了 800 本《真草千字文》，分赠江南诸寺院，这 800 本千字文到了北宋只剩下 7 本，到南宋更只剩下 1 本，最后 1 本真迹都没了，只剩下刻石拓本了。然而就算只剩拓本，智永《真草千字文》也是历代书法家必修的课程，因为他不光是书法好，而且作品文字全面，练好了什么文章都能直接写了。另外，智永千字文的草书很正，楷书带行书笔意，这就有了实用性，练好了之后能写各种字体，无论是正式的字体、日常的字体还是艺术性字体都能得心应手。元代书法家赵孟頫就是照着智永《真草千字文》临之不辍，得其笔意，终成一代宗师。

中国文物保留不易，宋代以前的顶级书法作品大半都是刻石，精摹本都凤毛麟角，唐代书法大家的亲笔法帖有一个算一个都是绝世奇珍。智永是唐代书法家的师祖，他的真迹 800 年来都被认为是不存在的，然而谁也没想到在日本居然留了一本墨迹。这件作品的印本在民国时期进入中国，在文化界引起不小的震动，对这样一件没有著录的孤本，一时间众说纷纭，有人怀疑是假的，国学大师王国维指出："盖南朝楷书真迹，今无一存，存者惟北朝写经本耳。一时风气如此，不分南北。若以稍带北派疑之，尤为皮相之论也。"

王国维说的是对的，《真草千字文》的作者用了重墨，由于纸不太吸墨，可以清晰地看到运笔，笔法精妙，确实是一流名家所作，和当时的北朝写经完全不是一个路数。作者在书写时不避隋唐两代皇帝名讳，说明这应该是公元 589 年陈朝灭亡之前写成的。作品的文字内容和中国传世的石刻拓本略有几个字不同，可见智永写的800本千字文并非千篇一律的复制，而是对每一本都认真地进行了书法创作，这才导致了个别差异的出现。这件作品是册页，笔者前后见过三次，只看到4页真迹，确实是字字珠玑。对于这件作品的珍贵性，基本上没有争议，但它究竟是智永真迹，是唐人临本，甚至是唐代双钩摹拓，目前还没有统一的意见，多数学者认为是智永真迹。晋唐书法家有明确的传承和谱系，智永的辈分太高，要是真迹的话，那是祖师爷一样的存在了。这本《真草千字文》藏于京都小川家，启功先生于1989年专程去日本考察了一次，认为是无与伦比的真迹，于是写下"永师真迹八百本，海东一卷逃劫灰"的诗句，对其赞叹不已。

　　遣唐使给日本带回去很多好东西，不过到9世纪就结束了。公元838年是日本最后一次大规模派遣唐使入唐学习，894年还曾经有过一次派遣计划，但当时唐朝已经陷入了战乱，日本学者菅原道真（845—903）上书朝廷，阻止了使团的派遣。菅原道真后来成了日本的学问之神，神号"天满大自在天神"，"国宝"特展上有大阪道明寺天满宫保存的"神宝"菅公遗品（展期：2017年10月3日至2017年11月26日），包括银装革带、牙笏、伯牙弹琴铜镜和青白瓷圆砚，其中除了牙笏可能是日本加工的之外，其他全是晚唐之物。尤其是银装革带，铜制巡方上有狩猎人物、凤凰动物等细致场景，中间镶嵌伏彩色的水晶，是高官才能佩戴之物，可见当时日唐之间还有贸易交流，官员的用品都是唐朝制作的。唐朝灭亡以后，中日之间长期没有官方交流，直到明代才重新派出遣明使，但和遣唐使的性质已经差异很大了。不过，宋代通过宗教和商业，对日本文化的影响依然很大，我们接下来看看日本收藏的一些宋代珍宝。

两宋的珍宝

日本国宝里的中国文物，其实多数来自宋代，日本虽然没有遣宋使，但双方之间商贸及宗教关系紧密，大量宋代商品和艺术品进入日本，对日本文化的塑形起了很大影响。

特展上有一件宋代早期的经典文物，是京都嵯峨清凉寺收藏的北宋释迦如来立像（图15.5）（展期：2017年10月17日至2017年10月29日）。这尊木雕佛像是现存最大最精美的宋代木雕，中国各大博物馆收藏的宋代雕塑无一能望其项背。它在中国佛教史上也有着很高的地位，因为它是旃檀瑞像的复制品。旃檀瑞像的故事在《增一阿含经》和《佛说观佛三昧海经》等经文中都有记载，说佛祖上忉利天宫为母亲摩耶夫人说法，三月不归，憍赏弥国的优填王因思念佛祖，故用牛头旃檀木制作了等身真容像。佛祖回到人间时，优填王让白象驮着这尊佛像前去迎接佛祖。佛像自己从大象的背上走下来，来到佛祖面前合掌顶礼，而佛祖也对着佛像长跪合掌，说：我涅槃后，我的弟子们就托付给你了。

在真实的历史上，佛陀之后几百年都没有佛像，最早的佛像一般认为是公元后贵霜王朝根据希腊人的雕像传统制作的。旃檀瑞像的故事应该也是公元后才出现的，到公元3、4世纪广泛流

图 15.5 北宋 释迦如来立像 清凉寺藏 图片于 2017 年 10 月刊载

传于西域和印度等地，并被介绍到了中国。中国历史上有很多旃檀瑞像，据吉林社科院研究员尚永琪考证，最重要的一尊旃檀瑞像是梁武帝天监十八年（519）由扶南国（今泰国及柬埔寨南部）进贡的，此后一直在中原流传，被历代帝王尊崇。外国来的佛像毕竟珍贵少见，于是就被当作佛经上记载的旃檀瑞像来供养。梁武帝旃檀瑞像在五代时供奉于扬州开元寺，宋代又移到开封，安置于宫中内道场滋福殿，皇帝每天亲自礼拜。

公元 983 年，日本奈良东大寺高僧奝然入宋求法，古代中日之间的官方使者经常由僧人充当，于是宋人视他为代表日本的朝贡使，让他到开封拜见宋太宗。奝然献上了《日本年代记》等日本国情资料，深得皇帝赞赏，于是受到礼遇，还得以到宫中礼拜梁武帝旃檀瑞像。北宋雍熙二年（985）六月，奝然抵达台州开元寺，购买香木（魏氏樱桃木），请张延皎和张延袭兄弟二人为工匠，根据绘制的瑞像图雕刻佛像。7 月 21 日起工，到 8 月 18 日摹刻成一尊高约 1.63 米的释迦立像，带回清凉寺后传承至今。这件事情的记录文章被放到了佛像内部的装藏里，1954 年修理佛像时被发现，于是我们才能确定作者的姓名和佛像的具体制作时间。日本古代重要的佛像师都留下了很多资料，东京国立博物馆和奈良国立博物馆举办过关于 12—13 世纪的运庆、快庆等著名工匠的大型专题特展。而中国古代木雕佛像虽然工艺精湛，但工匠姓名都不载于史册，到现在连完整的造像都屈指可数，工艺最好且信息最完整的作品也是在日本流传下来的，这不能不说是一件可惜的事情。

清凉寺瑞像是梁武帝栴檀瑞像的复制品，有很强的异域风情，头发是旋纹式的，身穿通肩大衣，衣纹呈"U"字形，规律性地布满全身，极富装饰性，佛像双手呈施无畏印和与愿印。这样的风格应该是来自印度的笈多王朝，笔者在印度马图拉博物馆看到过一尊高达 2.2 米的石雕施无畏印立佛，是 5 世纪笈多王朝的精品，印度艺术史上的杰作之一，从身体姿势和衣纹看来，应该就是清凉寺瑞像这一类造像的祖源。笈多王朝立佛像源自犍陀罗风格的施无畏印佛立像，再往前可以追溯到伊朗帕提亚帝国（前247—前224）的国王雕像，多亏了考古发现的古代雕塑，让我们可以看清古代丝绸之路上的艺术流传。

由于清凉寺瑞像的身份特殊，所以日本历代做了很多复制品，但是都没有清凉寺这尊逼真精美。中国也很尊崇栴檀瑞像，北京白塔寺就是元世祖忽必烈为了供奉瑞像而兴建的。清代时瑞像被供奉于北京弘仁寺，光绪二十六年（1900）庚子之役，弘仁寺与瑞像俱毁于火，亦有说此像被俄罗斯士兵抢走。目前故宫博物院还保存有乾隆年间的瑞像复制品，和印度的笈多王朝佛像及日本的清凉寺瑞像姿势一样，但论艺术性就远远不及了。

奝然带回日本的还不只是清凉寺瑞像，还有一套极为珍贵的北宋绘画《十六罗汉像》（图 15.6）（展期：2017 年 11 月 14 日至 2017 年 11 月 26 日），也是清凉寺的镇寺之宝。罗汉的概念源于印度，本来用于描述悟了道的僧侣，他们在外观上和其他人没有什么差异，所以印度美术史上并没有特殊的罗汉形象，典籍里也没有罗汉样貌特征的记载。中国美术史上所见罗汉形象，

5.6　北宋　《十六罗汉像》
　　　第十四尊者伐那婆斯
　　　　　清凉寺藏

都是历代画家在早期高僧画和胡僧画的基础上创造的。创造罗汉像并不是一件容易事，因为随着佛教的整体的神化，罗汉也变得既有神通法力又兼有人性，因此他们的画像既要有人的外形特征，又要在其中融入神性以区别凡人。唐末五代时期，罗汉画题材异军突起，高僧贯休把唐代辟邪祈福的神像和罗汉形象融合，以异常的外形来彰显其神性，人称"禅月式罗汉像"。清凉寺《十六罗汉像》是目前我们能看到的最接近贯休时代的作品，在中国佛教艺术史上非常重要。

这套《十六罗汉像》尺寸一致，每幅都是高82厘米、宽36.4厘米。画面保存极佳，虽然有补绢补笔，但是无论背景、衣饰、人物都维持了原貌，是研究北宋绘画的珍贵一手材料。作品的特点是罗汉尊者全部寄于山石之中，这可能和唐宋时期流行的山间行脚僧图像有关，我们在《溪山行旅图》上就能看到行脚僧，僧人在山野中苦修的样子可能就是罗汉的形象来源。罗汉尊者面目生动、目光如炬，衣服上大量运用丁头鼠尾描来表现质感，和台北故宫博物院的《释迦说法图》一样，都是典型的北宋早期风格。罗汉的侍者里有梵王和兵士，推测可能来自隋唐时期的法华信仰，呈现的还是晚唐时期的样貌。第二尊和第四尊者的袈裟用金泥描绘出细密的纹样，在现存北宋作品里极为罕见。第一尊者画上的松树，风格上接唐代壁画，下通北宋李成、郭熙，岩石的皴法更是北宋晚期画家李唐"斧劈皴"的前身。

《十六罗汉像》都有榜题，这和敦煌发现的佛教画像是一致的，保留了古时的风格。比较特殊的是最后一幅"尊者大迦叶"，按照佛经，第十六罗汉应该是"注荼半托迦"才对。而且这幅作品风格更加细腻一点，应该是接近南宋。根据日本的《仁和寺日次记》记载，奝然请回的罗汉像于1218年被焚毁，怀疑有可能是只烧了一幅，然后又配上了一幅。

刚刚提到的画家李唐，在"国宝"特展上也有作品展出。李唐（1066—1150），字晞古，河阳三城（今河南孟州）人，是北宋徽宗时的宫廷画家，1127年汴梁沦陷后南下逃难，又成了南宋的宫廷画家，所以他的画是南北宋之间的典型代表。李唐在日本最重要的作品，是京都大德寺高桐院的《山水图》（展期：2017年10月17日至2017年10月29日）。这是一对山水挂轴，画面高约100厘米、宽43.6厘米，旧传吴道子所作，原来被装饰在一幅元代观音的两侧。后来发现树枝上有"李唐画"的隐款墨书，终于判明了作者。《山水图》上山石的画法，明显就是李唐的斧劈皴，时代特征明显。再仔细看，发现墨色变化多端，笔法灵动，没有程式化的倾向，或许是李唐在北宋末年的早期作品。此外，画面上风景清幽，季节似乎有所不同，也有可能本来是4幅四季山水图，只剩两幅存世。

这次特展上还有一幅两宋之际的精彩作品：京都仁和寺的《孔雀明王像》（图15.7）（展期：2017年11月14日至2017年11月26日）。唐代密宗传入日本之后分为了两派。一派是钻研"教相"（密教理论）的小野流，一派是钻研"事相"（仪轨法事）的广泽流。仁和寺及其御室派是广泽流的代表，特别注重仪式、供养、佛像等，加之有皇室加持，文物特别华丽。仁和寺

图 15-7　北宋　《孔雀明王像》　仁和寺藏

最注重的"事相"是孔雀经法的修持，孔雀吃毒蛇，在印度是消灾除厄的象征，后来在佛教里成了管消灾的孔雀明王，是驱邪治病的象征。空海从唐朝带回日本的《佛母大孔雀明王经》深受权贵欢迎，祈雨、祛病、安产，乃至调伏天地异变，都要求助于孔雀经法。这套密法是仁和寺的独占的法门，越来越秘密化和权威化，只为皇室豪门服务。而皇室豪门的支持也让仁和寺能获得珍贵的中国宝物，这幅仁和寺收藏的北宋《孔雀明王像》高约 1.7 米、宽约 1 米，是世界上现存最华丽的宋代密教佛画，色泽鲜艳工笔精湛，大概是特意请来当法会主尊的。画面上三头六臂的明王手持各种法器，端坐于孔雀背上的莲座之上，神态安详，有唐代遗韵，但是精细的用笔已经是北宋风格了。明王和孔雀都是正面对人，华丽的孔雀有南宋装饰主义的风格，画面上红绿色系的明显对比，也是偏向南宋的面貌，综合来看可能是两宋之际的作品。

日本人有自己的审美观念和艺术偏好，所以日本收藏的中国古画，和中国本土的收藏颇有不同。很多日本流传的中国古画在中国本土失传已久，客观上保留了中国艺术史的多样性，非常有研究的价值。这次特展上有一套南宋的《阿弥陀三尊像》（图 15.8）（展期：2017 年 11 月 14 日至 2017 年 11 月 26 日），和国内流传的南宋绘画样貌差异较大。画上的题记是"四明普悦笔"，四明是宁波的旧称，以前日本和宋朝做贸易，最重要的港口就是宁波。日本商人和求法的僧侣，从宁波请回了很多佛教绘画，这些绘画被称为四明佛画或者四明画派，其中绝大部分在中国已经完全看不到类似作品了。普悦似乎是个民间画家，也可能是画僧，

图 15.8　南宋　普悦　《阿弥陀三尊像》　清净华院藏

考虑到这种佛画会用于出口，也可能是一个商标。

《阿弥陀三尊像》体现了南宋时期的净土思想，画面上特殊的舟形光背用墨极淡，仿佛是一层淡淡的光环，佛像本身是淡墨重彩，面部静谧，用细笔描绘，头后用粉堆叠成光轮，绘画手法极其细腻。两位菩萨面容雅致，服饰华丽，是宋代佛画世俗化的样貌。观音菩萨的右手跷着小指，手里的杨枝浸入左手的琉璃盏，在盏中打了个弯，非常优雅。大势至菩萨头冠上不光有宝瓶和摩

图 15.9　南宋　梁楷　《释迦出山图》局部　东京国立博物馆藏

尼宝珠,还有波斯萨珊王冠的星月,展现了伊朗文化对早期佛教的影响,也是唐代以来的高古遗风。这三幅画都是细长的立轴(高约 125 厘米、宽约 49 厘米),挂在一起看上去又精美又朦胧,隐约的舟形光环还表达了"接引"的意味,非常有幽玄的意味。传统的日本人很喜欢这种意境深远的中国古画,认为是东亚艺术的经典之作。

日本人很喜欢《阿弥陀三尊像》这样三幅一体的作品,特展上的另一套名作就是南宋梁楷的《释迦出山图》（图15.9）和左右两幅《雪景山水图》（展期：2017年10月31日至2017年11月12日）。这套作品现藏于东京国立博物馆，是统一日本南北朝的室町幕府将军足利义满（1358—1408）的藏品，上面还有他的鉴藏印。梁楷是南宋宁宗嘉泰间（1201—1204）的画院待诏，后因厌恶画院规矩的羁绊，将金带悬壁，离职而去。梁楷生活放纵，号"梁疯子"，他的绘画风格对日本艺术影响极大。

这3件作品以《释迦出山图》最为重要，画上有"御前图画梁楷"六字题记，是梁楷在画院时候的作品。画的内容是红衣释迦在山中赤脚行走的样子，只见释迦呈胡僧相，双手合十站立，一脸忧郁苦相，以前的尊像画都是静谧无情绪的完美样貌，到了南宋的禅宗画，开始追求对释教人物具体神情样貌的描绘。有学者考证，这幅画的主题应该是名为"木枪刺脚"的佛本生故事，因为画上的红衣目视前下方的一丛荆棘。荆棘的根部断掉了，释迦的右脚脚踝也不正常，明显比左脚肿大。这个故事在《大宝积经》卷108有记载，说释迦行走时遇到木刺，而且怎么也摆脱不掉，直至刺伤了释迦的右脚。原来这是一个前世的因缘，佛祖告诉阿难"我过去世入大海中，持矛刺人断其命根"，所以今生要受木枪刺脚之苦。

古代画家绘制佛本生故事，通常都会画一个系列，这张《释迦出山图》应该是一系列中仅存的一张，足利义满想凑齐三件套，于是又找到了一幅梁楷真迹《雪景山水图》做搭配。这张画也很精彩，雪山下两个人在骑着驴顶风冒雪前行，疏阔的山原和渺小的行旅形成巨大落差，让人印象深刻。但高手真迹哪里那么好找，第三张实在找不到了，于是去找了张梁楷传派的仿品凑数，硬是变成三幅才满意。这三幅画都是立轴，尺寸不完全一样，但是比较接近，大小只差几厘米，看起来还算协调。从室町时代开始，三幅画一起流传，从未拆开，到现在被指定为一套国宝，也体现了日本人的审美偏好。

日本收藏的这种"宋画三件套"里，有一件中国艺术史上的神作，那就是京都大德寺收藏的南宋牧溪《观音猿鹤图》（图15.10）（展期：2017年10月31日至2017年11月12日）。牧溪名法常，是南宋晚期四川人，临济宗杨岐派僧人，曾任杭州六通寺的住持。他的画是禅宗画，在中国不被重视，作品极少流传，两岸故宫博物院各有一件他名下的水墨写生[①]，而日本收藏了几十件牧溪的作品，多被当作至宝。牧溪的画作其实是中日艺术的一个重要分水岭，因为他的绘画代表了一种独特的禅宗意趣，这种意趣影响了之后几百年日本艺术的发展，在中国却逐渐走向了消亡。

禅宗的意趣可以从其典故看出来，说当年佛祖讲法之时，曾经拿起一朵花来微笑不语，罗汉、菩萨们面面相觑，无人知道佛祖这是什么意思，只有弟子迦叶破颜微笑，得到了佛祖的真传，从而建立了禅宗。禅宗和其他佛教门派不太一样，它讲究的是"不立文字，直指人心，见性成佛"，也就是说他们认为佛法的精要

---

① 笔者标注为"法常"。

图 15.10　南宋　牧溪　《观音猿鹤图》　大德寺藏

无法用语言表达，只能以心传心，就和佛祖拈花微笑一样。禅宗的核心不是念经拜佛，而是去悟，禅宗认为语言有其界限，就像一份美食，你无法通过语言文字来知道是什么味道，必须亲口品尝才能得知。

　　牧溪的《观音猿鹤图》就是含义可悟而不可明言的禅宗画，这是三幅高约 1.73 米、宽约 1 米的大画，也是现在所知最古老的中堂画。左边一幅是鹤，中间一幅是观音，右边一幅是长臂猿母子，作者把释教尊像画和戏墨融合在一起，意趣精妙。先看观音，只见观音大士寄于岩中，面部情态悲悯，衣纹是飘洒的兰叶描，这种画法来自梁楷，远溯唐代吴道子。大士身边有琉璃净瓶，晶莹透明，可以看到插在里面的杨枝。再看猿猴，据说日本有17张牧溪的猿猴图，但只有这张因为功力深厚，是无疑问的真迹，猿猴左下方风吹起的枝叶蓬松，墨韵飘逸，极是难画。左边鹤图上画的不是宋代画院作品中常见的仙鹤，而是目光凶戾的野鹤，它正在开口鸣唳，作者用无声的绘画表达了有声的感觉。鹤的后面是一片隐约的竹林，竹叶上挑出一根根竹筋，这是极为罕见的画法，在宋元时期独一无二。

这三幅画看似主题不相关，但可能是从一开始就在一起的。牧溪的师父，南宋禅门领袖无准师范（1177—1249）写过多首《观音大士赞》，其中有句曰"何似月明霜满天，孤猿啼断千峰上"，又有句曰"如今何处求普门，一声鹤唳寒松顶"，可见观音和猿、鹤本就是一起的。而且细看这三幅画，确实是有内在联系的，它们的画面层层递进，左边的鹤抬头看向观音，张嘴鸣唳，在索求着什么，似乎象征祈愿的众生；中间的观音看向右方，神情悲悯；而右边的猿猴母子正面朝向观众，神情茫然直视，似乎是观音在怜悯着彷徨的众生。这三幅画以目光相连，形成一个左下到右上的对角线，最后以一个指向左下的树枝收笔，蓬松的墨意仿佛把书法融入了画中，禅意幽远，奥妙不可尽言，观者大可从中寻找自己的感悟。

《观音猿鹤图》上有牧溪的签名印章及足利将军家收藏的印章，历代传承有序，最后由日本战国时代大名今川义元的军师太原崇孚将其赠予京都大德寺。牧溪的作品在日本被当作至宝，在中国却不被重视，这说明早在元明时期，中日之间的审美就开始分道扬镳了。中国南宋的绘画以院体画和禅宗画为巅峰，然而到了元代以后两者都没落了，继而兴起的是元明清三代主流的文人画，画坛的主张是追法晋唐，南宋流行的禅宗画非但没了领袖，连评价都变得很低。元代吴大素《松斋梅谱》还说牧溪的画"有高致"，然而到了明代，《画史会要》就说其"粗恶无古法，诚非雅玩"了。牧溪追求放逸但无懈可击的墨画，展现了南宋禅宗的真实感，但后人只爱古法意趣，所以极少有人会收藏牧溪的作品。与此相对，日本对南宋的艺术极为推崇，因为日本流行的禅宗是从南宋传入的，现在牧溪甚至被称为"日本画道的大恩人"。在元末到明代的室町幕府时期，日本的统治者不惜重金，从中国大量收购禅宗画和院体画，还有南宋建窑的茶盏等，作为"唐物"加以珍藏，进而成为将军家权力的象征。这些艺术作品在日本地位崇高，更影响了日本此后数百年的艺术路线，无论是狩野派、长谷川还是琳派，都在继承发展牧溪和南宋院体的画风，并取得了极高的成就，这真是墙内开花墙外香了。"国宝"特展上展出的16世纪长谷川等伯《枫林图》屏风，是日本艺术史上的旷世巨作，其笔墨之间就明显有牧溪的影子。

牧溪在日本艺术史上影响重大，而他的师父，临济宗第十六世、杨岐派第九世祖师无准师范在日本文化史上影响重大。1235年，日本僧人圆尔来到中国拜无准师范为师，习得禅法，回日本后创立了东福寺。禅宗讲究的是不立文字，以心传心，不过为了证明传法的真实可靠，还要依赖于一些物证，据说六祖慧能在证明自己身份时，用的就是达摩祖师的袈裟，东福寺至今还保存着杨岐派创始人杨岐方会以下几代祖师的袈裟。

除了袈裟，禅门还发展出了"顶相"和"印可状（类似毕业证书）"等给弟子的传法证明。所谓顶相，就是师父的画像，画好之后师父还会在上面题赞，证明这确实是赠给弟子的。"国宝"特展上展出了东福寺藏的顶相《无准师范像》（图15.11）（展期：2017年11月14日至2017年11月26日）。这是无准师范送给圆尔的传法证明，也是南宋人物画像中的极品，一个笑容可掬的老和尚跃然纸上，神态从容，目光炯炯，袈裟上一针针的缝衲针脚都能看到。如果不是亲见，很难想象南宋时候的人物像可以画到如此逼真，堪称是中国美术史上的杰作。无准师范自己也很满意这幅画，亲自提赞曰："大宋国，日本国。天无垠，地无极。一句定千若（诺），有谁分曲直？惊起南山白额虫，浩浩清风生羽翼。"白额虫就是老虎，古代禅宗高僧夸人喜欢用长翅膀的老虎打比方，留下个成语叫"如虎添翼"（注：有人认为这个成语最早出自传诸葛亮的《心书》，其实那也是南宋的作品）。日本东京国立博物馆有一件国宝文物是元代高僧了欲清庵写给日本求法僧人的墨迹，其中写道："汝离扶桑到中国，消尽平生烦恼感。揭翻藏海急翻身，戴角於菟添两翼。"於菟也是老虎，只是这里不光长了翅膀，还加了犄角。

无准师范的顶相是1238年绘制的，1241年被圆尔带到日本。圆尔回到日本的第二年，报答师恩的机会就来了，宋理宗淳祐二年(1242)夏，无准师范所在的径山万寿寺被祝融之灾焚毁，圆尔得知之后积极组织捐赠物资，得到九州做宋日贸易的大檀越谢国

图 15.11 南宋 无准师范
《无准师范像》 东福寺藏
图片于 2017 年 4 月刊载

明鼎力支持，筹集木材千片作为寺院重建材料，派弟子能上人运到宋朝。第二年无准师范收到木材，大喜之余，亲自写了一封感谢信托能上人带回日本。信中表达了谢意，也期许圆尔能致力于日本禅宗的发展。这封信就是东京国立博物馆收藏的"板渡墨迹"（图15.12）（展期：2017年10月3日至2017年10月15日），曾为著名的茶道家松江藩主松平不昧所藏。书法被裱装成了一件挂轴，是以前茶道师在品茶时的鉴赏物。茶道讲究禅茶一味，品茶最好的鉴赏物就是禅宗大德的墨迹，这种高僧墨迹在中国不受重视，精彩的作品都留在了日本。

禅宗是南宋和日本的重要联系纽带。日本僧人来中国求法是第一步，第二步就是从中国请高僧去传法。无准师范的两位弟子，兰溪道隆和无学祖元，都被日本的镰仓幕府请去当国师，广传佛法。"国宝"特展上有佛光国师无学祖元的墨迹"与长乐寺一翁偈语"（展期：2017年10月3日至2017年10月15日），是赴日高僧墨迹的一件代表作。

无学祖元在日本历史上是一个传奇人物，甚至可以说对亚洲历史都有不小的影响。他俗姓许，浙江人，在去日本之前，他的家乡一直面临元军入侵的威胁。1275年，元军攻入温州能仁寺，整个寺庙里只有无学祖元一个人没有逃跑，元军怀疑他是奸细，举刀要杀。无学祖元面对刀兵，毫不慌张，吟诵了一首诗："乾坤无地卓孤筇，且喜人空法亦空。珍重大元三尺剑，电光影里斩春风。"意思是天地间已经没有我的容身之地了，但幸好一切都是虚幻，所以也无所谓，你们要杀我是白费力气，一切都是空的，斩我就像斩春风一样。这首诗叫作《临刃偈》，元军听到之后为之夺气，默然退去了。

其实无学祖元说的不对，他比春风要厉害多了。不久之后，他被日本幕府的统治者北条时宗请去供奉。1281年，元世祖忽必烈派大军从海路入侵日本，声势异常浩大，幕府对是战是和摇摆不定，北条时宗向无学祖元请求开示，得到了六个字："莫烦恼，蓦直去。"让他不要担心，坚定行事。于是幕府有了信念，全力抵抗元军，不久台风袭来，元军全军覆没。而无学祖元则被奉为像神明一样的人物，号佛光国师，加号圆满常照国师。

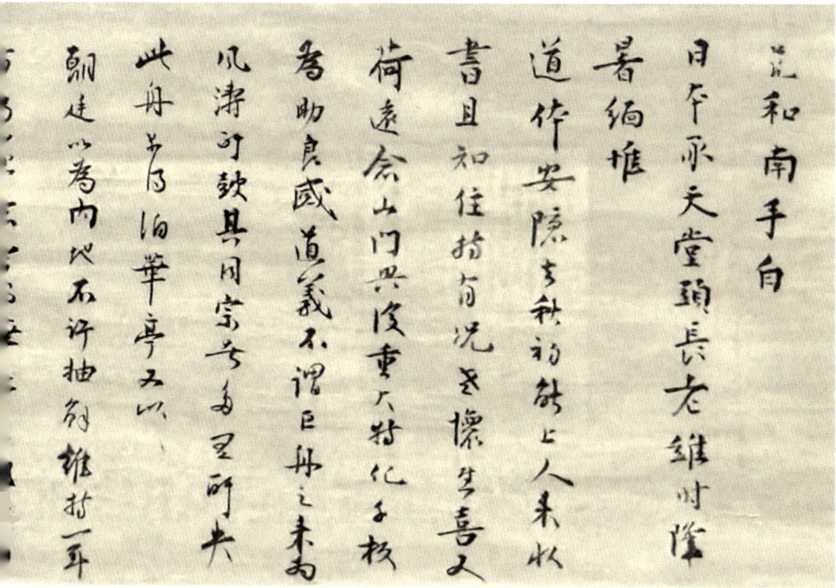

图 15.12　南宋　无准师范　板渡墨迹　东京国立博物馆藏

我们看了这么多珍宝，可以清楚地发现日本古代的文化传统和中国密不可分，这也是日本会成为中华文化圈一员的原因。我们看的都是中国古人的作品，而日本的艺术家其实也会创作大量和中国相关的作品。"国宝"特展上有一件和老北京相关的画作，是日本画家谢寅（1716—1783，又名与谢芜村）画的《夜色楼台图》（图 15.13）（展期：2017 年 11 月 14 日至 2017 年 11 月 26 日）。这是一幅长 1.3 米的横卷，但是被裱成了立轴，绘制时间在 1778—1783 年之间。画卷的右端写有一句诗文"夜色楼台雪万家"，是明代诗人李攀龙（1514—1570）所作。当年李攀龙在

北京的酒楼会饮，想起辞官远去的友人，于是作诗《怀宗子相》，有"春来鸿雁书千里，夜色楼台雪万家"之语。谢寅在日本京都看到这句诗，很有感触，于是看着京都东山的夜色，绘制了一幅想象中的北京雪景图。这幅图用空白表现雪山，用墨色表现黑夜，用胡粉表示飘雪，下面是老北京的街市，一座酒楼立于街中。全卷墨色变化多端，意境悠远，是难得一见的佳作。这幅作品也说明，古代中国对日本影响极大，一直到18世纪，日本的文化界还在憧憬着大陆上的这片文化母国。

日本京都国立博物馆的"国宝"特展不光展现了大量极品文物，它对现在中国的文物管理系统而言，其实也很有启发意义。

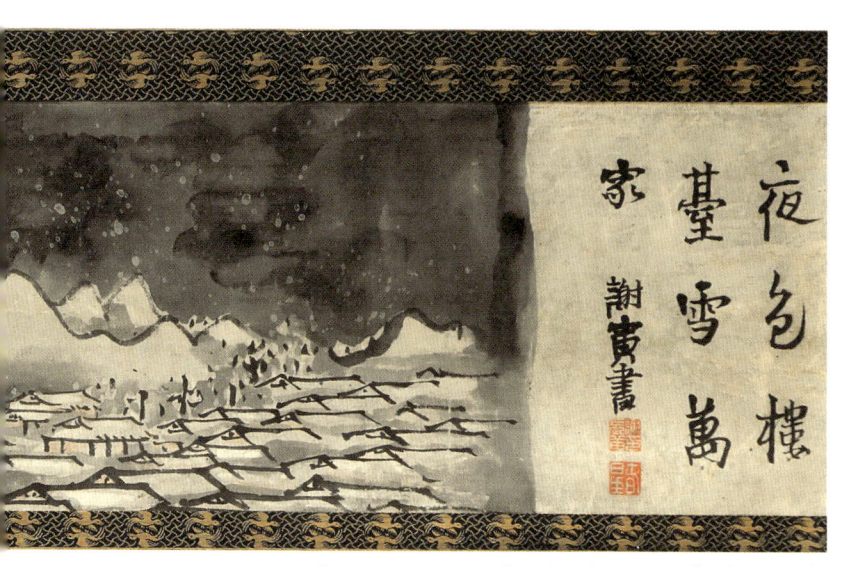

图 15.13　8 世纪　日本江户时代　谢寅　《夜色楼台图》
图片于 2019 年 8 月刊载

日本用"国宝""重要文化财""重要美术品"等几个分级，把日本可移动的美术工艺品文物和不可移动的古建筑都做了详细的规范，笔者觉得这一点比较合理。中国重要的古建筑和古建筑群会被冠以"全国重点文物保护单位（简称国保单位）"的称号，但保护范围往往比较模糊，国保单位内的可移动文物也经常缺乏清晰的分类和规划。而各地公私文博机构收藏的可移动文物，只有一个信息不够公开的文物分级（一级、二级、三级），数量、评级原因、保护状态等信息都不太明确，私人藏品更是鱼龙混杂。这导致国内大部分博物馆展厅中的文物价值如何都要看观众自己的眼力，这对于研究者来说都是个考验，对初学者和爱好者而言

国宝——京都国立博物馆开馆 120 周年纪念特别展览会　2017 年　京都国立博物馆

则是极大提高了学习的门槛。

现在很多对中国文物有兴趣的人，初步学习后，知道的重点文物往往只有195件禁止出境文物，对其他的文物则经常是难辨良莠。而这195件文物虽然重要且珍贵，却远远不能说明中国古代文化的博大精深。总之，建立起中国大陆文博系统的"国宝"清单和鉴定制度，是一条漫长但应该要走的路。

阿部房次郎与中国书画

2018 年 大阪市立美术馆

前面特展说的都是古代传入日本的文物，这个特展要介绍的，是近代（1840—1949）流入日本的文物精品。2018 年 10 月 16 日至 2018 年 11 月 25 日，日本关西的大阪市立美术馆举办了一场规模盛大的中国书画特展"阿部房次郎与中国书画"，用以纪念日本收藏家、企业家阿部房次郎 150 周年诞辰。艺术史上的众多名品纷纷亮相，是近年重要的海外中国文物展览之一。

海外中国书画的私人收藏有三个翘楚：美国顾洛阜的汉光阁，美国王季迁的宝武堂，还有日本阿部房次郎的爽籁馆，这三家加起来或许顶得上小半个故宫。顾洛阜和王季迁的收藏主要进入了美国纽约大都会艺术博物馆，而阿部房次郎的收藏则主要捐赠给了大阪市立美术馆。

阿部房次郎（1868—1937）是关西的财阀，东洋纺绩株式会社社长。他在 1904 到 1905 年间为了拓展公司产品销路，经常来中国，在偶然的机会下接触到中国的古代书画，深受吸引。后来，他去欧洲和美国游历，考察了众多美术馆，于是有了收藏东亚美术品并供大众欣赏的想法。

1911年辛亥革命之后，清朝倒台，中国进入了兵荒马乱的民国时代。战乱时期贵黄金而轻古董，所以从溥仪到各界达官贵人，人们纷纷把手头的文物卖出变现，而日本的文化界受孙中山等人的影响，流行"东亚一体"的观念，希望把东亚文物留在东亚，于是大量购买中国文物。阿部房次郎曾经写道："东亚古美术中，以中国美术的成就最高，这样的中国美术品在兵乱中散佚毁坏，着实令人难以忍受。"在内藤湖南等专家的指导下，阿部房次郎通过大阪博文堂重金购买了众多从中国卖出的古书画，其中很多精品都是与欧美博物馆和各国私人藏家反复竞价后才买到的。2018年以4.6亿元港币在香港佳士德拍出历史高价的北宋苏轼《木石图》就曾经是阿部房次郎的收藏，这件作品上面有米芾的题跋，木石笔法毫无书法痕迹，肯定是宋人所做，很可能就是苏轼真迹[①]。

阿部房次郎收藏的文物品质极高，他的遗愿是把这批文物捐献给博物馆用于研究展示，所以其长子阿部孝次郎于1943年将其收藏的部分作品（约160件书画）捐献给大阪市立博物馆，这就是本次展览书画文物的来历。

中国古代书画保存不易，现存多为明清作品，以宋元作品为

[①] 民国书画鉴赏家张珩记载了作品的出售过程，说自己准备了9000金，要从白坚夫处购买《木石图》，但最后竞价失败，被阿部氏以万金购去。

图 16.1　唐代　王维　《伏生授经图》　大阪市立美术馆藏

高古,十分珍贵。在大阪市立美术馆的展品里,高古作品很多,有些甚至号称到唐代甚至六朝。在通常情况下,号称特别早的作品都是晚明的"苏州片",但是阿部房次郎的收藏非常特殊,值得细看。

首先就是唐代王维(701—761)的《伏生授经图》(图16.1)。伏生授经是一个真实的历史故事,伏生是战国末期齐国人,生于公元前268年,是儒家学者,秦朝统一后当过博士。公元前213年,秦始皇下令焚书,伏生冒着生命危险,将记录自尧舜到西周的重要历史文献《尚书》藏入墙壁之内,躲过了一劫。到了汉朝,伏生挖开墙壁,发现还有28篇《尚书》保存完好。汉文帝重视古代文献，派大臣晁错去伏生家中取经，但是经文上的古字无人能懂，伏生又年届九十，口齿不清，无法正常说话，于是由他女儿羲娥当翻译，一点一点地把《尚书》翻译成当时通行的隶书，叫作《今文尚书》。伏生授经大概是中国历史上最重要的一次文献传递了，如果没有伏生，司马迁的史记可能要少很多篇章，甚至战国时期最古老最重要的文献就会彻底失传，那将是不可挽回的损失，所以历朝历代的文人士大夫都对伏生极为推崇。

《伏生授经图》画的就是伏生传授《今文尚书》的场面，画面上只有一个干瘦老者，头戴乌巾，肩披薄纱，盘腿坐在一个蒲团上，身前有一个案几。老者右手拿着一张白纸，左手指着纸，脚下还有卷轴竹简等物。这个画面背景完全留白，没有任何描绘，主题十分突出。伏生是九十高龄的老人，容貌清癯，慈祥而衰老的神态表现得非常好，展现了画家深厚的功力。人物面部用细线变化勾勒的画法，与敦煌第 103 窟盛唐《维摩诘经变图》中的白描维摩诘及日本京都东寺所藏中唐李真所绘《不空金刚像》类似，时代也应该相近。伏生的服装形态，来自六朝到唐代流行的高士图像。所谓高士，就是隐居而放浪的高人，以竹林七贤为典型。伏生穿着的背心，是很标准的一身高士燕居之服，名为"野服"或"心衣"。南京西善桥南朝墓里出土的竹林七贤印砖上，嵇康和向秀就穿着这样的背心。《北齐校书图》、宋人《柳阴高士图》等画面上，也有这样的背心出现。

此图在北宋就已经进入宫廷收藏，图上有宋徽宗"宣和中秘"印，《宣和画谱》里也有记载。画的题签是宋高宗的"王维写济南伏生",历代珍藏后,到清末为完颜景贤所得,民国时候卖到日本。北宋宣和时期记载的很多高古作品,现在看来都是北宋摹本,如北京故宫博物院的隋代展子虔《游春图》、台北故宫博物院的唐代韩干《牧马图》等,都是宋徽宗收藏的摹本。很多学者认为,是宋徽宗本人一手改写了中国绘画史,把不合自己心意的古画重新摹绘了一遍。像《牧马图》就是典型徽宗时期作品,但是宋徽宗又亲题了"韩干真迹"四字,这就是故意改造画史。

《伏生授经图》会不会也是宋徽宗时期的摹本呢?笔者对着这件作品看了很久,认为它确实是一张唐画,但是只有上边的一部分是,其他地方是宋代补绘的。这幅画有一个特殊的地方,那就是它是画在拼绢上的,上绢粗,下绢细,而且绢的中缝正好把画横着一分为二,上面略窄,下面略宽,并且绢还不是一字画齐的,是曲折地拼接起来的。这幅画高只有25厘米、宽44.7厘米,不算很大,绘制这样一幅小画,不可能连一幅整绢都找不到,而且就算是拼绢,至少也应该是齐的,而不是曲折的。这种绢的拼法只有一个可能,那就是画面遭受了破坏,然后补绢重绘,所以《伏生授经图》这幅作品,上半部分有"宣和中秘"印的部分是唐人原作,而下半部分有南宋高宗"绍兴"连珠印的部分是后补的。

《伏生授经图》的下部是宋代补绘,难免会有疏漏。伏生手里拿着一张白纸,且不说西汉还没有这种纸,纸上一个字没有如何能传经?此外砚台之类的器具似乎也是宋人之物。这明显就是原作破损,补绘者只能画个大概。仔细看上下画面的接缝处,还能看到补画的痕迹。宋人工笔极精,补画的几乎没有什么违和感,但是上部线条变化比下部要略多。在右手臂的内侧还留有两处明显的破绽，首先是手臂线在拼绢处没有对齐，第二是衣服的白颜色和身体的肉色是不同的颜色，在下半部分的绢上，一条衣服线画过来的时候，由于没有画到手臂，所以形成了一个空当，在这个空当处，画家忘记染色了。

那《伏生授经图》的上部会不会是王维真迹呢？考察画史，可知王维是公认的唐代文人画家，所谓"文人之画，自王右丞始"，明代董其昌（1555—1636）更认定王维是南宗山水画鼻祖，不过王维的山水画我们只能进行推断猜测，因为董其昌自己大概也没见过王维真迹。但王维精于人物画是有记载的，他曾画孟浩然像于刺史亭，宋徽宗也收藏了多幅王维的人物画，宋末周密《云烟过眼录》记载："王维画维摩诘像，如真不可分。"综合判断下来，《伏生授经图》的上部是功力深厚的唐代人物画，符合画史对王维的记载，又有宋徽宗和宋高宗的认证，所以笔者认为，《伏生授经图》是目前可信度最高的王维真迹。

大阪市立美术馆收藏的中国书画中，题签年代最早的作品是南朝张僧繇的《五星二十八宿真形图》（图16.2），画的内容是金木水火土五星之神，还有二十八星宿神。现在五星神像是齐的，二十八宿神像只有角星到危星12幅，其他的已经缺失了。画面上是写一段篆字题词，然后画一个神仙，神仙的样子五花八门；有骑乌龟的，有骑凤凰的，还有坐在缸里的；有牛头的，有驴头的，还有身上长鳞片的。这样的画在古代极为罕见，而且画面特别吸引人，笔者认为是一幅珍贵的道教绘画。

图 16.2　（传）南朝　张僧繇　《五星二十八宿真形图》
（局部　荧惑星神）　大阪市立美术馆藏

　　张僧繇年代久远，真迹早已无存，传世号称张僧繇的作品，几乎都是晚明制作的"苏州片"。然而阿部房次郎收藏的这张画比较特殊，它的确不是六朝遗物，但也并非明代作品。《五星二十八宿真形图》上面的篆字唐风浓郁，画法也接近唐人，明代收藏家安仪周对这幅画的判断是唐画，认为它"设色古艳，人物如生，非唐人不能办"，他将作者定为唐开元时精通天文数术的画家梁令瓒，这个判断得到了后代很多人的赞同。但是笔者看到这幅作品之后，判断它是一幅南宋道教画。首先是这画绢质细密，净洁光滑，唐代的画材质没这么好，而且也不会保留得这么好。

图 16.3　（传）唐代　吴道子　《送子天王图》　大阪市立美术馆藏

《五星二十八宿真形图》上北宋宣和印章是假的，但又比明代的摹本要精致古朴得多。这幅画有多件明代摹本，如北京故宫博物院的朱元久摹本等，和唐代的风貌相差甚远，和大阪市立美术馆的也不是同一个时代的作品。笔者以前见过一幅类似的画，是南宋初年画家王利用的《写神老君别号事实图》，也是一段文字一个神仙的道教画，收藏在美国。《五星二十八宿真形图》的风格和王利用的作品一致，绘制时间应该不会相差太远。

《五星二十八宿真形图》的风格接近唐人，或许是因为这幅作品的原作来自唐代，而且宗教画要传承古代的仪轨，要尽可能忠实摹绘。画面上的火星神是个在马背上盘腿跏趺坐的六臂驴头明王，明显是受了唐代密宗影响，说明原作也不会比唐代更早。既然是摹绘复制，那就很难一点错误也没有。木星古称岁星，木星神的题词本来是"忌哭泣，岁星为君王"，结果被抄成了"忌哭岁泣星为君王"，这就是复制时留下的破绽。

大阪市立美术馆还收藏了一幅和唐代相关的古画，那就是传为画圣吴道子所作的《送子天王图》（图 16.3）。吴道子是盛唐画家之首，善画神仙人物。他首创"莼菜描"，就是线条神似莼

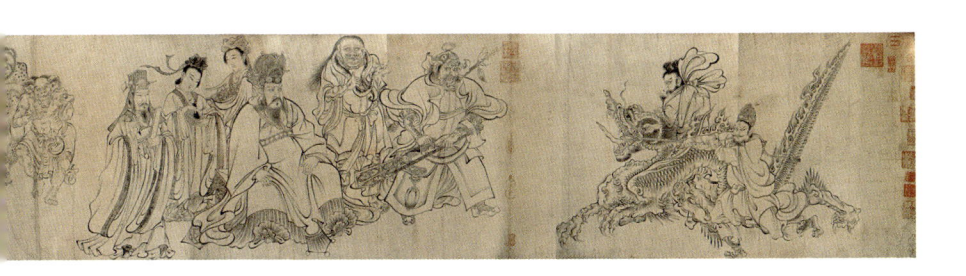

菜的样子，所画衣褶有飘举之势，人称"吴带当风"，加之作画赋色简淡，形成了特殊的绘画样式，人称"吴家样""吴装"。南宋人管马和之叫"小吴生"，就是因为他的蚂蟥描脱胎于吴道子的兰叶描。吴道子真迹早已不存，现存传为吴道子的作品里，最著名的就是这幅《送子天王图》了。

这幅画并非源自阿部房次郎的收藏，而是来自山本悌二郎的澄怀堂，据说是 20 世纪 20 年代在中国民间购买的，在这次纪念阿部房次郎的展览上也展出了。画面的内容是：释迦牟尼出生之后，父母带他去庙里拜谒大天湿婆（佛教称大自在天），结果神仙下跪朝拜婴儿。画面上的大自在天是多臂凶神，尤其是中间有个火中的坐姿大自在天，有很明显的唐代密宗风貌，说明这幅画的底本或许来自唐朝。笔者猜测，这个画的原作可能是有人根据唐代寺庙壁画来绘制的粉本，不排除壁画可能就是吴道子设计的。

这幅画虽说底本高古，但实际上也就是清朝的摹本。见到真迹会发现很多细节画得很差，甚至荒腔走板，离唐宋的高手作品差十万八千里，只是仗着底本不错才能有些样子，而且画面的顺序错乱无序，大概是后世不知道壁画的原样，胡乱拼接场景的结

图 16.4　北宋　燕文贵　《江山楼观图》　大阪市立美术馆藏

果。这幅画最早的出现是在 19 世纪中期，画面上的题跋印章，明代以前全是假的，最晚的一个假题跋是 1691 年姜宸英的，说明其绘制年代还要更晚，很可能是 18 世纪的临本。辽宁旅顺博物馆有一件清代禹之鼎于 1691 年绘制的《临天王送子图》，水平更高且年代更早，但是名声不显，因为很多人以为大阪这件是高古作品甚至是宋代摹本，给予了过度的关注和好评。大阪市立美术馆方面对这件作品的成色心知肚明，展签上直接标注为清代。

说完唐代说宋代，在大阪市立美术馆收藏的宋代书画中，有一件出类拔萃的作品，那就是北宋燕文贵的《江山楼观图》（图

16.4）。燕文贵（967—1044）是北宋前期的著名画家，浙江湖州人，擅画山水、屋木、人物。宋太宗时，燕文贵在东京汴梁街头卖画，被画院待诏高益发现并加以举荐，后进入翰林图画院为待诏，甚得太宗赏识。燕文贵曾经画过《七夕夜市图》，描写东京汴梁的夜市繁华，是北宋末年《清明上河图》的艺术先导。他所画景物清润秀雅，又善于把山水与建筑界画相结合，将巍峨壮丽的楼观阁榭穿插于溪山之间，再点缀以人物活动。刻画精微，笔法峭丽，境界雄浑，人称"燕家景致"。

据记载，燕家景致的特点是有咫尺千里之势，又有着非常精密的构图，《江山楼观图》就是个典型的例子。这幅画是全景式的山水横卷，纸本淡设色，作者笔墨精巧，让整幅画墨色斑斓变化，真切动人，是北宋初期宫廷风格中最高级的样式。画面描绘

图 16.5　《江山楼观图》局部

的是江边的田野山林之景，又有楼阁村舍和池沼飞梁，广阔和精细俱在其中（图16.5）。作品的右侧开场是一段近景，江边的土坡有如海岛，其间掩映着精巧的楼阁。一片江河之后是坡岸水阁，水阁寄于池沼之中，沙洲水岸仿佛和流云一样，远处对岸的山峦层层叠叠，似乎有千里之远。

如果细看的话，会发现树木都在向右侧扭曲，这应该是在表现山雨欲来风满楼的样子，这也预告了远处高山的存在。古人看画是把画卷从右往左一点点打开的，不像现在的展厅，一看就是整幅，所以画面的情节内容要一点点深入。到了画卷后部的崇山峻岭之处，绘画突然从手卷的横向构图向立轴的纵向构图发展。大山突兀而立，山石的中景占据了视线，有旅人正在向驿站赶路，山风把他的伞都吹歪了，非常生动。这片山峰的结构是用山块进行纵横叠加，块面衔接的立体处理尚未成熟。在景深的处理上，近景远景之间用烟岚或者河水隔开，没有用延伸的地平面来表现空间深度，这些都是北宋前期山水画的结构特征。

《江山楼观图》是现存中国纸本山水画里最古老的有名家题款的真迹，画面最后有一行作者的题款："待诏□州筠□县主簿燕文贵。"这幅画和现存绢本山水画里最古老的有名家题款的真迹——北宋范宽《溪山行旅图》，被并列称为中国早期山水画的里程碑式作品。画卷后面的题跋都来自清代以后，因为这幅画经历过明末清初的李自成之乱，有人趁乱得到这幅画后，看到后面有董其昌的题跋，于是将其割裂拿走题跋，却把画扔掉。幸亏有一个道士认得这幅画，将其救下，这才得以保存至今。

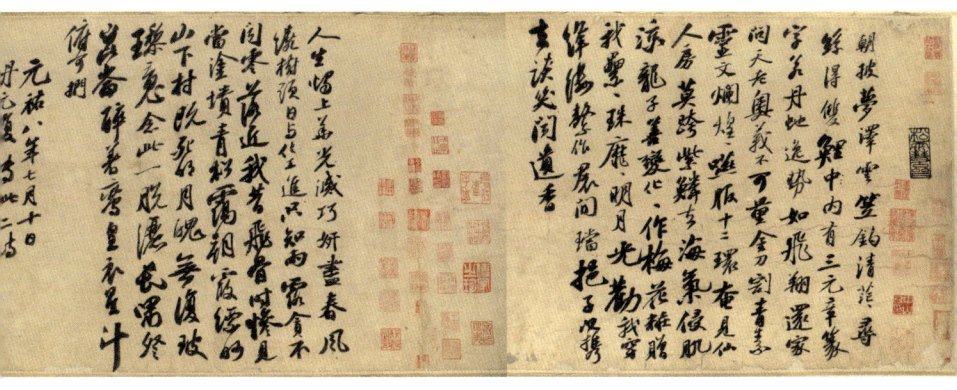

图 16.6　北宋　苏轼　《李白诗仙卷》　大阪市立美术馆藏

在宋代的作品里，大阪市立美术馆有一件书法名作，那就是苏轼的《李白诗仙卷》（图 16.6）。这幅字没有苏轼签名，只写了作于元祐八年（1093）。但作者用笔全无掩饰、正大光明，是非常明确的东坡真迹，用的纸也是北宋花笺，细看有水鸟芦苇的纹样。

元祐八年，58 岁的苏轼由扬州卸任回调东京，准备前往定州。他在东京遇到了道士丹元子姚安世，姚安世展示了一幅李白画像与两首五言诗作，称有人在海上见到李白御空飞行，并留下两首诗。苏轼崇信道教，自己就会炼丹，对此深信不疑，于是放笔抄写了这两首诗。

第一首是："朝披梦泽云，笠钓青茫茫。寻丝得双鲤，中有三元章。篆字若丹蛇，逸势如飞翔。归来问天老，奥义不可量。金刀割青素，灵文烂煌煌。咽服十二环，奄见仙人房。暮跨紫鳞去，海气侵肌凉。龙子善变化，化作梅花妆。赠我累累珠，靡靡明月光。劝我穿绛缕,系作裙间裆。挹子以携去,谈笑闻遗香。"内容大意是说李白在云梦泽钓鱼,结果在钓上来的鲤鱼里发现了天书,于是依照修炼,叩齿咽津,终于得道升仙,乘龙遨游海天。

第二首是:"人生烛上花,光灭巧妍尽。春风绕树头,日与化工进。只知雨露贪,不闻零落尽。我昔飞骨时,惨见当涂坟。青松霭朝霞,缥缈山丁村。既死明月魄,无复玻璨魂。念此一脱洒,长啸祭昆仑。醉着鸾皇衣,星斗俯可扪。"这首诗是从李白死后的角度写的,说人生如烛火,稍纵即逝。李白死后飞升,看到自己的坟墓,又看到孩子们的去世,于是登天逍遥去也。

人死不能复生,这样的诗当然是后人伪造的,但确实写得不错,文采飞扬。苏东坡对此深信不疑,因为他的目标就是炼丹成仙。苏轼有一部笔记叫《东坡志林》,其中有《阳丹诀》和《阴丹诀》,记录了各种奇葩炼丹法,例如冬至以后要把自己鼻涕吸到口腔里,用唾液混合再咽下去,送入丹田。还有种种更恶心的方法,都难以详述。

这种奇葩的方法不是苏东坡自己发明的,而是有明文记录的修仙"正道"。《后汉书》记载,汝南人费长房遇仙求法,神仙给了他三重考验,第一重是坐于猛虎群中,第二重是立于危石之下,费长房置生死于度外,都通过了。第三重考验就是吃长蛆的粪便,费长房实在是接受不了,于是功亏一篑,无法成仙。所以后世有的炼丹术专门讲究吃恶心的东西,苏东坡也是这一路的。

《李白诗仙卷》是在日本被发现的。1901年华侨林文昭在东京银座开了中餐厅"中华第一楼",《李白诗仙卷》就是林文昭的收藏品。他想卖掉这幅字，结果很多人都不相信中国的名家大作会在日本突然出现，疑是赝品，最后，阿部房次郎一见倾心，才出重金将其买下，可见其鉴赏能力之不俗。

大阪市立美术馆此次展出的珍品极多，除了之前提到的作品之外，还有金代宫素然的《明妃出塞图》、元代龚开的《骏骨图》等，都堪称是中国艺术史上的名作。此次特展和辽宁省博物馆的书画展，以及台北故宫博物院的"国宝再现"特展，可以并称为2018年水平最高的三次中国书画展览。

大德寺龙光院——国宝曜变天目与破草鞋

2019 年　美秀美术馆

2019 年 3 月 21 日到 5 月 19 日，日本滋贺县的美秀美术馆举办了一场名为"大德寺龙光院——国宝曜变天目与破草鞋"的展览。龙光院是日本京都大德寺下辖的寺院，创立于 1606 年，是福冈藩主黑田长政为了悼念父亲黑田如水而修建的秘庵，从不对外开放，宝物也极少现世。这次在美秀美术馆的展出，龙光院珍宝尽出，是建院 400 年以来的第一次，机会十分难得。此外，美秀美术馆作为华裔建筑大师贝聿铭的设计名作，在中国也非常出名，在此一起介绍一下。

美秀美术馆

我们参观一个博物馆，主要看的是其中的藏品，很少有博物馆能靠其建筑本身成为一个重要景点的，除非像故宫或者卢浮宫那样的古代宫殿。然而事情总有例外，在日本滋贺县的深山里，就有一个以建筑之美而闻名于世的博物馆,那就是著名的美秀美术馆(图17.1)。

美秀美术馆(Miho Museum)建于1997年11月,创立者小山美秀子女士(1910—2003)认为"透过美术的力量,可以创造一个美丽、和平与欢乐的世界",所以她不惜重金,在全世界的拍卖会和文物市场上买下了大量文物精品,除了日本本土文物之外,也包括非洲埃及、西亚、欧洲、中国乃至于古代美洲的艺术品,总数有3000多件,数量虽然不多,但多为精品。

美秀美术馆的设计者是当代建筑大师贝聿铭,他1917年生于广州,家里是苏州的望族,从小受传统文化熏陶。贝聿铭在设计建筑的时候,采用了东晋陶渊明的名篇《桃花源记》,将美秀美术馆设计成了传说中桃源乡的样子。《桃花源记》的原文是这样的:"(渔人)忽逢桃花林,夹岸数百步,中无杂树,芳草鲜

图17.1　美秀美术馆

美，落英缤纷。渔人甚异之，复前行，欲穷其林。林尽水源，便得一山，山有小口，仿佛若有光。便舍船，从口入。初极狭，才通人。复行数十步，豁然开朗。"所以，从美秀美术馆进大门就是一大片桃花林，中间一条小道，每年春天桃花开的时候美不胜收。桃花林的尽头是一座小山，山间有个山洞，看不到对面，但山壁上全是银色的金属板，能反射出和蔼的光芒。在山洞里前行，走过一个弯后，便豁然开朗，一座如竖琴般的银色吊桥后方，山色隽秀，建筑清幽，正是美秀美术馆。自建成之日，美秀美术馆就以"桃源乡"自称。2017年是美秀美术馆建馆20周年，纪念特展的名字叫作"这里就是桃源乡"。

美秀美术馆被公认为是现代博物馆建筑中的巅峰之作，它太有诗意了，陶渊明笔下的传说被落到了实处，一年四季，每一个前往美秀美术馆的人，都会惊叹于那第一眼的惊艳。实际上，做建筑最难的不是创意，而是实际的落地，自古以来，想建造桃花源的人不止贝聿铭一个，但是谁都做不到这么极致。在天人合一的美景后面，是无数精密的设计。首先馆场的地形要合适，还要山清水秀，建筑施工也要特别细致，山洞隧道里每一块银板的角度都是计算过的，为的是确保内部的清净和光线的柔和，桃花会把隧道映粉，枫叶会把隧道照红。设计上一点一滴的心血，带来的是一点一滴的美不胜收。

贝聿铭认为建筑设计的核心是对光的应用，所以从隧道到博物馆内部，都有极为出色的光影效果。一进博物馆大门，大厅对面就是六扇玻璃门，后面山景开阔，两棵松树迎宾而出，在玻璃

图 17.2　18 世纪　日本江户时代　伊藤若冲　《黑鲸白象图》屏风　美秀美术馆藏　图片于 2017 年 10 月刊载

门的映衬下，仿佛是古代的六曲屏风，要是冬天下雪，那就是日本国宝圆山应举《雪松图》上的景色，只是从画上走进了人间。

美秀美术馆分为南北两个展馆，北馆展示日本本土的文物，南馆展示其他各国的文物，每年还会定期举办一些特展。镇馆之宝是绘制于 1795 年的《黑鲸白象图》屏风（图 17.2），作者是日本江户时代的绘画天才伊藤若冲，上面的大象看着很有卡通画的效果，然而风格又很古朴，是日本艺术史上的杰作。

美秀的中国文物精品众多，有一个西汉的"圆筒形车马金具"，是个四节的伞挺，上面满满的雕刻着人物、飞鸟、走兽等图案，非常华丽，在同类物品中仅次于 1956 年河北定县出土的"西汉错金银镶松石狩猎纹铜伞铤"。还有一套 6 世纪北周的石床屏风，一排 12 件，本是放在棺床上的装饰。屏风上雕刻的人物形象大部分是来自中亚的粟特商人，还有一些中原人，应该是粟特商人在中原去世，于是陪葬的石屏风上融合了中原和中亚的艺术。这种粟特文化的石屏风及石棺椁在北方发现了不止一套，例如山西博物院收藏的隋代虞弘墓石椁。美秀美术馆这件也是名品。

美秀美术馆收藏的文物有一个遗憾之处，就是虽然能看出年代，但普遍缺乏考古信息，这就给文物的价值打了一个折扣。美秀美术馆的文物基本来自拍卖市场，但更早源流往往被卖家保密，所以也无从确认。不过美秀美术馆有一个令人称道的地方，那就是如果馆藏文物被确定是非法走私的，即使他们花了很多钱购买，也是可以归还的。

笔者在美秀美术馆见到过一件精美的"蝉冠菩萨像"（图17.3），像高120.5厘米，头后面雕刻有巨大圆形头光，菩萨身躯修长，戴高冠、披帛带、着长裙，装饰华丽，最典型的是头冠正中的蝉纹，非常罕见。蝉的幼虫蛰伏于土中，结蛹之后会丢下蝉蜕，羽化成虫。中国古人认为蝉的生理技能非常神奇，于是赋予其"复育"的神圣含义，象征生命的重生与不息。商代青铜器上就有蝉纹，到了汉代，蝉作为"羽化升仙"的吉祥物，成了官员帽子上的装饰，加上貂尾，称"貂蝉冠"。南北朝时菩萨冠帽上出现蝉纹，其实是佛教艺术中国化的一个例子。蝉冠菩萨到现在大概只发现了4例，以这尊最为精美完整，根据风格对比，它制作于公元536年左右，是北朝文物。蝉冠菩萨像1976年出土于山东省博兴县张官村，是当地农民挖房基时发现的，菩萨像被打成三截，背光也被割下做了桌面，后来在当地文物工作者的努

图 17 北朝　禅冠菩萨像　山东博物馆藏

力下才被收集起来，重新修复，可惜断掉的手臂再也找不到了。1994年7月，这尊菩萨像被窃贼从文管所偷走，然后运到国外售卖。1995年，伦敦的一个古董商人将其高价卖给了美秀美术馆。1999年，国内文博机构得知被盗文物在美秀美术馆，就通过外交手段进行追索。经过8个月的磋商，美秀美术馆同意将高价收购的文物无偿返还中国，藏于山东博物馆。为了表示感谢，山东博物馆也同意每五年将文物拿回美秀美术馆做一次展览，让它作为中日文博机构友好交流的见证。

曜变天目

我们继续来看"大德寺龙光院——国宝曜变天目与破草鞋"展览。

大德寺龙光院是日本最与世隔绝的禅院之一，从不对外开放，信息绝少。美秀美术馆能举办这场展览，主要是因为馆长熊仓功夫和龙光院主持小堀月浦关系极佳，这才能说动400年不开门的密庵拿出全部藏品，包括4件日本国宝和10件重要文化财，来举办这场前所未有、以后也不太可能重现的展览。

特展的名称很有特点，把国宝和破草鞋并列，不是因为展厅里有破草鞋，而是因为"破草鞋"是禅宗概念。禅宗是中国化的佛教派系，唐代初年六祖慧能开创南禅之后，逐渐分出五家七宗，就是临济宗、曹洞宗、沩仰宗、云门宗、法眼宗五家，加上由临济宗分出的黄龙派和杨岐派，合称为七宗。大德寺龙光院是临济宗杨岐派的寺院，"破草鞋"在杨岐派的经典里是随处可见的锋机。僧人穿草鞋行脚修行，修行越深，穿破的草鞋越多，北宋杨岐派宗师圆悟克勤的《碧岩录》有云："踏破草鞋，掀天摇地。"而且在龙光院的僧人看来，破草鞋没用，没用就没有价格，谁也没办法买，所以从"无价"这一点来说，国宝曜变天目和不能穿的破草鞋是一样的，这也是禅宗的一种锋机。

国宝曜变天目是一件南宋的茶盏，它高 6.8 厘米，口径 12.1 厘米，可以用来喝茶。日本的国宝里有 5 件南宋茶盏，其中 3 件曜变天目和 1 件油滴天目都来自福建的建窑，还有 1 件玳玻天目来自江西的吉州窑，它们都是在日本传承数百年的名品。"天目"是日本人对中国茶盏的称呼，南宋时候日本僧人去浙江天目山的禅源寺和照明寺留学，领悟禅法后也学到了茶道，他们带回日本的茶盏后来被尊称为天目。中国古代没有这种叫法，一般就称为建盏。

龙光院曜变天目和其他 4 件国宝天目一样，都是黑瓷的茶盏（图 17.4）。黑瓷早在东晋就出现了，工艺本身并不复杂，铁多一点、釉厚一点就可以了。宋代黑瓷茶盏异军突起，成为中国瓷器艺术的一座高峰，主要是因为斗茶的需要。从五代南唐开始，福建的建茶成了宫廷御茶，到了北宋仁宗年间，皇帝爱喝建茶，屡屡过问，于是"宋四家"之一的蔡襄专门写了两篇《茶录》进献皇帝。在这本书里，蔡襄完整地论述了建茶的品鉴礼仪，尤其是提出了选盏的理论。他指出："茶色白，宜黑盏。建安所造者绀黑，纹如兔毫，其坯微厚，熁之久热难冷，最为要用。出他处者,或薄,或色紫,皆不及也。其青白盏,斗试家自不用。"建茶冲出来是白色的,所以要用建窑黑盏衬托,其他窑的颜色不合适。建盏另一个好处是厚,熁(烤火)以后可以长时间保温,否则点茶时茶末沉而不浮,斗茶就失败了。

所谓"斗茶",是一种风靡两宋的游戏,从天子宰相到贩夫走卒,无不乐此不疲,流行程度类似于今天的麻将。宋朝人喝的茶有点像普洱茶饼,先用火烤一下,然后研磨成粉,再点茶末入盏,加少许温水调成糊状,这是"调膏",接着冲沸水,是谓"点汤",再用竹筅猛搅,名叫"击拂",最后茶汤里白沫浮起,就算是完成了。这个茶汤色泽要白,还要挂杯,也就是"咬盏",要想看出效果,最好用的就是黑色茶盏了。由于宋代斗茶大流行,各大窑口都开始制作黑釉茶盏,定窑、钧窑,甚至宋瓷王者的汝

图17.4 南宋 曜变天目茶碗 大德寺龙光院藏 图片于2019年3月刊载

窑，都开始放下身段烧黑盏，但做得最好的，还是建窑。

宋代建窑又叫乌泥窑，因为它的泥料差，胎近褐色，颗粒粗大，外壁上也不用满釉，工匠还不加掩饰，连化妆土都不用，明显地露出碗底粗糙的胎土，甚至釉边都不光滑，经常有一点垂下来。之所以做成这个样子，一是技术需要，二是因为下面还会有个盏托，不至于直接露出胎土，但是日本人看到的建盏经常是没有盏托的，粗糙胎土的稚拙美对日本茶道的审美也是个启发。

茶道起源于中国，唐代《封氏见闻录》有云："茶道大兴，王公朝士无不饮者。"茶道兴起的关键是皇室的支持，而皇室的地位又会让茶道变得极度奢靡。唐代法门寺遗址出土的皇家茶具都是精致的金银器。宋代高级茶饼一斤要黄金二两，最贵的一饼四万钱，拣茶时只取茶芯一缕，以清泉渍之，光莹如银丝，可谓是华贵之极。在如此奢靡的背景下，建窑依然能独占鳌头，当然是有绝技的。蔡襄和宋徽宗赵佶都曾经指出，一种现代叫作"兔毫盏"的建盏是最适合斗茶的。这种茶盏里有一根根密如毫毛的晶莹纹路，其色泽或金或银，因形似兔毛而得名。由于受到皇帝推崇，兔毫盏被大量制造，建窑水吉遗址发掘简报指出，出土黑釉瓷器瓷片中，有兔毫纹的占 60% 左右。一种更罕见的黑色茶盏叫"油滴天目"，这是日本人的叫法，中国明代称之为"滴珠"，宋元时代称之为"鹧鸪斑"。这种茶盏里会有一个个圆形的、晶莹剔透的斑点，用油滴来形容确实也很贴切，日本东洋陶瓷美术馆有一个国宝油滴天目（图 17.5），满碗的油滴绚丽夺目，是桃山时代日本关白丰臣秀次的宝物。兔毫和油滴不一定都出自建窑，

大德寺龙光院——国宝曜变天目与破草鞋　2019 年　美秀美术馆

图 17.5　南宋　油滴天目茶碗　大阪市立东洋陶瓷美术馆藏

市场有需求,其他窑口也会做,美秀美术馆的龙光院展上就有一只极为罕见的金代山西怀仁窑油滴盏,但造型和工艺最好的依然都来自建窑。

明清时代将兔毫和油滴说成是"窑变"的结果,甚至混入各种神秘主义的说辞,诸如往窑里撒童子血之类的。这是因为当时建窑已停烧,工艺失传了,后人不明其理,就开始谣传。其实兔毫和油滴根本不是窑变,因为它们都出自有规律可循的可控工艺,只是出精品的概率较低;而窑变是烧制过程中不可控的意外导致,两者根本不一样。

从现代科学角度看来,兔毫和油滴本质上是同一种工艺的产物。建盏黑釉的成色剂是铁,氧化铁的含量至少在 3% 以上,当窑温超过 1200℃时,氧化铁分解,开始形成小气泡。窑温升高到 1260℃到 1300℃时,小气泡合并成大气泡,升到釉面排出。气泡在釉面析出赤铁矿和磁铁矿晶体,形成一个个圆形结晶斑点,其内铁浓度是周围的10倍左右,反光明显,这就是"油滴"。如果继续添柴加火,让窑温冲高到1330℃以上,釉会熔化下流。建盏外壁不用满釉,就是要给釉留出熔化流动的空间,防止它流到垫片上。而本来圆形的油滴也会熔化下流,流到后来拉成丝,就是兔毫了。

兔毫和油滴都是在闭炉的还原焰里烧的,由于烧成的环境略有差异,导致兔毫和油滴都有黄白两色,分别叫金银兔毫和金银油滴。出现这个情况的原因是氧气浓度不同,瓷器中的铁元素都是以氧化物形式存在的,当窑中氧气浓度低的时候,烧成的一氧化二铁是黑色的,其结晶体反射白光,就是银兔毫和银油滴;而如果氧气足够多,生成了三氧化三铁,那就是金色的了。

闭炉烧窑的风险是很大的,温度稍有偏差,晶莹的兔毫很可能就看不出来了,甚至成为一个酱色茶碗。优质的兔毫在古代也是万里挑一的宝物,供不应求,所以在南宋墓里出土过漆器仿的兔毫盏。而优质的油滴就更难得了,因为烧成温度的范围很小,甚至烧窑时摆放的位置也有讲究。工匠烧制时看不到窑内情况,火大了就烧成兔毫了,火小了又烧不出来,就算烧成功了,碗里的油滴形态也会有很大的差异,要想圆满谈何容易。日本东洋陶瓷美术馆和九州国立博物馆收藏的两只油滴建盏,满身油滴,晶莹华贵,堪称完美,是万里挑一的绝世好物,中国都没有保存下来这种级别的油滴盏。

比油滴盏还要稀少而精美的,就是建窑真正的"窑变"作品:曜变天目茶盏,这是中国古代瓷艺中最高的荣光和最后的传奇,再怎么赞美都不过分。完整的曜变天目茶盏全在日本，一般认为有三个半。其中美秀美术馆有半个，大德寺龙光院、静嘉堂文库美术馆、藤田美术馆各有一个。

美秀美术馆的曜变天目茶盏来自江户时代大名前田家的旧藏（图17.6），之所以说是半个曜变天目，不是因为它摔碎了，而是因为其工艺效果特殊。笔者对这个茶盏印象十分深刻，真是太惊艳了，一颗颗油滴在漆黑的釉面上闪烁不定，发出七彩光芒。随着目光和光线的转移，油滴的颜色也会转变，仿佛现代钞票上的防伪光变油墨一样。笔者见过各种金银油滴，无一能有如此效果，简直是神乎其技。这件作品油滴的反光，已经达到了曜变天目的效果，但只有油滴而没有晕斑，所以是介于油滴和曜变之间的作品。日本有学者因为这件茶盏的独特效果，将其定为"亚曜变"，所以之前说它是半个曜变天目。

真正的宋代曜变天目有三个，品质最好的一件收藏于东京三

图17.6 南宋 曜变天目茶碗（前田家传来）
美秀美术馆藏 图片于2017年10月刊载

图 17.7　南宋　曜变天目茶碗
静嘉堂文库美术馆藏　图片于 2016 年 3 月刊载

图 17.8　南宋　曜变天目茶碗
藤田美术馆藏　图片于 2019 年 9 月刊载

菱集团静嘉堂文库美术馆（图 17.7）。这个茶盏原本是德川将军家的柳营御物，明历、宽文年间（1655—1673）由四代将军德川家纲赐给稻叶美浓守正则，所以后世称之为"稻叶天目"。1924

年曜变天目拍卖,被三菱集团的创始人岩崎弥太郎以 16.5 万日元,约合 125.57 千克黄金的天价竞得。这只茶盏经常展出,它的碗内有一个个油滴形的光圈,光圈之间是一片片蓝色的光斑,如果转着看的话,会看到碗内闪烁的光芒颜色变化多端,仿佛一个小小的星系在碗内闪耀着魅人的光辉,简直不似人间之物。

藤田美术馆的曜变天目也是德川将军家的宝物(图 17.8),由初代将军德川家康传给他的儿子,水户德川家祖德川赖房。1918 年,这只茶盏被藤田平太郎以 5.38 万日元,约合 40 千克黄金的价格购得。这个茶盏是三件曜变天目里最低调的,漆黑的碗中有神秘的幽蓝光晕,仿佛银河般闪烁着淡淡的光芒。

龙光院曜变天目是三件茶盏里最神秘的,因为极少现世,甚至连清晰的图像都很难看到。它最早的记载来自大阪富商"天王寺屋",屋主津田宗及(?—1591)为纪念亡父而修建大通庵,在庵中供奉曜变天目。后来大阪战乱不断,大通庵和天王寺屋都成为废墟,宝物被津田宗及的次子,龙光院第二代主持江月宗玩(1574—1643)得到,在庙里供奉至今。龙光院是密庵,宝物极少展出,网上也看不到图片,笔者第一次见的时候,毫无心理准备,一下子惊呆了,只见漆黑的碗底闪耀着一颗颗晶莹剔透的光点,散发着魅人的光芒,光点周围飘散着流转变幻的异彩,似乎碗底有宇宙,有黑洞,有银河,神妙万分而又捉摸不定,真不知道该如何形容。笔者在全世界的博物馆见过很多珍宝,宋元名瓷见过不计其数,如此摄人心魄的经验还是头一回。

龙光院曜变天目的品质极佳,尤其是油滴的形态完整晶莹,和曜变的异彩交相辉映。但最可惜的是使用过度，有了瑕疵。古人点茶时要用竹笼猛搅，于是留下很多刮痕，甚至边缘还缺了一块釉，以至稍逊于静嘉堂的曜变天目。

这四件，或者说三件半曜变天目，都是一眼可辨的人间至宝，为何会流传到日本呢？原因在于中国从明代开始流行泡茶，斗茶习俗和御用团茶都逐渐消失，建盏因此失去了实用价值，逐渐停烧。而日本人延续了宋元传统，日本抹茶就来自中国流行的斗茶，他们还把品茶作为禅宗思想的重要表现形式，于是不惜重金，大量购买茶道所需的建盏。韩国新安发现的元代沉船上，就打捞出很多当时日本订购的建盏，而且是使用过的古物，可见日本人很早就开始有意识的收集宋代建窑茶盏。建盏流入日本的途径不光是购买，还有赐予。1406 年，明朝永乐皇帝赐予日本室町幕府将军足利义满 10 只建盏，作为对日本称臣纳贡的奖励，其中很可能就包括曜变天目。日本至迟在 15 世纪的室町时代就已经把曜变天目当成绝世宝物了，应永年间（1394—1428）的《禅林小歌》中就提到了"曜下（卞）"，16 世纪的《君台观左右帐记》中更是明确记载："曜变乃建盏之无上神品，世上未有之物也。其地黑色，有许多浓淡不同的琉璃星斑，黄色白色及浓淡琉璃色等互相交织，美如织锦，价值万匹。"匹是绢帛的价格计量，上品的油滴可以卖到 5000 匹，而曜变天目要 10000 匹。

曜变天目如此珍贵华丽，当然只有顶级贵族能够专享，所以几件曜变天目，包括顶级的油滴，都是历代传承有序的名物。但这等宝物终究极为罕见，甚至历史上还有战乱损毁的事情，数量只会越来越少。日本茶道大兴,却无论如何不可能制出更多的曜变天目来,那茶具该如何解决?日本人从禅宗理念里找到了一个新思路,那就是村田珠光(1423—1502)开创的"侘茶"。"侘",简而言之,就是外表粗糙幽暗,内在圆满充实。这个来自禅宗的观点主张是内心的充实不能建立在外物之上,要真的得到自己内心的圆满,就要去除对于外物的强烈依赖。所以侘茶要求不再以珍贵的宋代古物为欣赏标准,而开始欣赏简单、粗糙,但是切合内心境界的茶具。一个典型例子是京都孤篷庵收藏的日本国宝"大井户茶碗(铭喜左卫门)"(图17.9),这是16世纪朝鲜制造的黄褐釉陶碗,泥质粗糙,表面夹杂黑斑砂粒,器形也不够圆润,但是有一种稚拙的原始美感,被推为古来茶碗的首座。江户时代的茶道名家松平不昧为了买这个碗,居然花了550两黄金。

和曜变天目并列的是破草鞋,做不出曜变天目,破草鞋总还是能做出来的,于是日本人开始故意制作粗糙而稚拙的茶具。日本虽然直到17世纪才可以制作瓷器,不过制陶技术很早就成熟

图17.9 16世纪 朝鲜 大井户茶碗(铭喜左卫门) 孤篷庵藏

了，有完善的练泥工艺以及手动和脚动轮车，还可以素烧挂釉。但是，日本的茶道名家不用任何成熟工艺，选择粗泥土，放弃轮车，恢复了新石器时代的技术，用手捏成形。烧法更是近乎胡来，窑温烧到800℃以后，用铁钳夹出烧得通红的陶坯，直接露天降温。这种降温的氧气浓度是大气的21%，是世界陶瓷史上最强的氧化气氛，所有铁元素都变成红色的三氧化二铁。这种烧法会带来龟裂变形等各种随机瑕疵，但日本的佗寂文化就偏要追求这种效果，他们通过瑕疵来强调世间的不完美，又在瑕疵中寻找艺术。艺术是非约定符号的语言，不一定要完美无瑕，佗寂的逻辑在艺术哲学上是合理的，实践上也确实做出了一些能引起人们共鸣的作品。笔者最喜欢的一件是东京三井纪念美术馆收藏的日本国宝"志野茶碗（铭卯花墙）"（图17.10），这个茶碗是16世纪晚期桃山时代艺术的典型代表。它形态不规整，虽然是用轮车做的，但是故意做成手捏的样子。器身遍布气孔瑕疵，白底上有几道红色的横竖线，就是过度氧化烧出来的。这件作品极为拙朴，但是有一种古雅的艺术气息，值得欣赏。

　　大井户茶碗和志野茶碗虽然都值得欣赏，但终究和曜变天目有天壤之别，因为后者不光值得欣赏，还是人类古代工艺史上的巅峰奇观。曜变天目究竟能不能复制出来？这是对当代陶瓷匠人的一道终极拷问。建窑技术失传已久，要想知道曜变天目的技术特点，首先需要发现制作的窑址。1935年，美国人普拉玛在闽北水吉镇发现了建窑的窑址，通过对瓷片的研究，到20世纪80年代，国内已经恢复了兔毫的工艺，而油滴也仅仅是稍难而已。

图17.10　16世纪　日本桃山时代　志野茶碗（铭卯花墙）
三井纪念美术馆藏　图片于2017年4月刊载

但是，曜变天目的工艺复原难度超乎想象，首先就是找不到残片，以至有人主张这不是中国制造的。直到2009年才在杭州东南化工厂的南宋皇城遗址发现了一件残器，碎片拼出来大概是三分之二个茶盏，论品质绝不次于静嘉堂和龙光院的曜变天目。出土地区在南宋时期是皇后宅邸和迎宾馆，同时出土的还有很多刻有宫殿铭文的青白瓷碎片，可见曜变天目和其他瓷器一样，是南宋宫廷御用之物。茶盏上没有使用痕迹，大概是刚拿到宫里就摔碎了，于是就地掩埋。

这件残器现藏于杭州品曜馆，定名为"宋建窑黑釉曜变盏（残）"（图17.11）。2017年，还有另一件曜变天目的残片传于杭州出土，藏于述郑斋，只是品质稍逊。杭州出土的曜变天目残片说明，它们在南宋就是最高级的宝物，要直供宫廷。日本人其实是不敢随意使用曜变天目来做抹茶的，像龙光院曜变天目在历史上都是被供奉的，笔者猜测上面的大量使用痕迹来自南宋宫廷，其他人可能也不敢这么随意使用这等珍宝。日本的三只半曜变天目，没准儿全都是南宋皇室的旧物。

有了残片，也绝不等于说能仿制出曜变天目。最早仿制曜变天目的是日本科学家安藤坚，他通过 X 射线对曜变天目的胎土和釉料进行分子分析，研究其物质成分和烧成温度，经过反复试验，终于在 20 世纪 70 年代成功仿制出曜变天目。这种仿制只是外形上的仿制，后来也有很多人成功仿制曜变天目，用的技术都是双挂釉，也就是浸一层底釉，待干后再上一层不同的釉，由两种釉共同发色，形成物理学中薄膜干涉的现象，从而达到曜变天目的效果，但南宋的曜变天目是单挂釉，釉料配方和油滴兔毫是一样的，就是用铁元素来发色，做出来的效果完全是靠烧造工艺。

曜变天目最大的特点，是油滴环外的七彩琉璃光。这种光其实在生活中并不罕见，水面上的油滴、小孩子吹的泡泡，还有蛤蜊壳上的彩色反光，产生的原理都一样，就是薄膜干涉。曜变其

图 17.11 　南宋　建窑黑釉曜变盏（残）　品曜馆藏

实出于油滴，在高温冷却，也就是油滴结晶的后期阶段里，温度突然升高又迅速下降，釉内铁结晶快速融化，溶解于周边釉面中，然后迅速冷却形成薄膜，从而折射出斑斓色彩。

中国陶瓷工艺大师叶宏明教授根据曜变天目的1.53折射率，计算出其薄膜厚度约为万分之1毫米，也就是100纳米。而且薄膜的厚度是不均匀的，油滴圈周围最厚，越远越薄。薄膜越厚，反射的波长越长，就会呈现红黄之色；薄膜越薄，反射的波长越短，就会呈现蓝紫之色。无论是龙光院的、静嘉堂的，还是杭州出土的曜变茶盏，都是这样的规律。静嘉堂和品曜馆的薄膜更普遍，而龙光院的油滴结晶更明亮，可以说各有千秋。美秀美术馆的曜变天目比较特殊，它没有在油滴周围形成反光薄膜，而是直接在油滴表面形成，虽然只能算半个曜变天目，但论特殊性反而是更高的。

曜变天目是真正的窑变产物，形成条件过于苛刻，无法做到可控烧制。也正因为其制作过于困难，所以才可以说是古代瓷器工匠最后的荣光和最后的传奇。不过，随着现代制瓷技术能力的提升，复制出单挂釉的曜变天目，可能只是时间问题吧。

禅门秘宝

美秀美术馆的"大德寺龙光院——国宝曜变天目与破草鞋"展览，把龙光院的至宝做了一个全面而系统的展示。龙光院收藏的文物，很多都来自第二代主持江月宗玩出家前的本家，大阪豪商"天王寺屋"。从16世纪晚期到17世纪早期，大阪是日本的政治中心，也是富商云集之处，天王寺屋更以珍宝众多而闻名于世，所以龙光院的文物才会如此精彩纷呈。除了曜变天目之外，龙光院还收藏有很多源自中国的珍宝，主要和禅宗有关。其中最重要的是四件中国僧人的书画作品：南宋禅师密庵咸杰的《赠璋禅人法语》、南宋禅师兰溪道隆手抄的《金刚经》、元代禅师竺仙梵仙的《诸山疏》、宋末禅师牧溪的画作《六柿图》，前三件被日本列为国宝文物。

日本的国宝中有23件"墨迹"，除了两件是元代书法家冯子振的作品外，其他21件都是禅门临济宗杨岐派高僧的书法作品。禅门墨迹主要有三种类型：一是用描述性的语言讲述禅的境界与道理，叫"法语"；二是用诗文来表达悟道境地，叫"偈语"；三是认可弟子修行成就与法脉传承的，叫"印可状"。

宋元时代禅宗高僧的墨迹，由于并非顶尖书法家的作品，所以在中国几乎没有留存，但是在日本备受重视，所以留下很多，近年也有一些通过拍卖会回流到中国的。禅宗传到日本的主要有曹洞宗默照禅和临济宗看话禅两大流派，看话禅也叫公案禅，重视"禅门公案"，也就是一些高僧的话语，希望通过语言文字来传递开悟者的悟道体验。学习者通过这些语言，可以贴近开悟者的体验，从而获得感悟并增强信心。所以看话禅一派的修行者非常重视开悟者的墨迹，高僧在书写的时候，带着自己的呼吸和体温，把开悟后的境界书写下来。这样的墨迹对于后来的修行者而言，是标杆一样的存在，他们相信通过研读和接触这些墨迹，可

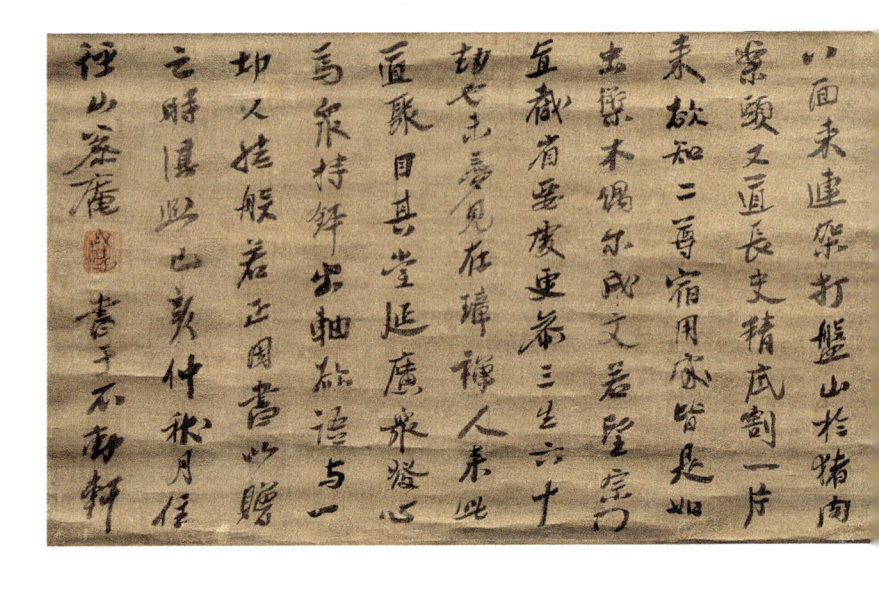

以真实地接触前代高僧的开悟境界,从而增进自身修为。

  日本室町时代后期,茶汤文化兴起,日本茶道祖师村田珠光首先开始在茶室内悬挂禅门高僧墨迹,后来墨迹成了茶会上不可欠缺的装饰物。评价墨迹价值的标准也逐渐成熟,最重要的是禅师在临济宗法脉上的位次,然后是书写的内容,之后是书法水平、作品品相、材料裱装等。

  《赠璋禅人法语》(图17.12)的作者密庵咸杰(1118—1186)是临济宗第十四世、杨岐派第七世祖师,法脉排序上位置极高,是无准师范的师祖。此件墨迹书写于南宋孝宗淳熙六年(1179),内容是为璋禅人讲述修行的心得。密庵引用了唐代普化禅师和盘山宝积禅师的故事,说明如果长期坚持修行,修行者

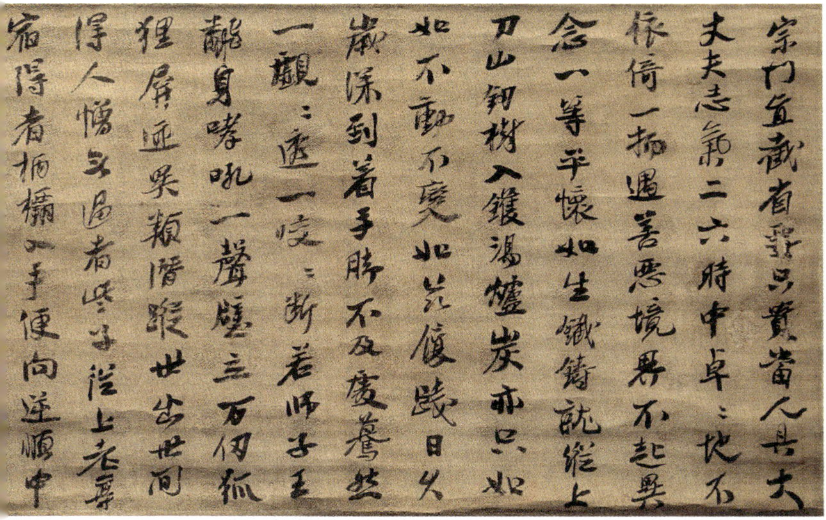

图17.12 南宋 密庵咸杰 《赠璋禅人法语》 大德寺龙光院藏 图片于2019年3月刊载

可以到达梦中都无法想象的神妙境界。密庵咸杰写道:"具大丈夫志气……不依倚一物,遇善恶境界,不起异念,一等平怀。如生铁铸就,纵上刀山剑树,入锅汤炉炭,亦只如如,不动不变。如兹履践,日久岁深……蓦然一觑觑透、一咬咬断。若狮子王翻身哮吼,一声壁立万仞,狐狸屏迹,异类潜踪。"这种祖师开示的言语,对看话禅的修行者而言是非常宝贵的,读起来也荡气回肠。这件作品除了文辞精彩之外,还有作者签名、印章和书写的时间地点等重要信息,是密庵咸杰现存唯一的亲笔墨迹,书写在织满四瓣梅花纹的绢上,文物价值极高,所以被日本定为国宝文物。

《赠璋禅人法语》尺寸很大,高27.3厘米、宽102厘米,一般的茶室挂不下。1606年，龙光院主持江月宗玩的哥哥津田宗凡在大阪天王寺屋举办茶会，将这件墨迹裁为两段，把其中一段挂起来供客人欣赏。江月宗玩是密庵咸杰的第十八代徒孙，他得到祖师墨迹后，非常重视，不但把两段重新装裱成一幅，而且把龙光院里的茶室按照《赠璋禅人法语》的尺寸做了改造，由于改造后的茶室只能挂这一幅作品，所以取名"密庵席"，现在是日本的国宝古建筑。

在美秀美术馆的特展现场，有一个专门展示书画宝物的地方，堪称是整个特展的C位，分三期展示了《赠璋禅人法语》（展期：2019年3月21日至2019年4月7日）、《六柿图》和《诸山疏》（展期：2019年5月8日至2019年5月19日）。这次特展吸引了很多中国的艺术爱好者前往，但大多数人并不知道密庵咸杰和竺仙梵仙这两位高僧，他们基本上都是冲着《六柿图》（图17.13）去的。我们在之前京都国立博物馆"国宝"特展的文章中讲过牧溪，《六柿图》是他传世最著名的作品之一，画上只有6个墨画的柿子，有黑有白，可能是表达生熟程度不同，其他什么也没有，一片空白。这种独树一帜的表达方式禅意十足，在中国艺术史上极为罕见，但对日本影响极大。

这6个柿子象征什么呢？可能是《佛说五苦章句经》中的"六事"：正道、善权、至教、诱导、福德、禁戒。也可能是佛家指出的6种官能活动"六识"：眼、耳、鼻、舌、身、意。但还可能什么都不是，就是一种随意的表达。"春有百花秋有月，夏有凉风冬有雪，若无闲事挂心头，便是人间好时节"，这也是禅门

图 17.13　南宋　牧溪　《六柿图》　大德寺龙光院藏

的一种境界。每个人对意境的感悟不一样，也未必有高下之分，禅宗讲究拈花微笑，以心传心，不用文字而直接用心去感受，或许才是理解的正道。《六柿图》仅用了 6 个柿子，就表达出了禅宗的艺术主旨，不愧是艺术史上的名作。

竺仙梵仙的《诸山疏》(图 17.14)是笔者非常喜爱的一件作品，笔者为看它专门飞了一趟日本。竺仙梵仙（1292—1348）俗姓徐，元代浙江象山人，也是临济宗杨岐派的高僧。日本镰仓幕府多次派人入元请高僧东渡传法，竺仙梵仙应邀于元文宗天历二年（1329）前往日本，备受尊崇，历任多家寺庙的主持，其法系被称作竺仙派，是日本禅宗二十四派之一。

《诸山疏》是一种很少见的墨迹题材，山是指寺庙，《诸山疏》是某大庙新主持升座时，周围诸寺住持们共贺的诗文。这种作品中国不存在，在日本也极为罕见，开悟高僧的亲笔大作更是仅此一件，是实至名归的国宝文物。1346 年 11 月 29 日，竺仙梵仙

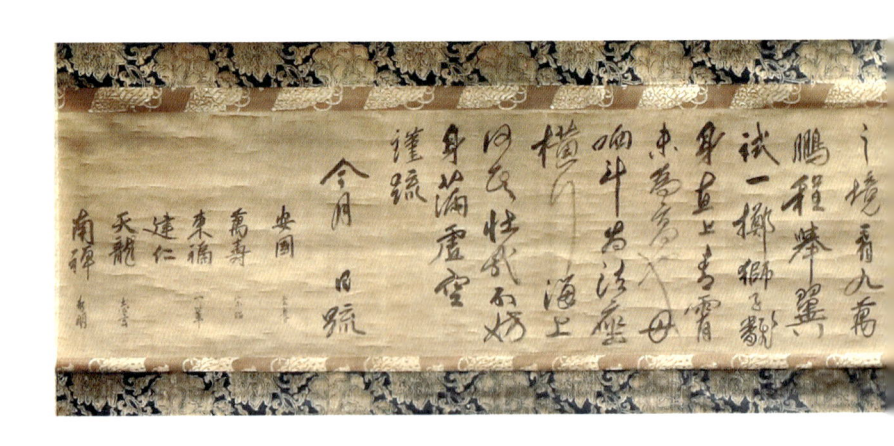

从京都真如寺住持的位置上退下来，同年12月22日，继任者明叟齐哲升任时，竺仙梵仙写《诸山疏》祝贺，京都其他寺院主持在后面签字联名。明叟齐哲是元代书法家赵孟頫的同门，他的师父是临济宗第十九世、杨岐派第十二世祖师中峰明本。在给同样开悟的高僧题词时，竺仙梵仙用了一连串充满禅机的对仗，让《诸山疏》读起来畅快淋漓：

"万年松径，正当雪后弥青／累代人文，自是年来益著"

"行脚跨沧溟，亲见中峰挺秀／决赀小天下，必教正脉流芳"

"看九万鹏程举翼／试一掷狮子翻身"

"直上青霄，未为高也，无哂计为法座／横行海上，何其壮哉，不妨满身虚空"

这件作品不光书法笔势纵逸，潇洒遒劲，而且文辞张力十足，凸显了宋元时期禅宗高僧对看话禅的深刻掌握，峻烈锋机也能写得如此振奋人心，实在是令人叹为观止。

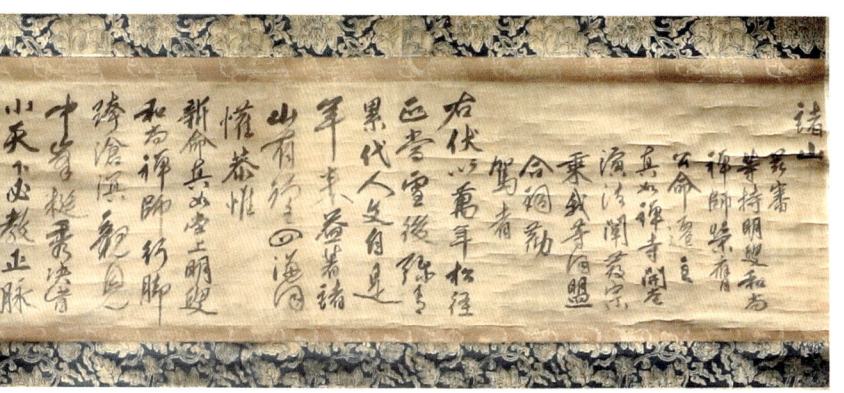

图17.14　14世纪　日本室町时代　竺仙梵仙　《诸山疏》　大德寺龙光院藏

大德寺龙光院——国宝曜变天目与破草鞋　2019年　美秀美术馆

《诸山疏》是一个长卷，分为两件挂轴后，每件长度也有145.8厘米，尺寸太大，以至根本挂不进茶室。这次美秀美术馆的特展上，两件《诸山疏》的挂轴并列一起，文辞书法气势尽显，看得十分过瘾，只是展期过短，前后只展了11天，没能让更多的观众一饱眼福。龙光院文物极少展出，这很可能也是今后几十年内龙光院文物唯一的系统性展示了。

　　一个禅宗寺院会如此隐秘，多少是受了日本流行的汉传密宗的影响。汉传密宗是唐代佛教的一个大宗派，9世纪初期传入日本。很多人可能没听说过汉地还有密宗，这是因为宋元明清以来中原地区的佛教，完全以禅宗和净土为核心，其他宗派几乎全军覆没。对复杂理论兴趣的衰退，是9世纪以后中国佛教的趋势，唐代佛教的各大宗派构建起异常繁琐复杂的概念和定位，让信仰者越来越厌倦，于是在唐末五代的乱世中，密宗、唯识宗、华严宗等流行一时的大宗派纷纷衰落。而禅宗另辟蹊径，不去构建复杂的理论，把枯燥的宗教生活转变为日常生活，把深奥的宗教语言改造为艺术语言，这样虽然瓦解了宗教的严肃性和理论的深刻性，但也让其自身得到了更多的信众，终于存活下来并成为中国佛教的核心支柱之一。

　　唐代衰落的佛教宗派，很多都在日本延续下来，其中艺术最为华丽、思想最为博杂的，就是汉传密宗。接下来的章节，我们来看看唐代的汉传密宗及其在日本的流传，这就是2019年东京国立博物馆的"东寺"特展。

国宝东寺——空海与佛像曼荼罗

2019 年 东京国立博物馆

东寺特展和汉传密宗

唐代是中国佛教最为兴盛的时代，宗派众多信徒广大。其中最为神秘华丽的教派，莫过于唐中晚期盛行的密宗佛教了。这个教派来自印度，在中国经过几代高僧的阐发之后，形成了中国特有的"唐密"佛教，为了区别于西藏的"藏传密宗"，也被称为"汉传密宗"。"唐密"在 9 世纪初期东传日本，唐代以后在中国逐渐失传，在日本被称为"真言宗"，成为日本佛教的主流教派之一。

把"唐密"传入日本的高僧名叫空海（774—835），他弘法驻锡的寺庙是京都的东寺，后用《仁王护国般若波罗蜜经》改寺号为教王护国寺。东寺是日本汉传密宗的核心寺院，以其丰富的历史沉淀和文物遗存，成为世界文化遗产。2019 年 3 月 26 日到 2019 年 6 月 2 日，日本东京国立博物馆举办了一场名为"国宝东寺——空海与佛像曼荼罗"的大规模特展（下简称"东寺"特展），笔者有幸观摩了这次特展，深深惊叹于汉传密宗华丽的艺术与珍贵的文物。

东寺特展上分三期展示了汉传密宗最重要的祖师组像，日本国宝文物《真言七祖像》。这一套 7 幅都是高逾 2.1 米、宽约 1.5 米的大立轴，其中善无畏、金刚智、不空、一行、惠果 5 位祖师的画像是唐代宫廷画家李真于 805 年绘制的，由空海请回日本。后来于 821 年在日本增加了龙猛和龙智两幅，凑成了七祖像，在京都东寺一直保存至今。唐朝年代久远，留存下来的人物画极为罕见。敦煌出土的唐画并非顶尖画家的作品，世界各大博物馆收藏的传世唐代名画大多都有争议，尺寸也不大。而东寺所存《真言五祖像》是等身大像，作者李真在唐朝和周昉齐名，时间地点人物流传等文物信息都极为清晰，毫无争议，在唐代画作中是独一无二的翘楚了。

祖师像经常要在密教仪式上展示，年深日久使用频繁，破损比较严重。5 幅唐画中只有不空像保存得比较完好，人物面貌生动，是传世最出色的一幅唐代肖像画。画上有一个特殊的地方，是它上面用飞白体写了几个大字，分别是"汉名：不空金刚"，和"梵号：Amogha Vajra"（梵语的读音），这是用大笔刷出来的设计动感强烈的字体，唐朝皇帝特别喜欢用这种书体来展示自己的权威。现在的研究认为，这些字是日本嵯峨天皇写的，反映了日本皇室对唐朝文化的追求志向。

这 7 幅祖师像说明了汉传密宗的传承来历。汉传密宗的根本经典是《大日经》和《金刚顶经》，两部经典都号称是金刚萨埵集结记录的大日如来秘密佛法。《大日经》是印度僧人善无畏（637—735）在长安华严寺发现的，据说是一个中国僧人从印度带回来的，到现在也没有发现过梵文原版。善无畏当时已经80多岁了，他的中国弟子一行和尚帮他把经文用笔记的形式翻译了出来。《金刚顶经》则相传是藏在南印度的一座铁塔里面，高僧龙猛入铁塔学习了密法，然后传给龙智，龙智又传给金刚智（671—741）。金刚智到中国传法，在长安收了西域僧人不空（705—774）为徒。善无畏、金刚智和不空这三个人被称为"开元三大士"，在佛教史上非常有名。后来，不空的传人惠果将两部经文做了综合阐发，形成了一个完善的体系，一并传给了日本僧人空海。所以空海之前的七个人被称为"真言七祖"，要是加上空海，那就是"真言八祖"。

空海传法

空海号称"遍照金刚"，在日本文化史上的地位极为崇高，仿佛孔子之于中国（图18.1）。他留学唐朝的故事被改编成了很多文学艺术作品，陈凯歌的电影《妖猫传》就是以空海留学为背景的。空海是日本四国香川人，天资聪颖，学贯三教，据说还通过修行获得了过目不忘的超强能力。他24岁出家，31岁作为长期留学的学问僧前往中国唐朝学习，计划学习20年。804年8月，空海到达福州，然后一路前往长安学法。空海12月到长安之后呆了半年，终于遇到一个机会，陪人去青龙寺拜见大唐国师惠果和尚，两人一见如故。惠果对空海说：我早就知道你会来，等很久了，今日相见真的太好了，赶紧来跟我学吧。于是，在805年6月，空海开始学习密法并参加学法灌顶仪式。在仪式上，僧人要蒙着眼睛登上高坛，往下面一幅巨大的曼荼罗佛画上投花，画上是满天神佛，花扔到谁身上，就意味着和哪位神佛结缘，最好

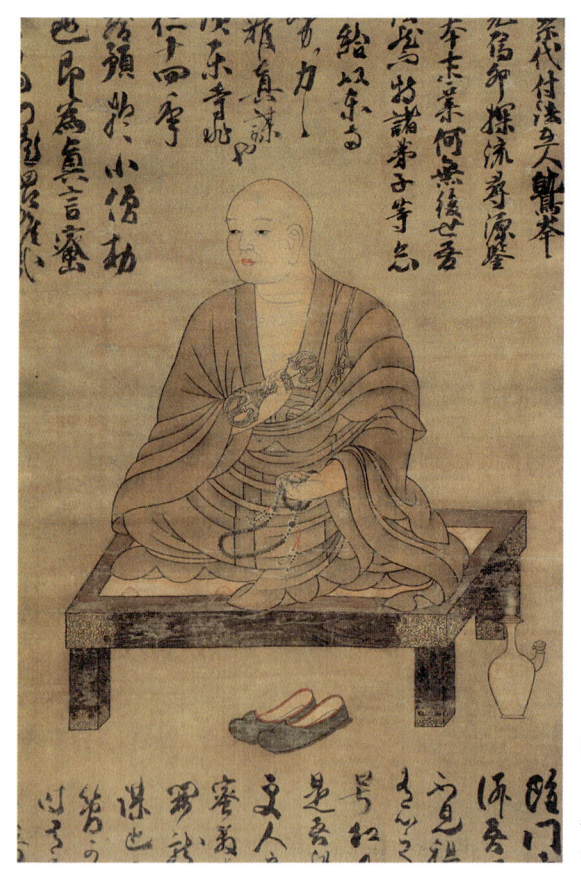

图18.1　14世纪　日本镰仓时
《弘法大师（空海）像》
后宇多天皇题赞
东寺藏　图片于2019年3月

的结果是和密宗至高无上的本尊"大日如来"结缘。空海在 6 月上旬和 7 月上旬，分别参加了胎藏界和金刚界的曼荼罗灌顶仪式，每次都准确地把花投到了大日如来身上，这样的结果让惠果惊叹不已。于是惠果倾囊以授，而空海才智超群，到 8 月上旬，空海就得到了"传法阿阇梨"的称号，这是汉传密宗最高等级的封号，相当于两个多月从入门学到了博士毕业。当年 12 月，惠果去世，遗命空海不要在唐朝久居，要赶紧回日本传教。于是空海整理了大量经卷、法器和绘画，在 806 年 8 月回到了日本。

由于计划留学 20 年，却只用了两年就回国，所以空海被禁止回到日本首都京都，滞留在九州接受调查。调查员是另外一个去唐朝留学过的僧人最澄，他非常了解密教在唐朝的地位。他根据空海的汇报，给朝廷写了一个报告书《御请来目录》，详细记载了空海的学法情况和归国原因，还把空海从唐朝带回的物品列成了目录，共有经论 461 卷、曼荼罗和祖师像等绘画 10 铺、法具 9 种、惠果和尚遗物 13 种。这个《御请来目录》是汉传密宗佛法传播史上最珍贵的第一手资料，也是东寺收藏的日本国宝文物。

空海从唐朝请回的宝物有很多都收藏在东寺，之前在介绍京都国立博物馆"国宝"特展的时候讲到过惠果送给空海的传法信物"七条缀织袈裟"（见图 15.2），东寺特展上展览的是装袈裟的箱子"海赋莳绘袈裟箱"（图 18.2）。这个箱子是日本平安时代的作品，也是日本国宝，它宽近半米，木制黑漆，上面用金银粉画出波涛和其中鱼、鸟、龟等生物，象征袈裟是渡海而来的。

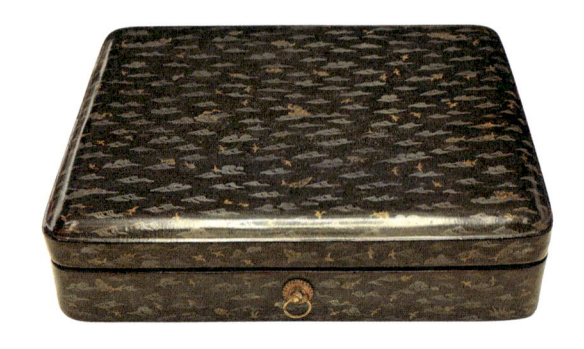

图 18.2　10 世纪　日本平安时代　海赋莳绘袈裟箱　东寺藏
图片于 2019 年 3 月刊载

图 18.3　唐代　杨忠信　密教法具　东寺藏　图片于 2019 年 3 月刊载

被列入日本国宝的还有金铜（铜镀金）密教法具（图18.3）。这套法具有3件，包括金刚盘、五钴铃和五钴杵，根据《御请来目录》的记载，这是唐朝铸博士杨忠信的作品，原来上面还镶着佛舍利，现在看不到了。金刚盘是用来承载五钴铃和五钴杵的，上面线刻了法器的图案。钴本来是古代印度的一种武器，来源是鸟类的爪子，五钴就是五爪。五钴铃象征智慧，五钴杵象征方便，都是做工精细，鸟爪锋利，但是造型独特，伤不了人。密宗的法器都有特殊的宗教功能，如五钴铃在仪式中摇动，目的是惊觉并取悦诸佛。除了密教法具之外，还有一套四个金铜羯磨金刚也来自唐朝，它们的外形如同小十字架，每边有三个利爪，是做法事时的镇坛具，放在法坛的四角。

两界曼荼罗

汉传密宗教义复杂，深奥难解，加上经文里的神佛名目繁多，一般人很难分清各种神佛和教义之间的关系。为了展示密教精义，惠果设计了两界曼荼罗图像，分别是讲解《大日经》的胎藏界曼荼罗（原名大悲胎藏曼荼罗）和讲解《金刚顶经》的金刚界曼荼罗，它们代表着密宗的世界观和方法论。

空海回日本时携带了一些李真等唐朝画家绘制的曼荼罗图像，其中最重要的就是两幅全彩的两界曼荼罗。李真画的两界曼荼罗原本早已不存，但是不断有忠实精确的摹写复制，所以其样貌得以流传至今。空海在世时至少主持过两次两界曼荼罗的摹写，

图 18.4-1　唐代　金刚界曼荼罗　东寺藏

图 18.4-2　金刚界曼荼罗局部"一印会"

图 18.4-3　唐代　胎藏界曼荼罗　东寺藏

第一次摹写是在 821 年，制作的是彩色本，现已不存。第二次是在紫绫上以白描的手法用金银泥绘制了《高雄曼荼罗》，这也是现存最古老的两界曼荼罗。1191 年，彩色本两界曼荼罗又一次被摹写，制作出的两幅《甲本两界曼荼罗》在特展中分上、下两期展出，每幅曼荼罗高约 4.3 米、宽约 4 米，打开来展示能占满整整一面墙，虽然破损严重，但依然气势非凡。

东寺还保存了一套西院本《两界曼荼罗》（图 18.4），尺寸虽小，但有可能是传世最珍贵的唐代宗教绘画。这是两幅大立轴，画心高约 1.85 米、宽约 1.63 米，上面画了大量神佛形象，工笔华丽之极，堪称皇皇巨制。这是现存最古老的彩色两界曼荼罗，从画风上看是公元 9 世纪的作品。由于画上没有题记，所以在评审国宝时，日本学术界定其为平安时代日本的作品，然而随着研究的不断深入，一些日本学者开始认为它制作于中国唐代。

笔者仔细观察后，认为这两幅作品就是唐代佛画。古人复制画像并非复印，而是重新绘制，这就不可避免的有作者的笔法和思路在里面，会和原始作品有区别。西院本《两界曼荼罗》有极强烈的印度绘画风格，却见不到任何日本佛画的痕迹，这在日本流传的古画中独树一帜。作者肯定见过并临摹过很多印度佛画，而当时日本画家并没有这样的条件，因为他们能看到的都是中国佛画。中国画家是有条件看到印度作品的，因为唐朝和印度交流很多，能看到一手的资料。另外，日本密宗对中国请来的佛像绘画，都是力求完全原样复制，而西院本《两界曼荼罗》和对李真《两界曼荼罗》的传世摹写本有细微的差异。如胎藏界中台八叶

图 18.5　唐代　赵琮　《苏悉地仪轨契印图》　东寺藏
图片于 2019 年 3 月刊载

院中的文殊菩萨，传世摹写本都是头戴宝冠，而西院本上是五髻发型。这种差异不是摹写时候的错误，而是版本系统不同。日本的汉传密宗僧人不会修改涉及教义的根本图像，但在中国是可以的。两界曼荼罗在中国一直有所发展，到唐末形成了金胎合曼，也就是把两界曼荼罗合二为一，这个思想指导了法门寺地宫的修建。西院本《两界曼荼罗》应该是汉传密宗的教义有了一定发展变化以后，在中国绘制的。在笔者看来，东寺的西院本《两界曼荼罗》非但是传世最大最华丽的唐代绘画，更是中国艺术史上堪比《清明上河图》的极致之作。

如果西院本《两界曼荼罗》年代更晚，那会是如何来到日本的呢？实际上，唐代中晚期到中国学习的日本高僧有很多，最出名的 8 位叫"入唐八家"，分别是最澄、空海、常晓、圆行、圆仁、惠运、圆珍和宗叡。西院本《两界曼荼罗》很可能是"入唐八家"中的宗叡（809—884）于865年请回日本的。宗叡也是精研密法的高僧，和空海一样，他也从唐朝带回了一些珍贵文物。东寺收藏了宗叡从长安请回的纸本长卷《苏悉地仪轨契印图》（图18.5），这件作品的内容来自密宗经典《苏悉地经》，上面画了90种各式各样的手印姿势，有些手印非常奇怪，靠文字肯定说不清楚，必须要借助图画。这件作品上有作者的题款："大唐咸通五年（864），岁次甲申，孟夏月中旬有八，天水郡赵琮录记。上都东市。"它不仅对于宗教研究意义重大，而且年代、作者、流传都非常清晰，是传世最珍贵的唐代绘画之一。

立体曼荼罗和毗沙门天

唐代汉传密宗的一个突出特点，是非常重视现实的利益。密宗有很多修法仪式，都有明确的目的，好比说求消灾延寿、求国家平安、求镇压敌人、求人际关系等。空海将这套佛法带回日本之后，很快就吸引了皇室贵族的关注。当时正好赶上日本从奈良迁都至京都，皇室需要新的宗教来对抗旧的宗教势力，于是空海的密宗成为皇家大力扶持的对象。816年，朝廷赐予空海高野山修建道场，823年更是把京都最重要的东寺赐予空海，让密宗有了规模宏大的道场。

惠果认为：汉传密宗的内容过于复杂，用语言文字难以让人了解，所以必须要借助图画雕塑来直观展示，于是密宗寺庙的一个传统就是充斥着大量的绘画和雕塑。日本几座最大的密宗寺庙，如东寺、金刚峰寺、仁和寺、醍醐寺等，都以艺术精品众多而闻名于世，就是因为这个传统。东寺是空海亲自设计布置的寺庙，继承了汉传密宗祖庭长安青龙寺的风貌，尤其是东寺讲堂里的立体曼荼罗，虽然是日本制作的，但对于了解唐代艺术有极高的参考价值。

金刚界曼荼罗（见图18.4）的九个格子叫九个"会"，大致相当于九个修行的层级，最后的四会都可以单独成为曼荼罗。其中的"供养会"可以变成"羯磨曼荼罗"，就是把诸佛菩萨做成雕像，让人供养。空海在晚年指挥"造东寺所"营造了一套供养于东寺讲堂的"羯磨之像"，佛像按照长安青龙寺的样式用桧木雕刻，气韵极为生动，是世界上最出色的唐风木雕。这套佛像分三组，中央是以大日如来为中心的五方佛，东边是五方佛为了教化众生而化身的五方菩萨，西边是五方佛为了降服邪魔而化身的五大明王，然后加上四大天王和梵天及帝释天，一共有21尊，于839年完成，被称为立体曼荼罗。1486年，东寺遭遇战火，讲堂被烧，中央的五佛和最大的金刚波罗蜜菩萨被焚毁，战争结束后重新补做，但已经不是原来的风貌了。所幸的是：东寺僧人在起火的时候，拼命从火中抢救出15尊雕像，让我们还能有幸看到立体曼荼罗的原始样貌。此次东寺特展，主办方特别从东寺运来了11尊原始雕像和4尊江户时代补雕的佛像，布满了一个巨大的展厅，气势神圣庄严。让笔者最为倾倒的是4尊明王雕像，古韵盎然而凶猛刚强，看着它们，让人仿佛穿越时空，来到了晚

图 18.6　唐代　兜跋毗沙门天立像　东寺藏　图片于 2019 年 3 月刊载

唐神秘和华丽的密宗大庙之中。

在东寺特展上，除了唐风的立体曼荼罗雕像群，还有一件真正来自唐朝的国宝雕像：木雕"兜跋毗沙门天立像"（图18.6）。这尊雕像是现存最精彩的唐代木雕佛像，但它并非空海请回的，应该是其他遣唐使带回日本的。

很多人可能不知道毗沙门天是何方神圣，但是一定知道他的儿子：哪吒。2019年有一部动画电影《哪吒》，是近年来对中国传统文化改编传播最成功的范例之一。你可能奇怪了，哪吒的父亲不是托塔天王李靖么？实际上，李靖就是毗沙门天。严格说来，托塔李天王是一个中印混血的神仙。佛教管北方护法神叫毗沙门天，唐朝人普遍信仰毗沙门天，并且将他和唐朝开国名将卫国公李靖合体成了托塔李天王，于是托塔天王虽然是天庭的神仙，但手里捧着的是佛祖释迦牟尼的舍利塔。

按照佛经记载，哪吒是毗沙门天三太子，毗沙门天成了李靖，哪吒也就摇身一变成了李靖的三儿子。所以，哪吒的名字很奇怪，他两个哥哥叫金吒和木吒，按照金木水火土的排序，他应该叫水吒。实际上"哪吒"是个印度名字，叫 Nalakūvara，在佛经里被翻译为"哪吒俱伐罗"，所以他当了李靖的儿子之后，还是叫哪吒，并没有改名为李哪吒。

毗沙门天本来只是四大天王其中之一，也叫多闻天，但他掌管象征富饶的北方，在印度被奉为财神，所以比其他的天王更受尊崇。在佛教北传的过程中，他在阿富汗一带和来自伊朗的法罗神融合，有了守护王权的武神属性，终于从四大天王里独立出来，成了地位更高的神灵。毗沙门天信仰在西域的于阗国（今新疆和田）到达了顶峰。根据唐玄奘《大唐西域记》的记载，于阗国开国之君无子，于是向毗沙门天神像求子，这时候神像头部裂开，出来一个婴儿，大地也隆起乳房，开始喂养婴儿。后来这个小孩长大，继承王位，就以毗沙门天的后裔自居，国名也称瞿萨旦那，意思就是地乳之国。于阗除了供奉毗沙门天，还供奉老鼠神，原因在于有一次匈奴入侵，于阗的老鼠咬断了匈奴军的马鞍、弓弦，从而挫败了匈奴的侵略。《西游记》里说托塔天王有个义女是老鼠精，典故大概就出自这里。

"安史之乱"时期，唐军和于阗在西域共同对抗吐蕃军队的入侵，留下了一个神话故事：毗沙门天在城市将要被攻破时突然显灵，身披金甲，左手托塔，右手持戟，帮助唐军击退吐蕃。此后毗沙门天被奉为军神，信仰广为流行，人们管他叫"兜跋（吐蕃）毗沙门天"。"安史之乱"以后，各地都开始在城墙和城门上供奉毗沙门天，特别是到了唐宪宗的时候，毗沙门天成了皇帝尊崇的护国神灵，举国上下到处供奉，所以在从唐代晚期到宋代的石窟里，经常可以看到毗沙门天。然而到了元代以后，毗沙门天逐渐被道教吸收，成了托塔天王，毗沙门天这个名字就没有多少人知道了。

在唐朝最信仰毗沙门天的时候，日本正在学习唐朝，于是就把信仰带回了日本并延续至今，现在日本民间的"七福神"里有一个就是毗沙门天。当时的遣唐使从唐朝请回了一尊精美的兜跋毗沙门天像，也学着中国的样子，供奉在首都平安京（今京都）

的正门"罗城门"上。罗城门于980年倒塌，所幸这尊雕像被抢救了下来，在京都东寺保存至今。

这尊兜跋毗沙门天立像高达1.9米，全身披甲，头戴鸟纹高冠，眼瞳嵌着黑石，眼神看向左下方，嘴唇微张，能看到一点牙，眉目间神态生动，仿佛正要出征迎敌。毗沙门天左手托塔，右手持戟，脚下踏着两个小鬼，两个小鬼中间是地天女，象征着大地涌起的乳房，说明它就是于阗风格的神像。雕像的材质原来以为是河南的魏氏樱桃木，2019年测出是楠木雕的，日本没有中国的楠木（日语里的楠木是樟木），所以确认是唐朝中后期的作品。神像的手持物可以取下，但已经不是原物了，根据唐代雕像的研究，当年应该是一手持塔、一手持棒，腰上还有一个可以活动的短刀。虽然和原始的样貌稍有差别，但它依然是世界上保存最好且最精美的唐代木雕之一。

山水屏风

汉传密宗在日本流传了1000多年，也会有自己的发展和演变。"东寺"特展上有一件文物和日本的密宗发展有关，也和唐朝的文化高度相关，那就是东寺的旧藏，现收藏于日本京都国立博物馆的《山水屏风》（图18.7）。它是日本"唐绘"仅存的瑰宝，笔者第一眼看到，就被其特殊的风格和唐代气质深深吸引了。

这是一件高约1.5米的六扇唐式屏风，每扇宽约0.43米，画面是青绿山水，中间还有建筑、人物、马匹等。由于年代高古，

图 18-7　11 世纪　日本平安时代　《山水屏风》(《唐玄宗宸游图》屏风)局部
京都国立博物馆藏

国宝东寺——空海与佛像曼荼罗 2019 年 东京国立博物馆

且缺乏早期资料，所以来历众说纷纭，按照目前日本学界的主流意见，《山水屏风》是一件不晚于11世纪的"唐绘"（中国主题）屏风，也是日本平安时代"国风文化"的代表性作品。这种山水画和密教本来没有关系，但是从12世纪开始，日本的密宗僧人会在重要法会上布置山水屏风，放在高级贵族身后以示庄严，后来逐渐形成惯例，成了日本汉传密宗灌顶仪式上必不可少的仪仗物品。

日本的山水屏风有很多，光是列为国宝的就有三件，除了东寺《山水屏风》之外，还有13世纪镰仓时代的神护寺《山水屏风》和15世纪室町时代的金刚寺《山水屏风》。但其他的山水屏风很明确就是日本画，时代风格也很清晰。唯独东寺的《山水屏风》时代性模糊不清，这是因为平安时代末期京都失火频繁，光是皇宫大内就被烧17次之多，导致那个时代的类似作品没有留下来，无法比对。

东寺《山水屏风》最早的记录来自1241年，寺中僧侣故老相传，说它是唐宪宗赐给空海的宝物。这个说法并不可信，因为空海从唐朝带回日本的东西被记载得很详细，其中没有屏风画。不过笔者认为，这件作品虽与空海无关，却仍和唐朝有很大的关系，它应该是一幅唐代屏风画的摹绘复制品，对研究唐代艺术而言有极高的价值。

根据正仓院留下的文书记录，日本曾经有过很多题材不同的唐代屏风画，而且它们会被摹绘复制。正仓院最著名的屏风画《鸟毛立女屏风》就是复制的唐代仕女图屏风，以至于在很长时间内被认为是从唐朝带来的，后来发现纸张的题记才确定是在日本制作的。

东寺《山水屏风》的绘画技法和内容主题都和唐朝有深刻的联系。从技法上看有四个特点，首先，画面的远景和近景都很清晰，不像宋人那样分别对待，也不像日本早期大和绘那样把远近风景画的都一样大。第二，画面中景表达十分模糊，仿佛是从近景直接转到了远景，是山水画早期尚未大成的画法。第三，季节的表达方式是明确的植物，不像宋人喜欢用暧昧的光线和晕染来表达。第四，皴法的细节和国内的两幅画接近，一幅是李公麟摹唐人韦偃的《放牧图》，另一幅是叶茂台辽墓出土的《深山会棋图》。辽代自称上接唐朝正统，在文化艺术上皆以唐朝为宗。换言之，《山水屏风》的皴法和唐朝绘画技法有很深的联系。

《山水屏风》的主题来自唐朝，画面上的人物带着唐代后期的硬脚幞头，马尾也是唐代的扎法，背景是日本没有的大江大河。有日本学者认为画面主题是白居易，还有人认为是主题不明的唐人出行图。根据1735年日本僧人亮快的《显密威仪便览》记载，东寺《山水屏风》的本名是《唐玄宗宸游图》，画面上的人物配置就是皇帝、侍者、童子、信使、臣子（或皇子）等。这个说法是可信的，一个明显的例子是有人穿了紫袍，这在唐代是亲王及三品以上的人才能有的服饰，日本直到江户时代还保留着紫袍为尊的传统。此人身后鞍马华丽，各种镶金，这在《虢国夫人游春图》上都看不到，身份非常尊贵。紫袍贵人身后的马鞍上有兽皮，看来是花豹皮，这是日本没有的动物。日本正仓院存有奈良时代的马鞍，用了四居木和壶镫，是日本本土的马鞍形制，但是《山水屏风》上的马鞍用了两个居木和轮镫，是唐代的马鞍，还用了有雕花的金镫，华贵前所未见。

在《山水屏风》下方，有一个方形的盝顶草庐，外有篱笆，无门窗，挂着帘子。草庐顶上一个有点类似塔刹的装饰物，说明草庐等级很高。庐内有幔帐，地上铺着一个大毯子，应该是史书里的"锦罽"。毯子上有个家具，看样子是个凭几，在唐代叫"挟轼"。以前人席地而坐，凭几可以放手或者靠一下，一般都是长条形或者圆弧形，但这个看起来是个直角的，很罕见。日本平安时代也使用凭几，所以这个细节应该不会画错。

草庐外面的老者就是唐玄宗，只见他头戴角巾，外着袍服，内有白裳，阶下有圆头鞋。玄宗膝上有一个东西，看似是素琴，就是古人装风雅用的无弦琴。玄宗右手拿笔、左手持纸，正是标准的唐人写字方法。唐代写字手法和平安中期的日本写字手法是有区别的，日本宫内厅藏《小野道风像》上，画有平安中期书法名家小野道风（894—967）的写字手法：一手三指拿笔、一手撑地，纸放在地上写字，与唐代人的写字法明显不同，这也佐证了此画应该是唐代绘画的摹本。玄宗身下是一块豹纹大兽皮，呈方形。古代兽皮地毯一般都是圆形，更没有这么大。这里应该是为了显示皇帝尊贵，特地用两整张花豹皮拼接起来的方形大兽皮毯。这个兽皮和直角凭几等物，都属于我们对古代物质文化的扩展性认识。

草庐边上有一个戴幞头的无须男子，可能是个宦官，还有两人梳唐代常见的童子发型"总角",其中一人服饰华丽,腰缠蹀躞玉带,出门低首迎接那个紫袍贵人。贵人手持一物,样子是唐代的长柄扇,其特别之处,是扇面中间有个故意做出来的长条形洞,前所未见。团扇在唐代叫宫扇,多为宫中所用,目前流传下来寥寥几幅唐代图像上,持团扇者都是女子,不过,也没有说男子不能用。实际上这个东西是不是团扇也要打个问号,因为中间的洞完全不知道作何功能,从拿法来看,更像是个仪式品或者信物。

紫袍贵人的前裾非常细窄,裤子和下裳露在外面,出门迎接的童子也是如此,这种风格的衣服在现存的唐代服饰图像里没有同样的,只在唐晚期敦煌飞天图像上能看到少量类似的装束。此外,玄宗、迎客童子和紫袍贵人三人的衣服纹饰都是点状布局,目前似乎只有一件吐鲁番阿斯塔纳出土的蓝绢上的织物纹样与此相似。这些衣物和纹饰之所以少见特殊,可能是日本画师摹绘不准确所致。

日本在平安初期认真学习唐朝的文化,于804年和838年两次派出遣唐使团,然后以朝廷的力量推行唐代文化,所以9世纪早期唐代的文化元素在日本留的特别多。但是,在中国留的同期文物很少,原因是长期的战乱和灭法运动。除了《山水屏风》、两界曼荼罗、立体曼荼罗等"东寺"特展上的艺术品之外,还有很多文化元素包括建筑风格,在日本记录上都清晰记载是空海从唐朝请回的,却在中国找不到任何与之相似的东西。

由于历史原因,中国留下的唐代文化元素很少,无论是建筑、服饰、绘画、雕塑，还是其他文物都是如此。很多研究唐代的图像资料都出于敦煌，然而敦煌地处偏远，9世纪前期更是被吐蕃占领，日本在平安初期大量输入唐朝文化的时候，敦煌甚至不是唐朝领土。所以，无论是空海等高僧和遣唐使们带回日本的唐代文物，还是日本制作的仿唐文物，只要能让我们多窥见一点大唐的风韵，都是有价值的。

尾声

本书介绍了笔者多年以来参观过的一小部分特展,虽然絮絮写了很多,但实际上无论写多少内容,也无法表达出真实面对宝物时的那种感觉。

2017年,我在台北故宫博物院"国宝的形成"特展上看到了心仪已久的《秾芳诗帖》。宋徽宗用大字的瘦金体,写了一手非常美的诗:"秾芳依翠萼,焕烂一庭中。零露沾如醉,残霞照似融。丹青难下笔,造化独留功。舞蝶迷香径,翩翩逐晚风。"这首诗美,字更美,配在一起,就像一个天仙般的美女,"所谓伊人,在水一方",让我呆呆地看了很久。我眼里是瘦金体的点画,脑海里映照的是汴梁御苑里的夕阳,配乐是周杰伦的歌曲,不知不觉就进入了一种迷醉的感觉。等到清醒过来,又觉得这件宝物太过高贵,太过遥远,仿佛就不应该出现在我生命里的东西,无法亲近,只能远观而不可亵玩。

中国文化博大精深,我看的文物越多,似乎就越懂,也似乎就越不懂,总是徘徊在专业人士和爱好者之间。实际上,每个博物馆参观者的体验和身份都是不一样的,而专业人士和爱好者是同一种身份。美国博物馆学专家约翰·福克教授总结了五种类型的博物馆参观者：1. 探索者。这种人参观博物馆主要是为了满足自己的兴趣和好奇心，渴望开阔自己的知识视野。2. 促进者。这种人去博物馆主要是为了社交而不是看展览，他们更关注自己在乎的同伴感兴趣和享受的事物。3. 体验寻求者。这种人致力于打卡"必去之地"和"必看之物"，努力走遍博物馆寻找最负盛名的珍宝，通过"收集"获得一段美好体验。4. 专业人士 / 爱好者。这种人会带着充足的知识去参观博物馆，有明确的目标，更注重展览的内容，拒绝随波逐流，是严苛的评判者和挑剔的观众。5. 充电者。这种人希望借着参观博物馆来逃避日常生活的压力，在安静优美的博物馆里获得身心的休憩。每个去博物馆的参观者都有着不同的身份，这也让博物馆成了一个多元化的中心。正如博物馆学专家妮娜·莱文特所言，今天的博物馆已不仅仅是保存古代文物的仓库，它还是学习中心、交流中心、社交中心，甚至疗愈中心。

　　我发现，一个人可以同时有几种参观者的身份，例如我自己就不光是一个"专业人士 / 爱好者"，还是一个"体验寻求者"。我曾经多次为了打卡一件文物而飞越半个地球，而且会认真钻研相关领域的学术知识。美好的体验能带给我很高的精神愉悦，我曾经跑去中国台湾的中研院史语所，看到了高山族文物"排湾部落佳平旧社的木雕祖先像"，发现它和安徽新石器时代凌家滩文化的玉人有着同样的身体姿态，然后深深感叹于古代文化传播的广阔的悠远，因为两件文物虽然时代相差五千年，地理上还隔着台湾海峡，但有着相同的文化渊源，它们都源自中国南方的史前农业文化，也是史前华南农民跨海大迁徙的证据。实际上，一个人的专长一定属于某个知识领域的边缘地带，当自己探索到这一行的边缘了，就会在这个边缘上不断地试探，最后在无意间发现一些新的内容。我在书中有时会提出一些个人见解，那就是在知识边缘窥见的风景。

我很庆幸自己有一个虽然小众但是坚持不懈的爱好，这让我有机会成为一个终身学习者。我在复旦大学的专业就是博物馆学，老师们学富五车，教学生动，但是没有人能单纯靠教书就把我带到知识体系的边缘。就"教育"二字而言，更重要的是"育"，必须是自己有了兴趣，通过自己心灵的成长发育，慢慢地、甚至孤独地走到知识的边缘，才能去看到那一点点新的风景。

我在近百个国家看过近千家博物馆，一个深切的感受是：整个地球都在慢慢地走向学习型社会。随着知识越来越重要，人们对学习的要求越来越高，非正式学习的需求也被放大了。从北京、上海，到东京、纽约、伦敦、巴黎，全球的高质量特展都在吸引越来越多的参观者，在这个过程中，无数人获得了体验和知识，甚至碰撞出了许多全新的思想火花，这就是特展为人类文明做出的贡献。

文物类的博物馆和特展看得越多，我越感觉这些知识对我们了解中国传统文化而言有不可替代的价值。我从小就听说，中国历史资料丰富程度天下第一，其他各国无一能及，然而一些文物特展告诉我，这个说法其实是不全面的。中国以二十四史为首的的历代正史确实汗牛充栋，但资料相对单一，几乎都集中在朝廷和士大夫身上，以至我们很难形成完整全面的社会史视野。而西方和日本的史料多样化要比中国高得多，除了官员和教会之外，几乎农、工、商的任何一个行业都会有大量原始记录保留下来，可以让人更容易还原古代社会的全貌。2017年东京国立博物馆举办了"运庆（？—1223）"特展，用大量原始文献和艺术作品，清晰地还原了一个800多年前的佛像雕刻师的生平，以及他生前身后的雕塑行业发展脉络，如此高水平的专题展示让我十分震惊。

正因为我们的史料是不足的，或者说是只侧重了社会历史的其中一个方面，所以遗留下来的文物才会变得尤其重要，因为它们保留了历史另一个侧面的信息。像古代的瓷器、青铜器、纸张、丝绸等，它们本身就会说话，能帮助我们在一定程度上重现古代的技术、艺术、行业，乃至于整个古代社会的生产生活模式。

文物看得多了，就会慢慢从中获得文化的滋养，甚至可以和古人做出跨越时空的精神沟通。现代博物馆源自两个古老的传统，一个是以收藏柜为表征的对器物的收藏，一个是以艺术的名义出现的对知识和哲学的冥思。当人们的观念突破了文物精美的外壳，将关注转向文物深处的精神内涵，并试图将其用知识和信息的方式揭示出来时，文物和思想之间的通路就被打开了。

2017年京都国立博物馆"国宝"特展上，有一件名为《清拙正澄墨迹》的国宝文物给过我很深的触动（图19）。清拙正澄是元代福州的禅师，俗姓刘，52岁东渡日本，为禅宗临济宗大鉴派的开祖。1339年农历正月十七日，禅师沐浴更衣后呵呵大笑道："今日乃是百丈祖忌，吾可行脚。"然后闭目去世。僧徒们一时难以接受，哭泣甚哀，没想到禅师又活了过来，他开棺

图19　14世纪　日本室町时代　清拙正澄　《清拙正澄墨迹》　常盘山文库藏

而出,索纸笔书写墨迹以遗弟子,然后才真的去世了,所以清拙正澄墨迹也叫《破棺帖》。

墨迹的内容是一首诗:"毘岚卷空海水立,三十三天星斗湿。地神怒把铁牛鞭,石火电光追莫及。珍重。"这首诗描绘了一个很宏大的场面:北方的龙卷风把海水卷上天空,打湿了三十三天的星斗,海底露出了镇水的铁牛,地神愤怒地在铁牛身上鞭打出一道道火星。我们的人生都是有限的,无论曾有过怎样的壮观,都仿佛像那一道道电光火石的火星,转瞬即逝,直到要失去了,才发现追之莫及。在我看来,珍重生命的每一个时光,不是要像流水线生产一样充分利用每一分每一秒,而是努力把生命用于真正的热爱,去体验一个自己追寻的人生,这样才能在那道电光火石消失的时候,说出一句:我珍重了自己的人生。

我是这么做的,希望你也是。